Sonia Mikich

AUFS GANZE

Sonia Mikich

AUFS GANZE

Die Geschichte einer Tochter
aus scheckigem Hause

Kiepenheuer & Witsch

1. Auflage 2022

© 2022, Verlag Kiepenheuer & Witsch, Köln
Alle Rechte vorbehalten
Covergestaltung: Barbara Thoben, Köln,
nach einer Idee von Detlef Bock
Covermotiv Vorderseite: © Annika Fußwinkel;
Rückseite: © privat
Gesetzt aus der Adobe Caslon
Satz: Buch-Werkstatt GmbH, Bad Aibling
Druck und Bindung: CPI books GmbH, Leck
ISBN 978-3-462-00243-0

Inhalt

Pothos – Sehnsucht nach dem heftigen Leben

Ich gehörte nie ganz dazu – und ich kann bis heute nicht aufrichtig sagen, ob mir der Zustand der Außenseiterin missfiel oder gerade recht schmeckte. Da war ja kein dauerndes Leiden, ich bemühte mich nicht sehr um eine Mitgliedschaft im Klub der jeweiligen Mehrheit ringsum, sondern schaute vom Rand herüber. Und wenn mich Partner, Vorgesetzte, Verwandte, Nachbarn, Mitschüler und Mitschülerinnen wahlweise als schräg, anders, exzentrisch, unvorhersehbar einstuften – wie praktisch. Nichts verhüllte besser als Extrovertiertheit, und ein bisschen Rebellenaura kam im Alltag gemäßigter Zonen einfach super.

Bitte aussuchen: Scheidungswaise, Kleineleutekind, Britin, Halb-Serbin, Linke, Feministin, Kabarettistin, Punksängerin, Akademikerin, Auslandskorrespondentin, Kinderlose, 2 x Gattin, Abenteurerin, Kriegsreporterin, Chefredakteurin. Alles mehr oder weniger ernsthaft betrieben. Manchmal glücklos, manchmal triumphierend. Wer ich bin und wie viele – nein, für die Antwort brauchte ich weder Philosophie noch Psychoanalyse. Doppelt und dreifach leben, ins Füllhorn greifen und mühelos sich noch viel mehr vorstellen, das schien mir ein gesundes Prinzip zu sein.
Gab es Niederlagen? Misserfolge? Abstürze? Verluste? Pein-

liches? Und wie! Und genug davon war meine eigene Schuld. Inzwischen schaue ich aber mit höflicher Indifferenz auf meine Schwächen und Fehler und verzichte auf jede Selbstoptimierung. Im Gegenteil, die Dunkelstunden waren ein Gewinn: Seht her, man kann Mist bauen, Gemeinheiten erleben, die Flughöhe verlieren und doch ein Gramm Komik darin entdecken. Scheiß drauf.

»Zwei Gefühle verlassen mich eigentlich nie: das des unaufhörlichen Staunens und die innere Bereitschaft, alles lächerlich zu finden.«
Danke, Stanisław Lem, so ungefähr taumele, treibe und fliege ich durch viel Geschehen. Und in den meisten Fällen fühlte ich mich wie die Katze, die die Sahne gekriegt hat ...
Ein Journalismusbuch wird dies nicht, kein weiteres »Die Krise der Medien und neue Wege zum Publikum«. Ich habe im Leben so viel über Journalismus geschrieben oder gelehrt, so viele Medienanalysen gefressen, der Geschmack daran ist vergangen. Ein Enthüllungswerk über einen großen Sender wird's auch nicht, obwohl verführerisch einfach. Ein nicht einflussloser Verleger meinte mal, ein Insider-Buch mit den Skandalen, Intrigen und Bosheiten bekannter öffentlich-rechtlicher Bildschirmfürsten – heute auch Fürstinnen – wäre ein Bestseller ohne viel Anstrengung. Doch nachträgliche Häme ist schlechter Stil.

Hier ein Häppchen, immerhin:

Da war der dringende Wunsch nach einer Gehaltserhöhung. Zu verhandeln mit dem damaligen Fernsehdirektor Günter Struve, einem Machtmenschen, einem Impresario.

Mit aufgeregtem Stimmchen piepste ich, warum ich eine höhere Gehaltsstufe wert wäre. So belastbar! So innovativ! So vielversprechend! Die Verkaufsargumente waren nicht synchron mit der bangen Körperhaltung, und Frauenstimmen gehen gern mal eine Terz höher, wenn angespannt. Er strahlte mich an und fegte dergleichen Anmaßung für die nächsten Jahre weg:

»Liebe Frau Mikich, Sie sind doch immer so gut angezogen, wozu brauchen Sie mehr Geld?«

Arrogant und paternalistisch. Nein, ich hatte keine schlagfertige Antwort parat, ich verstummte leicht errötend und ließ ihn das Thema wechseln. Coaching, gleiche Gehälter, mächtige Frauenbeauftragte waren noch lange nicht in Sicht …

Das änderte nichts an einem unbegrenzten Willen zum Glück und an meiner Überzeugung, »ich will« sagen zu dürfen. Schon als Kind gefielen mir Erzählungen von verwirklichten Träumen. Alexander von Mazedonien, der Große, war mein erster Held. Einer, der sich alles zutraute und keine Grenzen kannte. Was für eine Reise, 35 000 Kilometer, zehn Jahre, um das Ende der Welt zu sehen. Irgendwo an einem Punkt stürzte alles ins Nichts, und er hatte keine Angst davor. Vergleichbar mit der Mondlandung, über zwei Jahrtausende später.

Nach diesem Traum von Alexander dem Großen suchte ich später auf Reisen in Griechenland, in der Türkei, in Ägypten und Afghanistan. Ruinen, Orte, Namen – die Spuren seiner Eroberungen lehrten mich fantastische Geschichten von globalem Handel, religiöser Toleranz, philosophischer Blüte. Für mich war das vor allem die Geschichte von unerhörter Hartnäckigkeit und *pothos*. Ein Schlüsselbegriff, heftige Sehnsucht.

Alexander hieß: das Unmögliche zu tun.

Für den Westen war er ein Held und Eroberer, Begründer des Hellenismus in Asien. Im Osten war er ein Kriegsverbrecher, Schlächter und ein Ungeheuer. Im Koran war er Dhual Qarnain, der »Zweigehörnte«, der geheimnisvolle Verteidiger gegen die Barbaren Gog und Magog. In der Bibel, Buch Daniel, war sein Reich dargestellt als das dritte Tier der Apokalypse. In der orthodoxen Kirche durfte er eine Art St. Georg sein.

Ich verfiel also der Fantasie von einem jungen, schönen, gebildeten Blonden, der Aristoteles kannte, Frauen und Männer verführte und es sich mit seinem ungeheuren Reichtum hätte bequem machen können. Und so wollte ich viel später als Fernsehjournalistin eine vierteilige Doku über ihn machen, »Alexander now!«, ohne Ruinen und Professoren und stattdessen mit heutigen Menschen, die ich auf seiner Wegstrecke finden würde.

Ach, ach, ach. Mein Chef sah mein Exposé – und keine Notwendigkeit. Sah kein großes Publikum, das sich für Alexander und 35 000 Kilometer interessieren könnte. Kein *pothos*. Das beste Projekt, das die ARD je nicht senden würde.

Schluss mit Heldenverehrung und Kränkung. Zum Auftakt: Als ich mit neun Jahren und ohne Sprachkenntnisse von England nach Deutschland, von London nach Herne im Ruhrgebiet katapultiert wurde, tastete ich mich in die ungeschriebenen Codes und Mutproben der Gangs meiner Nachbarschaft hinein. Eins war: Denk dir etwas Ekliges aus und zwinge andere mitzumachen. In diesem Fall hatte einer der großen Jungen, ein richtiger Oschek, den Einfall, Regenwürmer auszubuddeln, zu braten und die Kleineren zu zwingen, sie zu essen. Ich wollte auf keinen Fall als Ische, als fades Mädel, gelten, besorgte eine Pfanne und half fleißig mit, weinenden Kindern vorzugaukeln, das wäre das Leckerste, was sie seit Pommes rot-weiß je gekriegt hätten. Und die Jungs nahmen mich in ihre Bande auf. Eine echte Mitläuferin des Gräuels. Gemeiner Opportunismus. Über den Zwang, im ARD-Boys-Klub Unverdauliches hinunterzuschlucken – später. In London fing alles entschieden zivilisierter an.

London – Tochter aus scheckigem Haus

Das Leben ist eine komische, tragische, politische, anstrengende und hochinteressante Angelegenheit, die ich nicht missen möchte. Ich habe fest vor, weiter ausführlich zu existieren. Und falls ich – jetzt noch keinesfalls entschieden – in einem dieser trendigen Friedwälder lande, keimen weiteres Leben und gute Energie. Bis jetzt jedenfalls kann ich mit robuster Tatsächlichkeit aussprechen: Ich habe genug für zwei, drei Leben in mein Dasein gequetscht, aufregend, opulent und so unvorhersehbar für eine Tochter aus gemischten Verhältnissen. Meine Herkunft war kurios, Außenseiterstoff. Mangel an materiellen Gütern war lange an der Tagesordnung. Und Mädchen waren unfertige Frauen, weder binär noch fluid oder Kanzlerin. Gleiche Startchancen? Nun ja.

Dennoch: Die Welt war meine Auster, und kaum konnte ich einen sinnvollen Satz sprechen, hatte ich den festen Willen, glücklich zu werden. Obwohl unser sozialer Status irgendwo weiter unten war. Obwohl meine Mutter ihren ersten Lohn als Zimmermädchen in Londoner Spitzenbleiben bekam und sie deswegen bis ins hohe Alter immer Trinkgeld im Hotelzimmer zurückließ. Obwohl mein Vater oft wochenlang abwesend war, um – zunächst als Kellner – in großen Hotels in Südengland zu arbeiten. Obwohl wir oft umzogen. Obwohl ich ein europäischer Mischling war mit thüringisch-jugoslawischem Input und auch noch einem Schuss Norditalien und Lothringen dabei. Obwohl Sicherheit, feste Wohnsitze und andere Privilegien sich noch lange nicht ankündigten.

London, 1959: »Ich möchte Alice spielen ...« Genau, die Hauptrolle in einer Theateraufführung von »Alice in Wonderland«. Auch eine Achtjährige versucht sich zu definieren, und ich war überzeugt, so schlau wie Alice zu sein, so angstfrei, so neugierig. Die *girl scouts,* die Pfadfinderinnen-Gruppe von Hammersmith, stellte gerade das Ensemble zusammen, und ich fixierte die Leiterin, hob die Hände, hier bin ich, schau doch her. Ich war eine von etwa zehn *brownies,* so hießen die braun uniformierten, künftigen Pfadfinderinnen zwischen sechs und neun.

Konnte sie meine offensichtliche Eignung, meinen strahlenden Ehrgeiz einfach übersehen? Ja doch, konnte sie. Die großen Mädchen bekamen die großen Rollen: Alice, das weiße Kaninchen, die kiffende Raupe, der Dodo-Vogel, die Grinsekatze, die rote Königin, der Märzhase, die falsche Suppenschildkröte usw. Eins der wichtigsten Kinderbücher Englands, auch wenn der Autor Lewis Carroll doch arg fixiert war auf kleine Mädchen. Sein Buch ist ein Kosmos des Unlogischen und Schrägen, und mir gefiel später sehr, dass Ende der 1960er die US-Rockgruppe Jefferson Airplane die dazu passende LSD-Hymne schuf, »White Rabbit«. Mit der unmissverständlichen Aufforderung »feed your head«.

Das Casting kam und ging, und ich blieb übrig, mit anderen *brownies.* Schmachvoll. Schmerzlich. Ungerecht. Die erste Niederlage meines Lebens, und ich mochte diese Offenbarung überhaupt nicht. Da erfand die Leiterin aus Mitleid mit uns Kleinen ein dreiminütiges Menuett der Garnelen, die um den Schildkrötensupperich und den Greif und die Terrine mit Erbsensuppe tanzen sollten. Doch nicht einmal zum mickrigen *shrimp* reichte es, ich wurde Ersatzgarnele, falls jemand ausfiel, und verarbeitete die katastrophal schlechte Entscheidung der Leiterin mit mühsamer Gefasstheit. Das erklärt alles, alles, was später kam. Von der Ersatzgarnele zur öffentlich-rechtlichen Chefredakteurin. In Silicon Valley nennen sie es wohl *fail forward*.

»Aber gibt es denn den Teufel?« Als Kind interessierte ich mich für Übernatürliches und Außergewöhnliches. Feen, Peter Pan, Ivanhoe, Marshall Tito und der jugoslawische Exilkönig Peter II. waren mein Fantasievolk. Alle gleich wirklich, gleich betörend. Gleichzeitig mit der Zahnfee und dem Rentierschlitten des Weihnachtsmanns lernte ich Stalin und Trotzki kennen, ich hörte die Namen, wenn meine Eltern abends mit ihren Jugo-Freunden Karten spielten. Oder ich las Kinderbücher, Comichefte. Oder tagträumte grenzenlos. Meine Mutter war begeisterte Cineastin und fand jede Fantasterei von mir großartig und einer Antwort wert.

»Nein, Teufel ist einfach ein Wort für das ganz Dunkle und Böse, das passieren kann oder das dich dazu bringt, etwas Böses oder Falsches anzustellen. Wie zum Beispiel zu lügen oder frech zu sein oder zu viele Süßigkeiten zu essen.«

Meine deutsche Mutter war eine kirchenferne Protestantin, die fest an die Glücksversprechen der Gegenwart glaubte. Mein serbischer Vater ein Atheist aus einer orthodoxen

Popenfamilie. Und die Vielvölkerclique der Eltern war sehr weltlich, dem Pokerspiel, Kinobesuch, Geldverdienen und Fremdgehen zugetan. Sie waren zwischen 20 und 30, hungrig, nach dem Zweiten Weltkrieg von der großen Neuordnung Europas erfasst und halt nach England geworfen worden. Serben, Kroaten, Bosnier, Slowenen, Weißrussen, Montenegriner, Polen – sie waren wanderndes Mittel- und Osteuropa, um dem Elend oder einer Ideologie zu entkommen. Die einen fast Analphabeten, die anderen aus Akademikerfamilien ohne Zukunft in den kommunistischen Satellitenstaaten. Bitterarm, bildschön und zum Erfolg in der kalten Fremde verdammt, wo sie nicht wirklich willkommen waren. Sie arbeiteten an ihren Akzenten, passten sich an, entwickelten Vorlieben für Hunderennen und die *Queen*, puhlten aus ihrem Flüchtlings- und Exilantendasein ein britisches Lebensgefühl heraus.

Durchkommen! Weiterkommen! Ankommen! Meine Leute.
Wie mochte ich die Namen mit kehligen Vokalen und schnellen Zischlauten! Der sexy Tonči und seine busige Milena, die elegante Rujića, die pausbackige Marina, meine beste Freundin. Dragoslav mit der kleinen Schuhmanufaktur und seine herrische Mutter Tetka Vida. Dušan, ein edler und bleicher Junggeselle, Bojana mit den dicken Oberarmen, der wuselige Svetozar. Gane, der tragische Verehrer meiner Mutter, der mir »Winnie The Pooh« vorlas. Alle interessanter als Tom, Dick und Harry der englischen Mehrheitsgesellschaft.

Meine jungen, naiven, sonnigen Eltern: Anneliese aus Herne, eine 18-jährige Deutsche, noch vor kurzem BDM-Mädel und mittelaschblond bezopft, schrieb sich nach dem

Notabitur in ein Ausbildungsprogramm der britischen Besatzer ein, um Krankenschwester in Oxford zu lernen und den Ruhrgebietstrümmern zu entfliehen. Jetzt eine *peroxide blonde,* ein weißblondes Ausrufezeichen, eine Marilyn Monroe der Immigrantenszene.

Stanko, Antikommunist und Antifaschist aus Jugoslawien, verliebte sich ausgerechnet in eine Tochter der einstigen Okkupanten und schob so die Hoffnung auf ein Studium beiseite, um schnell Geld zu verdienen. Wie die jeweiligen Familien den Skandal bearbeiteten, da nun das politisch, sozial und ethnisch ganz Verkehrte in ihre Welt einbrach und dann noch Fleisch wurde! Mit gerade 20 Jahren wurde Anneliese Mutter – meine.

»Anneliese, wie konntest du einen Jugo wollen?«

»Stanko, musste es eine Deutsche sein?«

Ein paar Jahre ging es gut, mein Vater neigte zum Zocken, meine Mutter zum Sparen, beide zum Feiern. Und ich, ich wurde ein fröhliches, stilles und abenteuerlustiges Einzelkind in einem Dorf mit etwas Kosmos drum herum. 64, Holland Road, Kensington, London, in den späten 50ern.

Ab wann weiß ein Kind von sich? Ein »Ich« habe ich wohl zum allerersten Mal mit drei oder vier wahrgenommen, bei meiner eigenen Taufe. Denn nur alle Jubeljahre kam der »richtige«, der orthodoxe Bischof vom *continent* (wie Festland-Europa damals hieß und heute wieder) in die jugoslawische Exilgemeinde von Ladbroke Grove. Er hakte dann Hochzeiten, Taufen und allgemeine Seelsorge hintereinander ab. Meine religiös unterentwickelten Eltern waren eine Zeit lang nicht ganz so pleite und investierten in eine für sie völlig überflüssige Symbolhandlung, und schon war ich kein Heidenkind mehr.

Mir war diese Taufe nicht geheuer, mein Patenonkel, ein weißrussischer Dentallabor-Besitzer, trug mich dreimal um das Taufbecken, wo ich dann mit viel Gesang dreimal unter Wasser getunkt wurde, im Namen der Dreifaltigkeit. Die leichte Taufkleidung wurde pitschnass und durchsichtig, das fand ich doch unangenehm. Immerhin waren kleine Jungen meiner Altersgruppe unter den gerührten Zuschauern und Zuschauerinnen, und ich war recht scheu in Körperdingen.

Dafür träumte ich schrecklich gerne. Meine Lieblingsträume machten mich abwechselnd zur Indianerprinzessin, die die Holland Road nach Büffelherden absuchte. Oder zur Ritterin auf imaginärem Pferd, wobei ich eigens eine Klipp-Klapp-Laufart entwickelte und etwas gaga durch die Nachbarschaft trabte, immer hinter dem Drachen her. Zu Weihnachten oder zum Geburtstag bekam ich folgerichtig Gummischwerter, Indianerkostüme, Federschmuck oder Zauberstäbe. Keine Puppen oder Stofftiere. Auch pinke Kettchen nicht oder rosa Schleifchen. Puppen waren Tricks, um kleine Mädchen ans Haus zu binden, an die Puppenküche, ans Puppenbettchen, ans Puppenkleidchen. Dieses Gesäusel und Gequietsche um Papa-Mama-Kind konnte ich schon damals nicht leiden. Meine einzige Puppe Suzy nahm ich auseinander, zerteilte die Gliedmaßen, schraubte den Kopf ab, färbte den Rand des Halses mit rotem Lippenstift ein und hing Suzy an den Haaren auf, so wie es edle Ritter mit bösen Rittern machten. Zum Glück fiel meinen Eltern die Freude am Hinrichten nicht so richtig auf.

Erwachsene waren ohnehin mit Arbeitsleben, Beziehungsgeflechten und Freizeitaktivitäten befasst, weniger mit ihren Kindern, diese liefen irgendwie mit. Ich wurde geliebt, war ein pflegeleichtes Kind und hatte keinerlei Anspruch, die Aufmerksamkeit meiner Eltern auszusaugen. Sie waren hocherfreut, dass ich während der Poker-Marathonsitzungen klaglos Zigaretten holen ging, und ich wurde vertraut mit filterlosen »Senior Service« für die ganz harten Männer, golden einge-packte »Benson and Hedges« für die Aufgestiegenen. »Peter Stuyvesant« war Favorit meiner Mutter, und an hohen Fest-tagen (wenn jemand beim Hunderennen gewonnen hatte) bekamen die Frauen eine Packung »Sobranie« geschenkt, schwarzes Papier mit Goldfilter. Russisches Angeberzeug.

London war nie ein Luftkurort, schon gar nicht in den 50ern, als noch mit Kohle geheizt wurde. *Peasoup*, Erbsensuppe, gefährlich für die Bronchien, aber irgendwie gottgegeben. Kurz nach meiner Geburt verpestete eine Smog-Wolke die Hauptstadt tagelang, tötete Tausende: *The Great Fog of 1952*. Auch viele Jahre danach war ein klarer Himmel mit rosigem Sonnenuntergang eine seltene Kostbarkeit, die mich umso mehr entzückte, und bis heute weiß ich, dass Sonnenunter-gänge niemals tot zu fotografieren sind.

Eine meiner Lieblingsfantasien war der Tod Gottes: Über den rot-goldenen Abendhimmel zog ein gigantischer Leichenzug. Der unvorstellbar große, glitzernde Sarkophag wurde von Zehntausenden Engeln gezogen, anschwellende Musik, un-endliche Trostlosigkeit – das Ende von allem. So konnte ich mich selbst zum Weinen oder Fürchten bringen. Dass Gott sterben musste, war vermutlich dem Film »The Pride and the Passion« zu verdanken mit Sophia Loren, Cary Grant, Frank Sinatra, in dem von spanischen Befreiungskämpfern eine riesige Kanone tausend Kilometer geschleppt wird, um die napoleonischen Franzosen zu verjagen. Dank meiner Mutter kannte ich sehr früh alle Kostümfilme der Epoche.

In Notting Hill Gate, ein paar Haltestellen von uns entfernt, war mein Paradies: ein großes Kino mit roten Plüschsitzen und Platzanweiserinnen in schwarzen, schicken Kleidern und weißen Handschuhen. Unglaublich elegant und bewundernswert, fand ich. Ich erinnere Orangensaftersatz in kleinen Pappkartons, die viel zu schnell ausgetrunken waren, und 1000 kleine Leuchten an der Decke. Meine Mutter nahm mich schon als Vorschulkind in Doppelvorstellungen mit, Geld für Babysitter gab es nicht, und ich schlief im Dunkeln ein und wachte vom Flimmern zwischendurch auf und betete die Wesen auf der Leinwand an, ohne die Handlung zu verstehen. Was aber war ein Schauspieler, wie ging das? Kirk Douglas mit dem Kinn-Grübchen war Wikinger-Fürst, der auf den Rudern des Drachenbootes tanzte und ein Auge an Tony Curtis' Falken verlor, aber warum hatten die beiden einen Zwilling in einem anderen Film? Und noch einen Bruder in einem weiteren? Warum waren sie so viele?

Der Teufel beschäftigte mich auch ungemein. Mir schienen viele Märchen um ihn herum ein Erfolgsrezept zu sein: Seele verkaufen, gute Gegenleistungen bis kurz vor dem Tod genießen, dann dem dummen Zausel durch heftiges Bereuen in der Kirche oder ähnliche Strategien von der Schippe springen.

Ohnehin macht mich meine DNA stark gegen das Böse. Der serbische Großvater und andere Vorfahren waren Popen oder hatten Popen geheiratet. Fromme Männer mit Bart, auf den Familienfotos haben sie entschieden jüngere und ziemlich schöne Ehefrauen. Bis zu sechs Generationen zurück konnte ich später recherchieren. Wer aber noch gottesfürchtiger leben wollte, blieb unverheiratet. Einer der Heiligsten, Milutin Nikanor Grujic, ein berühmter Theologe und Poet, wurde später Bischof und Politiker, der 1848 die Geburtsstunde der autonomen Wojwodina verantwortete. Na ja, ein Jahr Selbstständigkeit, und dann hegte die k.u.k. Monarchie die Wojwodina als Provinz wieder ein, und mein Verwandter wurde dann doch nicht Oberhaupt aller orthodoxen Serben. Immerhin belohnte ihn Franz Joseph I. mit einer Geheimratsstelle am Hofe und allerlei Orden.

Die Popen-Enkelin wünschte sich damals zum vermuteten Preis ihrer Seele einen Füller, mit dem alles, was ihr durch den Kopf tanzte, sofort, klar und ohne Rechtschreibfehler festgehalten würde. Schriftstellerin musste ich werden. Und der Teufel, so träumte ich, würde mir diesen Zauberfüller für meine achtjährige Seele schon geben. Also los auf die Holland Road. Natürlich würde der Teufel so aussehen wie ein Engländer, nur erheblich eleganter angezogen. Er würde nicht stinken oder Hörner haben, so viel verstand ich von Modernität. Ich würde ihn herbeilocken, wenn ich bis zur Straßenecke meinen Gaga-Galopp durchhalten könnte, ohne auf die Fugen der Pflastersteine zu treten. Der Teufel scherte sich nicht drum. Tagelang stromerte ich herum, starrte jeden Unbekannten an und beschwor, vergeblich. Wie gut, dass meine Mutter irgendwann eine Reiseschreibmaschine kaufte, auf der ich die Fantasien zu Papier brachte. Mein erster Roman sollte von einem kleinen Mädchen (!) handeln, das loszog in die Welt (!), um Abenteuer (!) zu erleben. Kein besonders origineller Plot, und ich kam nicht weit damit, weil ich mich nicht entscheiden konnte, was das kleine Mädchen an Vorräten mitnehmen müsste. Es blieb bei einer Einleitung und einer unvollständigen Liste.

Um zur Schule zu kommen, musste ich den Doppeldecker No. 49 nehmen und einmal an Shepherd's Bush Green umsteigen. Das lernt sich schnell, musste auch, beide Eltern arbeiteten. Der Schaffner nannte alle *ducky* oder *darling* und passte auf, dass ich richtig ausstieg.

Shepherd's Bush war damals nicht cool und voller BBC-Typen wie heute, sondern Kleine-Leute-Viertel mit Knallfarben aus der Karibik, dem Balkan oder Afrika, ärmer und fröhlicher als die viktorianischen Fassaden von Kensington. Die Schule war Ort des großen Glücks: St. Stephen's Parochial School in Shepherd's Bush. Eine niedrige Mauer schirmte diesen wunderbaren Ort vom Ethno-Trubel des Viertels ab. Bis zum späten Nachmittag konnte man hier lesen und schreiben und singen und laufen und von Miss Gallagher, einer jungen, angenehm runden, rothaarigen Irin, herrliche Dinge lernen.

Das Schulessen bestand unweigerlich aus einer Scheibe undefinierbaren Fleisches, Kartoffelpüree und brauner Soße, gelegentlich begleitet von Wackelpudding in Feuermelderrot oder Neongrün mit Vanillesoße. Meine Mutter glaubte nicht an weibliche Fähigkeiten und kochte fast nie, außer Schnellfrühstück wie *porridge*, Haferbrei oder Räucherfisch in Milch gekocht, was ich mir selbst warmmachen konnte. Mein Vater machte komplizierte k.u.k.Gerichte wie Schnitzel, Fasan oder Palatschinken, diese aber selten, sodass ich versessen auf »Heinz Baked Beans« auf Toast, Spiegeleier und Spaghetti aus der Dose heranwuchs. Und Fischstäbchen mit Tomatenketchup sind bis heute wirklich nicht so übel, wenn es eng wird.

Damit ich vorurteilsfrei würde, nahmen sie mich zu Restaurants aller Nationen mit – unvergesslich die gerösteten Heuschrecken oder Aale in Gelee, die ich probieren musste. Margaret Thatcher war noch unbekannte Abgeordnete der Tory-Partei und noch nicht als knallharte, engherzige Schulministerin (»Thatcher – *milk snatcher*«) aktiv und der Wohlfahrtsgedanke in England noch nicht diskreditiert, und so bekam ich täglich in der Schule eine kostenlose Flasche

Milch zum Frühstück. So war ich mager, aber doch kerngesund.

Vier, fünf Nationen in der Klasse, unterschiedliche Hautfarben und Religionen und alle dabei, wenn man freitags zum anglikanischen Gottesdienst getrieben wurde und gemeinsam »All things bright and beautiful« quäkte.

Dass ich eine deutsche Mutter hatte, sozusagen der Loser-Nation entsprungen, merkte ich früh an den Fragen der Mitschüler:

»Kennst du ein Nazi-Lied?« »Nein.«

Unter Nazis stellte ich mir seinerzeit überdimensionale Geier vor, unter Krieg eine riesige Planierraupe, die alles kaputt machte.

»Sag mal was auf Deutsch!«

»Guten Tag, danke, bitte, Wollstrümpfe.«

Das war's. Mehr kannte ich nicht. Zu Hause sprachen meine Eltern deutsch, wenn ich nichts verstehen sollte, insbesondere und zunehmend beim Streiten. Wollstrümpfe waren diese exotischen Hüllen, die eine Oma (?) aus Herne (?) zum Winter strickte und zuschickte. Mehr als peinlich, denn richtige englische Schulkinder trugen auch im Winter zur Schuluniform Kniestrümpfe und schlotterten lieber heldenhaft. Ohnehin war Selbstmitleid verpönt, niemand ließ sich davon beeindrucken. Niemand war ein *sissy*, ein Weichei. Englische Schulen härten ab. Ich erinnere diesen schmählichen Moment, als Trevor, ein Junge aus Jamaika, mal Mist gebaut hatte. Die grauhaarige, kleine Schulleiterin riss ihm vor der ganzen Klasse die kurze Hose herunter, wir alle sahen den hellbraunen kleinen Kinderpopo. Mit der flachen Hand drosch sie auf ihn ein, eine vollendet englische Bestrafung – Schmerz und öffentliche

Demütigung. Trevor zappelte und weinte, und wir waren wortlos auf seiner Seite.

Eine entsetzliche Zeit brach eines Sommers an, als wir Mädchen zum Handarbeitsunterricht abkommandiert wurden, mittwochnachmittags nach dem Mittagessen. Ich hatte und habe zwei linke Hände und fand nichts Romantisches oder Relevantes darin, den Kreuzstich zu können. Ich bekam schweißnasse Hände, wenn ich Stricknadeln sah, und hasste die Handarbeitstante. Ich entwickelte einen Plan, das erste ausgeklügelte Lügengebäude meines Lebens. Schamlos ging ich zur Lehrerin:

»Ich muss leider in den nächsten Monaten mittwochs früher nach Hause, ich bekomme Ballettunterricht, weil ich Probleme mit der Haltung habe und mein Rückgrat schief wird.«
Vielleicht hatte ich sogar einige medizinische Begriffe aufgeschnappt, jedenfalls machte sie Geräusche des Bedauerns und Verstehens und fragte nicht nach Schriftlichem. Ich war frei. Frei von Kreuzstichen, Akkuratesse, Mädchenquatsch. Nun musste ich nur noch meine Mutter austricksen. Ein paar Minuten entfernt von der Schule war ein anderer magischer Ort in der Lime Grove, das Dentallabor des weißrussischen Patenonkels. Ein flacher Anbau im verwilderten Garten seines Wohnhauses, ich liebte die *bluebells* dort, knallblaue Hasenglöckchen. Die zwei geschwänzten Stunden verbrachte ich fortan im Labor, Onkel Schischko log ich vor, die Lehrerin sei bis auf Weiteres krankgeschrieben, »irgendetwas, was Frauen kriegen«. Er fragte kein einziges Mal nach.
Viele schöne Nachmittage im Dentallabor folgten. Gipsabdrücke, Magnetspäne, Mikroskope und Waagen waren mein Spielzeug. Der Patenonkel brachte mir alle Planeten in richtiger Reihenfolge bei und den Unterschied zwischen Stalin

und Tito, was wichtig war, denn die Jugo-Clique stritt sich unentwegt über Politik und Geschichte – sollen wir Tito nun gut finden oder nicht?

Der dicke Mann in Marshalluniform auf den Fotos hatte als Partisan mit britischer Unterstützung gegen die Nazis gekämpft, »erfolgreich«, später mit Stalin und der Sowjetunion gebrochen, »gut«, und eine Art Arbeiterselbstverwaltung entwickelt, »hoffnungsvoll«. Er wurde der Lieblingssozialist des Westens und nutzte als Anführer der Bewegung der Blockfreien den Ost-West-Konflikt aus, »geschickt«. Innenpolitisch unterdrückte er nationale Bestrebungen der Einzelvölker, insbesondere der Kroaten, »schlecht«, förderte den Personenkult, »unwürdig«, und warf den Helden meines Vaters, den Dissidenten Milovan Djilas, aus der Partei und ins Gefängnis, »böse«. Ich lernte und lernte von Schischko, und Politik war auch immer eine gute Erzählung von GROSSEN MÄNNERN, Tito, Nehru, Nasser.

Der Handarbeitsunterricht fand wochenlang ohne mich statt. Mein Betrug bringt mir was, erkannte ich, und niemandem schadet er wirklich. Bis meine Mutter unvorhergesehen den Patenonkel besuchte, einfach so. Auf hohen Hacken und wasserstoffblond wie immer wehte sie in mein stilles Glück, wurde grimmig, bestand auf Mädchentugenden und zerrte mich zur verblüfften Handarbeitslehrerin.

Kreuzstich lernte ich dennoch nicht, meine Stärke war das Lesen. Ich bildete mir darauf etwas ein und fand es völlig gerechtfertigt, dass ich die meisten Vorlesewettbewerbe gewann, auch wenn die Preise unspektakulär waren. Die Firma Cadbury bedachte mich immerhin mit einer Riesenkiste voller Schoko-Täfelchen in Lila-Blau, *milk chocolate, fruit and nuts*. Kein handgeschöpftes, fair gehandeltes Edelprodukt mit 85 % echtem Kakaoanteil kann da mithalten, bis heute.

Ich liebte die Schule, sie war eine einzige Wundertüte guter Optionen: Linda hieß meine beste Freundin, etwas schwerfällig und gut entwickelt für ihr Alter und vor allem blond, also das Gegenteil von mir und der Jugo-Clique. Blond und blauäugig war auch Malcolm, Pferdegesicht, lange Gliedmaßen, ich wollte ihn heiraten, aber er nahm mich gar nicht zur Kenntnis. Auch nicht, als der hübsche, wenn auch kleine David um mich warb und mir einen lebenden Goldfisch in einer Klarsichttüte zur Schule mitbrachte, als Morgengabe. Lange hatte ich die fatale Neigung, mich in Blonde oder Dunkelblonde zu verlieben, und zweimal heiratete ich solche wunderbaren Wesen, die so anders aussahen als ich.

Shepherd's Bush, das war der Dreiklang aus Schule, Patenonkel und dem *Green,* dem schmucklosen Park mit wenigen Bäumen und Sitzbänken und einem öffentlichen Tennisplatz, wo meine Eltern manchmal spielten, das kostete nicht viel. Die Eltern vertrugen sich immer sehr gut auf dem *green,* als wären sie ineinander verliebt, und sie gaben mir Geld für *fish and chips,* wenn ich die Bälle aufsammelte, und sie machten Fotos am Netz, und die Umkleideräume rochen nach feuchtem Holz. So riecht glückliche Kindheit.

Im Hyde Park wartete eine Statue Peter Pans auf meinen Besuch. Man erzählte mir, die Figur würde lebendig werden – erlöst durch ein Menschenkind. So oft zerrte ich die Erwachsenen hin, doch Peter Pan verharrte in seinem gusseisernen Geheimnis. Ich stellte mir vor, dass er mit mir allein sein wollte, und riss darum hin und wieder aus und marschierte durch London, sechs Kilometer Richtung Hyde Park, voller Hoffnung auf einen magischen Augenblick. Peter Pan musste mein Bruder werden, keine Frage, also hin.

Meine Eltern starben anfangs vor Angst, gewöhnten sich dann an, mich spätestens auf der Kensington High Street aufzufischen, die Strecke war ja eindeutig. Entführer, Kinderschänder, Perverse, Unfallfahrer oder schlechte Menschen im Allgemeinen schien es im London meiner Kindheit einfach nicht zu geben. Helikoptereltern waren noch nicht geboren, Kinder durften autonom sein. Mein Vertrauen in diese Ordnung der Dinge war unerschütterlich.

Ab und an adoptierte ich wildfremde Erwachsene, lief ihnen hinterher und stellte Fragen. Eine schöne Inderin wohnte ein paar Häuser weiter. Sie trug Saris in tropischen Farben, sehr anders als meine blaue Schuluniform mit Karoröckchen. Sie lebte wie viele Immigranten in einer dunklen Souterrainwohnung, die sie exotisch eingerichtet hatte, und machte mir Tee und erzählte lange Geschichten von Indien. So trödelte ich bis in die Dunkelheit bei ihr herum, was meine Eltern irgendwann mit einem Polizeibesuch quittierten. Nein, die Tochter aus gemischtem Hause hatte da nichts zu suchen. Die Jugo-Clique war doch exotisch genug.

Herne – ab in den Pott

Alter: Neun. Status: Scheidungswaise. In meiner Klasse an der St. Stephen's Parochial School in London gab es bereits Scheidungskinder, und ich war alt genug, zu wissen, dass Erwachsene sich trennen. Dass Mutter und Vater sich nicht mehr leiden konnten und den vielen Streitigkeiten ein Ende setzen wollten. Dennoch fällt es mir schwer, diesen Bruch zu erinnern ohne Groll auf jene Erwachsenen, die über mich verfügten, die mich nicht fragten. Ohne lange Vorbereitung ging es zum Flughafen Heathrow, von dort würde ich – allein – nach Düsseldorf fliegen und von ziemlich fremden deutschen Verwandten abgeholt werden.

Die Stewardessen waren reizend zum allein reisenden Kind mit niedlicher Baskenmütze, und ich plapperte aufgeregt von möglichen Abstürzen – bekommen dann alle einen Fallschirm? Gibt es sie in Kindergrößen? Die Mitpassagiere rollten mit den Augen über meinen nicht versiegenden Unverstand. Der abholenden und sehr ernsten deutschen Familie übergab ich ein großes Glas Maxwell Instant Coffee, irgendwie war das ein schickes Ding aus dem Duty-free-Laden, das Fortschritt bedeutete.

London verlieren. Den Vater verlieren. Die Schule wechseln und zack, zack Deutsch lernen. Diese fremden Menschen hören, wie sie über meine geschiedene Mutter sprachen, die sich so zweifelhaft aufführte, die sich schminkte, ihre Nägel erdbeerrot färbte und enge Kleider trug. Alfons C., mein Großvater, nannte so etwas »nuttig« und »undeutsch«. Ich verstand schlecht und wusste doch ungefähr, was damit gemeint war. Ich schwieg dazu, soviel ich nur konnte. Meine schöne, junge, weltstädtische Mummy parkte mich also in Herne bei ihrer Familie, um sich eine »neue Existenz« aufzubauen, zunächst als Büchereihilfskraft, dann als Übersetzerin bei der britischen Militärpolizei in Rheindahlen. Ich sah sie nur an Wochenenden. Ich liebte sie heftig, und sie sollte mit mir ausschließlich Freude verspüren und keine Klagen hören.

Die Wohnung der Großeltern war eng, vier Zimmer, dunkles Bad, kleiner Balkon, Kohleheizung. Ich schlief auf einer Couch im Fernsehzimmer, hatte ein kleines Fach im Küchenschrank unten rechts, worin ich meine englischen Kinderbücher aufbewahrte und sehr wenig Eigenes. Am schönsten war es in der Küche, dort machte ich die Schularbeiten, während Großmutter Elli kochte, putzte, nähte und das Radio ununterbrochen lief. Die Skala auf dem Gerät webte Träume von Stavanger, Athinai, Beograd, Simferopol, Vatican, überall würde ich irgendwann mal hinreisen, aber bis dahin nach dem Mittagessen Schulfunk hören und dort »Neues aus Waldhagen« erfahren, bisschen Soap und bisschen Sozialkunde. Und natürlich alle Englisch-Lehrstunden hören, die verstand ich ja im Schlaf, und sie machten das Heimweh besser. Auch ein Kind musste im Haushalt mithelfen: mittwochs die Treppe putzen, kleine Einkäufe machen, spülen. Dafür durfte ich Rabattmarken in Hefte kleben und sie am Jahresende einlösen und das Geld behalten.

Herne, Vinckestraße 14: Da wohnten außerdem mein Onkel Ulli, nur vier Jahre älter als ich. Er sprach ein wenig Englisch und wurde mein großer Bruder, außerdem meine junge Tante Dagmar, die bereits arbeiten ging und ihre hochtoupierte Farah-Diba-Frisur kräftig mit Taft einsprühte. Geld für meinen Unterhalt kam von meinem fernen Vater, hochwillkommen, denn mein Großvater verdiente nicht viel und musste nun auch mich ernähren und kleiden.

Ulli und ich waren für die Bestückung des großen Küchenherds zuständig, wo immer ein Kohlefeuer brannte. Jeden Tag treppauf und treppab, im Keller lagerte auch das Anmachholz, das ich hochtragen durfte. Ich zerriss gern die WAZ, legte das Holz drauf, dann kamen kleine Kohlestücke drüber und – Wärme! Oben auf der Platte wurde gebraten und gekocht, in die verschiedenen Klappen kamen Schmorgerichte oder Kuchen. Einen Warmwasserbehälter gab es auch, den benutzte die Großmutter kaum, weil der Schamott krümelte und das Wasser trübte.

Im Herbst wurden Kohlen, Briketts und manchmal Eierkohlen geliefert, ich weiß nicht mehr, ob die Familie vom Kohle-Deputat meines mittleren Onkels Winni profitierte. Als Steiger hatte er das Recht auf kostenlose Lieferungen, und so wurden in der Vinckestraße noch sehr lange Küchenherd und Heißwasserboiler im Bad damit versorgt, Staub hin und her.

Im Weltkrieg hatte mein Großvater Alfons C. Glück, zunächst in Frankreich stationiert, ohne Kampfhandlungen, dafür mit der Möglichkeit, der Familie feine Lebensmittel zu schicken. Eines Tages schenkte er mir eine leicht ramponierte Schmuckschatulle, blau emailliert mit Goldfüßchen. Die hatte er im französischen Innenministerium mitgehen lassen, auch wenn er es vornehmer ausdrückte. Später wieder großes Glück, ein Schuss in Russland machte ihn zum Invaliden, er kam kurz vor der entsetzlichen Schlacht in Stalingrad wieder nach Hause, mit steifem Arm und ohne Glauben an den Endsieg.

Opa stammte ursprünglich aus Norditalien, sein Vater Ferdinand Hannibal C. hatte sein Geld in Deutschland mit Terrazzoböden und -treppen verdient und verschwand recht früh aus den Erzählungen. Nur ein Foto erinnert an ihn, weißer Sommeranzug und Strohhut, zufrieden vor dem Terrazzo-Treppenaufgang am Herner Rathaus stehend. Da hatte er wohl einen feinen Auftrag an Land gezogen und die Familie C. steingewordene Bürgerlichkeit.

Die Großmutter war aus Thüringen ins vermutete Eldorado Ruhrgebiet eingewandert, um im Gemüseladen zu verkaufen und mit vierzehn ihr Herz an den Großvater zu verlieren und früh schwanger zu werden. Bei den Wandervögeln sangen sie sentimentale Volkslieder, er zur Mandoline, sie zur Gitarre, brave Menschen, die an Familie, Bildung und Ehrgeiz glaubten.

»Ohne Fleiß kein Preis« – grausam schnell wurde ich zu einer Leistungswilligen, lernte Deutsch, lernte Anpassung. In der Volksschule musste ich im ersten Halbjahr noch keine Schularbeiten machen, sondern zunächst Schreibschrift lernen, eine elende Folter. Die praktischen englischen Druckbuchstaben, die ich völlig beherrschte, wichen Schnörkeln an idiotischen Stellen, das große D hatte links unten eine unerklärliche Blase, das kleine m und n Haken zum Aufhängen, ß war einfach unheimlich und beim kleinen z verkrampfte sich meine Hand vollends. Dazu die Hilfsstriche oben und unten, damit die kleinen Buchstabensoldaten aufrecht in

Reih und Glied standen: zu Befehl! Schiefertafeln fand ich grob und schwer, auch wenn das am Bindfaden baumelnde Schwämmchen nützlich war, um mein Totalversagen bei der deutschen Schönschrift immer wieder wegzuwischen. Und die vielen Rätsel der Sprache: So beteten wir – evangelische Volksschule – jeden Morgen »… das walte Gott, Vater, Sohn und Heiliger Geist«, und niemand sagte mir, dass »walte« kein Adjektiv ist und Gott darum auch keine Sache.

Ein halbes Jahr durfte ich Ausländerin sein und Fehler machen, immerhin, die anderen Kinder bekamen keine solche Nachsicht, sondern viel Untertanengeist. Stören des Unterrichts? Da schlug die Lehrerin mal kurz und hart mit dem Lineal auf die Kinderfingerlein. Widerworte? »Eine Ohrfeige hat noch nie geschadet.« Sie sprachen es nicht aus, die Lehrer, aber »hart wie Kruppstahl« zu sein, hielten sie für wünschenswerte Pädagogik.

Nach der Schule trieben wir uns auf der Bahnhofstraße herum, fuhren eine Station schwarz mit der Straßenbahn, bettelten um Pröbchen in der Drogerie oder um Lurchi-Hefte beim Schuhgeschäft Salamander. Die Luft in der Bergbaustadt Herne war schmutzig, was sonst in den frühen 60ern, beim Schnäuzen wurde es immer schwarz im Taschentuch. Wir husteten alle mehr oder weniger, darüber wurde so wenig geklagt wie über die Staublunge der Kumpel oder die Hemden, die man nie richtig weiß bekam, bis Nyltest auf den Markt kam. Doch wenn ich den Großvater manchmal von der Arbeit bei der Hibernia abholte, roch die Luft nach Methylalkohol, was ich mochte, und die Männer tranken ihre Biere in der Kneipe, bis die Kinder sie abholten, »… weil die Mutti schon wartet …«, beziehungsweise weil sie den Lohn nicht versaufen sollten. Und die Kinder wurden mit einer Limo bestochen, die Väter und Großväter angeblich noch nicht gefunden zu haben.

Ein-, zweimal im Jahr wurde Alfons C. zum Schnapsbrenner, die Küche stank tagelang. Reinen Alkohol brachte er von der Arbeitsstelle bei der Hibernia mit, klar, und kaufte dann ein bisschen Blattgold für sein »Danziger Goldwasser«, das niemand aus der Familie mochte, und Beeren für den »Aufgesetzten«, den sogar ich probieren durfte. Ich glaube, dass die Maische an irgendwelche Viecher verfüttert wurde, kann mich aber irren. Die Hühner des Nachbarn torkelten jedenfalls nie.

Ach Herne! So anders als London. Noch kannte niemand das Wort, meine »Integration« war nicht Kurs, Problem oder Herausforderung, sondern banal. Als mich Kinder fragten, ob ich evangelisch oder katholisch sei, und ich »orthodox« murmelte, krähten sie: »Das gibt es nicht, du lügst«, und stempelten mich als ganz eingebildete Wichtigtuerin ab, noch dazu vaterlos. Meinen Namen Mikich verunstalteten und verhöhnten sie, ausgerechnet die Wieczoreks, Kowalczyks, Foltyneks, Kwiatkowskis, Szymanskis fanden mich unmöglich ausländisch. Sowieso hatte England nur den Krieg gewonnen, weil die Amis geholfen hatten. Also bettelte ich die Großeltern an, eine richtige Religion zu bekommen, und weil der Pastor Iburg in Kirchendingen eher locker war und zuvor unsere ganze Sippe getauft oder verheiratet hatte, übersah er meine orthodoxe Vergangenheit und schrieb mich in den evangelischen Katechumenenunterricht ein. Das hinderte mich nicht daran, ab und zu in die katholische Kirche an der Bahnhofstraße zu schleichen und mir die Lungen vollzusaugen mit Weihrauch. Und ja, manchmal gab es wüste Kloppereien zwischen den Kindern der evangelischen und der katholischen Volksschule, aus Prinzip mussten die anderen von Zeit zu Zeit verhauen werden. Obwohl ich das Prinzip aus England nicht kannte, rannte ich den Banden hinterher, um zu gucken, und war immer froh, zur evangelischen Mehrheit zu gehören. Die hatte in unserer Ecke die besseren Schläger.

Sobald ich auf Deutsch gut lesen konnte, trieb ich mich nicht mehr auf der Straße bei den anderen Kindern herum. Aus der Vitrine im Wohnzimmer stahl ich Karl-May-Bände (»Schundliteratur«, so der Großvater) und las die Sagen des klassischen Altertums (»Bildung«, so der Großvater) x-mal hintereinander. Für Onkel Ulli, damals hochpubertierend, leitete ich Briefchen an die größeren Mädchen in der Schule weiter. Onkel Winni nahm mich in seinem DKW-Zweitakter mit zu einem Ausflug an die Ahr und schenkte mir eine kleine Statue von einem goldfarbenen Reh als Souvenir.

Mit Tante Dagmar ging ich zum ersten italienischen Eissalon in Herne, Campi. Sie hatte einen Freund, der später zum Verlobten mutierte, ein italienischer Schiffsoffizier namens Felice. Es wehte immer große Welt, wenn er die Vinckestraße besuchte. Nun konnte die Familie C. schlecht ausländerfeindlich sein, war sie doch verheiratet und verschwägert und verwandt mit lauter Ausländern. Aber schon wieder ein Italiener? Wie gut, dass dann Sigi aus Kärnten den Südländer verdrängte und die Tante aus dem Elternhaus und von falschen Entscheidungen befreite. Sie wohnten dann unverheiratet zusammen! Sie hörten Jazz! Sie hatten eine Stereoanlage von Braun! Sie trugen Rollkragenpullover! Mehr Coolness ging nicht in Herne, ich bewunderte sie.

Wenn die Großeltern wegfuhren oder ich beaufsichtigt werden musste, brachten sie mich bei weiteren Tanten unter. Tante Änne aus Sodingen, Tante Matta aus Wanne, Tante Selma aus der Nachbarschaft – ein Schwarm verwitweter oder unverheirateter Frauen, die zum Dunstkreis der Familie

C. gehörten und jeden Samstagabend mit uns die großen Unterhaltungsshows im Fernsehen guckten, Schnittchen und Tee inklusive. Mein Opa kniff ihnen gerne in den Po oder machte zweideutige Bemerkungen über ihren Busen, und alle schrien in koketter Empörung»... aber Alfons, was machst du da?«, und er kam sich wie der tolle Hecht vor, der er vielleicht vor dem Krieg gewesen war. Meine Großmutter Elli war gleichzeitig eifersüchtig und ein bisschen stolz, dass sie den Hecht ihren eigenen nannte und die Besucherinnen nach Programmschluss doch wieder gehen mussten.

Opa und Oma wanderten sehr gern, der Königssee bei Berchtesgaden war ihr Sehnsuchtsort. Wegen der Nähe zum Obersalzberg? Trotz der Nähe zum Obersalzberg? Sie sprachen Hitler und die NS-Zeit nie an, ich war zu klein, um zu fragen. Einmal fuhr ich mit ihnen und Ulli (der mit kurzer Lederhose, ich mit Zöpfen) zu einem Bauernhof mit Gästezimmern und Töchtern, die Walburga und Resl hießen. Kalt und unglaublich lecker war das Trinkwasser, die Wiesen explodierten mit Wildblumen, die ich trocknete und mit zurücknahm. Enzian – wer hatte dieses Blau geschaffen? Vielleicht sehe und spüre ich alles noch so stark, weil Herne damals gar keine Natur hatte, außer ein paar Tümpeln im Graben vor Schloss Strünkede. Ja, gut für Kaulquappen.
Und mein Freund in diesem Alpenglück war ein bleicher Herner Junge namens Rainer Koslowski, mit dem ich Schneckenwettrennen organisierte. Später wurde er Sänger und Seele der besten Rockband im Ruhrpott – Herne 3. Er singt immer noch.
Wozu aber Natur, wenn ich die ganze Welt haben konnte – Bücherschränke. Dann sah und hörte mich keiner mehr, dann wurde ich unsichtbar und vertiefte mich in Phantas-

men und Reportagen von Aliens, die die Erde mal besucht hatten, wirklich wahr, so schrieb es Erich von Däniken. Oder religiös getränkte Archäologie – »Und die Bibel hat doch recht«. Fakt und Fiktion gemeinsam in diesen Wundertüten namens Buch, was konnte aufregender sein? Ich fing auch an, kleine Hefte anzulegen mit Fotos vom antiken Griechenland, sie wurden aus Reisekatalogen sauber ausgeschnitten. Zu den Ruinen würde ich bestimmt reisen, wenn ich mal groß bin. Die Götterfamilie um Zeus konnte ich hersagen, Lieblingsgöttin war Pallas Athene, und Alexander der Große wurde Kumpel, wie Peter Pan, nur etwas größer.

Ich fummelte mich also zurecht, eine Leseratte, so hieß das damals, eine Zuwanderin aus England, eine Träumerin. Und ich lebte ein deutsches Erziehungsideal: Kinder soll man sehen, aber nicht hören.

Der Herr Kaiser

Die Kinderjahre in Herne waren aber nicht nur Durchwurschteln, sondern lehrten auch Resilienz. Darum geht es jetzt:

Wie der Herr Kaiser, mein Gitarrenlehrer, mich missbrauchte.
Oder mich beinah verführte.
Oder mich zur Frau machen wollte.
Oder ein altes Schwein war.
Oder von mir ausgetrickst wurde.

Was genau passierte damals? Wie geradlinig erzählen, wenn die Linie schwach ist, sich mit sich selber kreuzt, reißt, zu einem Knoten wird. Ich will erinnern, es sollen meine eigenen Erinnerungen sein, nicht irgendwo gelesene, gehörte. Die Bilder, die Wörter eines elfjährigen Mädchens. Aber wie sprach, dachte, fühlte ich als Kind? Was packe ich obendrauf aus jetziger Sicht, da so viele Frauen sich an übergriffige Männer erinnern und es öffentlich machen? Da kaum eine Woche vergeht ohne Schlagzeilen über horrenden Missbrauch? Krame ich ein Trauma hervor, das nicht da ist? Oder wird etwas endlich klarer? Ich bin eine andere heute, natürlich, aber das Kind Sonia hat Folgendes zu erzählen, das mir und ihr gehört:

Ich bin elf Jahre alt und bekomme Gitarrenunterricht bei einem Familienfreund, der im selben Haus lebt wie mein ältester Onkel Alfons und dessen Kinder. Wurde ich gefragt, ob ich denn Gitarre lernen wollte? Ich glaube nicht, ich erinnere noch vage, dass Klavierspielen meine große Sehnsucht war. Vielleicht war eine Gitarre einfach praktischer und der Unterricht nicht so teuer.

Ich erinnere den Weg sehr genau, den ich zum Herrn Kaiser gehen muss. Kurz vor seiner Straße gibt es eine Abkürzung hinter einem Blumengeschäft. Ich sehe noch, wie ich trödle auf dem Weg zwischen der Gartenanlage und fünf Mark dabeihabe für die Stunde und immer meine Fingerübungen gemacht habe.

Ein Anfänger Der Gitarre Habe Eifer. So heißen die Saiten meiner Zupfgitarre. Und eins der ersten Lieder, dessen zwei Akkorde ich schaffe, heißt:

»Hang down your head, Tom Dooley (C-dur)
Hang down your head and cry ...« (G-dur)

Einmal schenkt der Herr Kaiser mir einen *nailclipper*, damit ich die Akkorde besser greife. Er benutzt den englischen Begriff. Niemand sonst hat so etwas, ich liebe dieses nützliche Ding, habe jahrzehntelang die kürzesten Fingernägel, unlackiert. Mein jetziger Clipper ist teuer, liegt in einem Lederetui und ruft heute noch das Bild eines etwa 50-jährigen Mannes hervor, der meist Wollwesten trägt. Der Mann ist eher klein, zierlich. Ich meine, er hat eine Stirnglatze. Er riecht ausgelaugt. In der Wohnung trägt er Pantoffeln.

Seine stille Frau ist selten daheim, sie arbeitet, glaube ich, als Arzthelferin. Vielleicht ist er arbeitslos oder Frührentner, darüber wird nichts gesagt. Seine Stimme ist immer sehr geschäftig, wenn sie gleichzeitig in der Wohnung ist. Aber meist sind wir nur zu zweit, und dann klingt er anders. Er kommt mir nah, um eine Fingersetzung zu präzisieren.

Der Herr Kaiser hat den Quintenzirkel schön gezeichnet und dazu eine Tabelle mit allen Akkorden, die ich mir nur vorstellen kann: Fis-Dur 7/9. Oder h-Moll vermindert. Er schenkt mir die Blätter. Die mathematische Logik, die solche Harmonien gebiert, ist wundervoll, ich verknote die Finger und versenke mich in Tonfolgen und bin dem Herrn Kaiser so dankbar. Niemand hat diesen Schlüssel zur Schönheit.

Manchmal bringt er mir Barrégriffe mit Songs aus seiner Big-Band-Zeit bei:

»Bei uns zu Haus auf dem Balkon
Da steht ein alter Pappkarton.
Da drinnen wohnt der Max, das ist unser Kaninchen
Und nebenan Thusnelda, das ist unser Hühnchen.
Doch neulich ist ein Ding passiert,
Da hat der Max das Huhn verführt!
Nun stellen Sie sich einmal vor: ein Hühnchen mit
    Karnickelohr!
Nun stellen Sie sich einmal vor: ein Hühnchen mit
    Karnickelohr!«

Der Text kitzelt, er ist ein bisschen anrüchig, und ich ahne, dass es um unerlaubten Sex geht. Aber wie es dazu kommt, dass der Herr Kaiser mich, das magere Kind, entjungfern will, und zwar mit meiner Einwilligung, ohne Gewalt, davon existiert nicht der Hauch eines Anfangs. Keine allererste unpassende Berührung, kein Übergriff. Kein Moment null.

Ich glaube, er küsst mir anfangs auf die Stirn – am Ende

des Unterrichts. Er hält mich dabei fest. Irgendwann drückt er seinen Unterleib an mich. Danach gibt er mir wie immer Übungen auf, als wäre nichts. Ich habe keine Worte, um seine Handlungen zu beschreiben, ich habe keinen Menschen, dem ich dieses Nichts erzählen könnte. Meiner schönen, jungen, weltgewandten Mutter, immer knapp vor der Familienschande, kann ich das Wortlose nicht anvertrauen, die wenigen Stunden mit ihr sind zu kostbar. Meine Großeltern mögen den Herrn Kaiser, ein anständiger Musiker, ein Nachbar. Sie alle lieben Musik, singen gern und oft und nicht nur an Geburtstagen oder zu Weihnachten. Deutsche Volkslieder, Shantys, Gospels.

»Wo man singt, da lass dich ruhig nieder. Böse Menschen haben keine Lieder.«
Er spielt für mich ein Lied über eine mörderische Liebe zu einer Sonja, die ins sibirische Lager führt, so tragisch. Ich fühle mich besonders.
»Sonja, Sonja, deine schwarzen Haare küsse ich im Traum viel tausend Mal. Kann dich nicht vergessen, wunderbare Blume aus dem Wolga-Tal.«

Der Herr Kaiser zeigt mir Fotos, wie er mit Schlaggitarre, so nennt er sie, vor dem Krieg in einer Big Band sitzt. Der Herr Kaiser zeigt mir ein Buch über die verschiedenen Kulturen auf der Welt, darin Bildchen von Südseevölkern. Der Häuptling habe die Pflicht, so der Herr Kaiser, die Mädchen zu entjungfern. Damit sie genießen lernen. Das findet er lobenswert.

Was finde ich? Ich weiß überhaupt nicht, wovon er spricht. Auch nicht, als er mich fragt, ob ich das Wort »Kitzler«

kenne und was es damit auf sich hat. Nein, ich kann nichts dazu beitragen.

Er fragt aber auch, ob ich meinen Vater vermisse. Das tut niemand sonst, denn die offizielle Herner Interpretation der unschicklichen Scheidung lautet: Mein Vater ist der Schurke und meine Mutter die Heilige, wenn auch mit leichtem Makel. Schön, dass Herr Kaiser nachfragt.
Er webt ein Netz der Vertraulichkeit und der kleinen Geheimnisse, lobt mein Gitarrenspiel und küsst und drückt immer mehr und reibt neuerdings. Reibt diese fremdartige Beule in seiner Hose, hart und freudig, an den Kinderkörper. Die Klamotten bleiben an. Der Herr Kaiser will auch wissen, ob ich schon blute. Wer blutet, ist gewissermaßen eine Frau, die fällig ist für gutmütiges Entjungfern.

Ich bin inzwischen 13 und habe angefangen zu menstruieren, und das zieht und tut weh, und ich schäme mich der Flecken in der Unterwäsche und weine wegen der fehlenden Worte. Meine Oma reicht Binden und bemerkt, dass solches nun regelmäßig passiere. Meine Mummy kauft neue Unterwäsche und einen völlig verfrühten BH. In der Schule rücke ich auf in die Gruppe der Großen. Nicht frühreif, nicht Spätzünder.

Dem küssenden und reibenden Herrn Kaiser verschweige ich über Monate die wichtige Auskunft. Er macht sich inzwischen zur Gewohnheit, meine Hand auf die Beule in seiner Hose zu legen, so reibt es sich nicht so allein. Ich atme seinen abgestandenen Geruch und mache mich zu totem Holz. Woche um Woche stelle ich mir vor, dass er irgendwann vorn aufknöpft. Woche um Woche erfinde ich die Notwendigkeit, schnellschnell nach Hause zu müssen, weil … irgendwas. Wie schnell ich auf dem Rückweg Berührung und Gerüche sortiere und ins Regal stelle, ganz hinten im Gehirn. Der überflüssige, misstönende Schlussakkord einer Musikstunde. So erkläre ich mir das, und sonst hört ja niemand hin.

Der Herr Kaiser wird immer ernster, das Projekt mit mir dauert zu lang. Es wird beiläufig aufgeknöpft: Da ist sie, die weiße, gerippte Unterhose! Seine Verheißung, sein Count-down. Doch dann.

Doch dann meldet meine Mummy, dass sie endlich ein Nest gebaut habe und ich zu ihr ziehen könne. Ja doch, ganz bald, von Herne fort nach Mönchengladbach. Eine letzte Gitarren-stunde steht bevor, ich behalte das für mich. Ich, mit fünf Mark in der Tasche, hüpfe durch die Gasse hinter dem Blumenladen. Spiele fehlerfrei die Aufgaben durch. Tauche zum Abschied unter seinem Atem hinweg und an seinem Unterleib vorbei.

Herzklopfen: »Herr Kaiser, das war unser letztes Treffen, ich ziehe nach Mönchengladbach zu meiner Mutter.«

Er wird bleich, stottert. Ist er wütend über die verlorene Beute? Bin ich sein geplatzter Südsee-Traum? Hat er Angst? Mir egal. Mir egal.

Er legt sich wohl alle Ausreden zurecht, falls irgendetwas herauskommt, falls das Mädchen von Südseehäuptlingen und weißen Unterhosen erzählt. Er lobt meine Begabung zur Gitarre und mahnt, weiter fleißig zu üben. Er hofft, mir ein väterlicher Freund gewesen zu sein, ich wäre ja auch gern zu ihm gekommen, so zieht er Bilanz. Er sagt, nun fange ein neuer Lebensabschnitt an.

Ich habe gewonnen.

Habe ich gewonnen?

Jahrzehntelang war ich sicher, dass die Geschichte so gut ausging, weil ich klug, nervenstark war. Dass ich dem ollen Kaiser geschickt entkommen war, ohne Hilfe von außen. Manchmal mutiert das kleine Mädchen Sonia zur feministischen Vorkämpferin: Stellt euch vor, ich hatte einen Gitarrenlehrer, der hatte einen Lolita-Komplex und wollte tatsächlich …

Die Story ist ja viel heldenhafter als meine andere Erzählung, von der Volksschule in der Schulstraße, wo der Klassenlehrer, Herr Reichartz, gern die frühentwickelten Zehnjährigen mit in den Kartenraum nahm und ihnen einen saugenden Zungenkuss aufdrängte. Die meisten Jungen und Mädchen kamen dran, ich nur einmal, weil ich so mager, uninteressant und zudem zugewanderte Engländerin war. Wir Kinder nannten ihn »alte Pottsau« und kicherten und dachten gar nicht dran, es irgendeinem Erwachsenen zu erzählen. Es war sozusagen unser aller schmutziges Geheimnis, wie typisch für die Zeit damals! Ich dachte, so sind halt alte Lehrer in Deutschland. Der Herr Kaiser hatte mehr Potenzial.

Vor wenigen Monaten rief ich meine inzwischen 65-jährige Kusine Susan an. Ob sie sich an einen Herrn Kaiser erinnere, der damals im selben Haus lebte und Musikunterricht gab.

»Ja sicher, der wollte einem immer an die Wäsche.«

»Dir auch?«

»Ja, ich hatte Klavierunterricht, und er stellte sich immer hinter mich, wenn er sich aufgeilen wollte, oder er wischte komisch über meinen Busen. Ich habe wochenlang den Unterricht geschwänzt.«

»Und dann?«

»Dann hatte ich ein schlechtes Gewissen, weil ich ja immer

das Geld für ihn mit herumschleppte, aber nicht hinging, und dann habe ich es Papa erzählt. Der ist zum Kaiser und hat ihm mit der flachen Hand zweimal ins Gesicht geschlagen und gedroht, ihn anzuzeigen, wenn er das je wieder versuchen würde.«

Eine Erschütterung, und diese nach über 50 Jahren. Mir wird kurz schlecht vor lauter Neid auf ihren Vater/meinen Onkel Alfons, der den Herrn Kaiser in die Schranken gewiesen hat. Warum tut das jetzt weh? Warum bin ich sauer, frisch schockiert nach vielen Jahren der Bewältigung? Warum erinnere ich die weiße Unterhose und die dummen Lieder, rieche filzige Männerpullover, warum weiß ich noch genau, wie die stille Ehefrau aussah? Warum konnte ich damals nicht aussprechen, dass der nette Herr Kaiser nicht der nette Herr Kaiser war? So brauchte ich Jahre, um Sex zu genießen. Das war der Preis fürs Verdrängen.

Kindesmissbrauch ist heute viel eindeutiger als Verbrechen gebrandmarkt, nicht mehr nur ein Thema für Feministinnen, die bereits in den 70er-Jahren die absurde Vorstellung auseinandernahmen, dass ein Erwachsener und ein Kind sexuelle Beziehungen »auf Augenhöhe« haben könnten. Herr Kaiser wollte mich gefügig machen, er fantasierte wohl von Einvernehmen. Wie hätte er sich wohl gerechtfertigt? Dass er ja keine Gewalt angewandt hätte? Dass sein Opfer irgendwie mitschuldig wäre? Dass Schweigen Zustimmung bedeutet?

Ich traure, dass niemand in meinem Namen dem Herrn Kaiser die Fresse polierte, dass ich dem Herrn Kaiser nicht selber die Fresse polierte, dass ich seine Gitarre nicht kaputtschlug. Und diese Wut ist sofort wieder abrufbar, wenn ich Berichte lese oder sehe über Missbrauch von Kindern heute in Heimen, auf Campingplätzen, in Familien. Wenn ich Fotos von kleinen Menschen sehe, die vergewaltigt, verkauft, verletzt werden.

Machtmissbrauch und Gegenwehr werden mein Lebensthema, stetig wie ein Kammerton. Emotional, politisch. Bis zu *#metoo*, wie ich es Jahrzehnte später als Skandal in der Medienwelt erleben sollte.

Mönchengladbach – betucht und betulich

Es war die Zeit der Zungenküsse und Knutschflecken. Der ersten Büstenhalter und Beat-Gottesdienste. Wir schwänzten den Sportunterricht aufgrund der »Tage«, Unterschrift der Mutter genügte der Lehrerin. Wir »verknallten uns«, »gingen mit einem Typen«, fanden die Welt »knorke« oder »sagenhaft«.

Ich war in der Pubertät – und in Mönchengladbach gelandet. Provinziell, sauber gefegt, mit einem Stadttheater samt breiter Außentreppe, wo sich die Jugend traf, und einer Milchbar, wo Günter Netzer mal gesehen wurde, weswegen ich regelmäßig dorthin pilgerte. Denn der hatte bekanntlich langes wehendes Blondhaar, und das war Grund für tiefe Bewunderung in einer Zeit, da Erwachsene den Jungen mehr oder weniger aggressiv empfahlen, doch mal zum Friseur zu gehen.

Meine Mutter hatte es zu einer Zweizimmerwohnung gebracht und mich aus Herne geholt. Sie war angestellt in der Leihbücherei der britischen Armee in Rheindahlen, und ich konnte so viele englische Bücher bestellen, wie ich nur verschlingen mochte, eine sehr große Medizin gegen Heimweh nach London. Wir wohnten etwa zehn Kilometer außerhalb der Stadt in einem Vorort mit hässlichen, dreistöckigen Schlichtbauten für die deutschen Zivilangestellten des Militärs, keine feine Adresse. Alle nannten das Viertel »Siedlung«, das klang unfertig. Gebaut für »kleine Leute«, deren Gehalt und Perspektiven von der militärischen Präsenz der einstigen Besatzungsmacht abhingen. Nicht viele Siedlungskinder gingen auf ein Gymnasium.

Mönchengladbach also, nach London und Herne weder kosmopolitisch noch proletarisch. Gediegen? Schurwollig? Hindenburg hieß die Hauptstraße, eine historische Persönlichkeit musste es schon sein, nicht eine profane Bahnhofstraße. Alles war anders als in Herne, der Himmel war blau und die Luft viel besser. Keine Schwerindustrie bedeutete: keine Arbeiterkultur. In der Klasse saßen adrette Bürgerstöchter mit Klavier- und Flötenunterricht und mit Müttern, die zu Hause bleiben konnten. Sie hatten ordentliche Nachnamen und aßen in der Pause Rosinenbrot mit Schinken oder hatten die Prinzenrolle von De Beukelaer dabei. Das fand ich begehrenswert.

Zwei Scheidungswaisen, Michaela und ich, warfen einen Schatten auf die Ordnung der Dinge. Wir hatten keine flüssigen Antworten parat nach Eltern und Berufen. Wir waren die Neuen, aber auch die anderen, vaterlos und verdächtig. Immerhin hatte ich ein Exoten-Plus: Ich war Engländerin, und das war gut bei schwierigen Hausaufgaben, und ich ließ auch andere abschreiben. Manchmal wurde ich zum Mittagessen eingeladen, wenn anschließend gemeinsam gelernt werden musste. Ich spürte das Mitleid der Mütter gegenüber dem Schlüsselkind, und ich mochte es nicht und hatte doch keine Worte dagegen.

Die Klassenlehrerin Frau Doktor W. lebte Katholizismus und CDU-Nähe offen aus, indem sie uns zu frommen Aktionen zwang – Nähen oder Stricken für arme Kinder, für Waisenkinder, für »Negerkinder« und regelmäßiges Beten für Konrad Adenauer oder Israel. Anders als im Ruhrgebiet hielt sich der Konservatismus hier gut, eine »reine Mädchenschule« verbot noch sehr lange das Hosentragen, und ärmellose Kleider im Sommer wurden ungern gesehen.

Frau Doktor war so akkurat und streng wie die Falten ihrer langen Tweedröcke in Herbsttönen. Obwohl ich mich weigerte mitzubeten, hatte ich es nicht allzu schlecht, weil ich im Zweifel in ihrem Englischunterricht alles besser wusste als alle anderen. Sprachen und Sprachwelten – sie machten mich glücklich. Ich mochte das logische Latein, ich schloss Freundschaft mit Französisch, und ich meldete mich freiwillig zum Altgriechisch-Kurs, der nach der sechsten Stunde stattfand, weil Altgriechisch etwas ganz Besonderes war, elitär irgendwie. Und ja, ich fühlte mich dadurch meinen Heroen der Antike näher, Alexander, Zeus und der Götterfamilie, die sicherlich fließend mit dieser Grammatik jonglierten. Nun, die Begeisterung verpuffte nach einigen Monaten. »Optativ« und »Spiritus asper« waren nicht lange prickelnd für eine hormonell herausgeforderte Streberin. Denn nach der sechsten Schulstunde trafen sich die Schülerinnen und Schüler der Stadt an der Theatertreppe, um erste Avancen zu machen. Nur hier oder an Bushaltestellen oder später in der Tanzstunde konnte man beiläufig die Jungen in Augenschein nehmen und vielleicht näher kennenlernen.

Meine Pubertät kannte keine gemischten Schulklassen, sondern nur Sehnsüchte. Sexualaufklärung fand nebenbei im Biologieunterricht statt. Ich glaube, wir haben mehr Zeit mit dem Leben von Bandwürmern und Blutegeln verbracht als mit der Vermehrung des Menschen, und von Vergnügen war ohnehin nie die Rede. Die toten Bandwürmer schwammen in großen Anschauungsgläsern, iiihhh, so etwas konnte unsere rosigen Mädchendärme bevölkern, wenn wir nicht furchtbar auf Hygiene achteten? Und die Lehrerin, sehr entfernt verwandt mit Joseph Goebbels, brachte zwei Blutegel in den Unterricht, die meine Freundin Bärbel und ich uns freiwillig ansetzen ließen, um die Beißvorgänge besser zu verstehen. Vergeblich, die schwarzen Kringel hatten keine Lust auf Teenie-Blut.

Verklemmtheit, Sprachlosigkeit. Wohin mit Fragen? Was wollten Jungen von einem? Warum gaben manche mit Knutschflecken an und andere versteckten sie? Ich besaß keine Jugendzeitschrift, keine »Bravo«, wo in sauber geschrubbter Begrifflichkeit ein bisschen Aufklärung angeboten wurde. Meine Mutter meinte, wenn nur der »Richtige« einmal käme, wäre alles geklärt, und beim Sex, der damals »Miteinanderschlafen« hieß, würde sich die Erde bewegen. Den Gedanken hatte sie bei Hemingway gefunden: »For Whom the Bell Tolls«. Das Penguin-Taschenbuch lag herum, und so suchte ich nach den »Stellen«, wo der Held Robert Jordan mit der schönen Maria die Erde bewegt. Überhaupt halfen »Stellen« in Büchern weiter. Besonders gern lieh ich mir die Romane von Ian Fleming aus, in denen 007 zuverlässig eine Schöne eroberte. So edel wollte ich es auch irgendwann einmal tun – in einem luxuriösen Nachtzug und in Seidenpyjamas auf den »Richtigen« warten, nach »Vent Vert« von Balmain duftend. (Dieses Parfüm kaufte ich sehr lange im echten Leben, runde Flaschen mit einer grünen Filzschleife, und bis heute kann ich dem damaligen Duft nachspüren. Leider hat die Firma die Rezeptur verändert.) Bei den »Stellen« konnte es vorkommen, dass weibliche Brustwarzen sich wegen James Bond verhärteten, das fand ich unheimlich und toll. Zu mehr Verruchtheit brachte ich es nicht. Weswegen Rainer, mein erster »Schwarm«, wie damals gesprochen wurde, an meiner *kissability* verzweifelte: Wahlweise presste ich die Lippen fest zusammen oder riss den Mund auf wie ein Vogeljunges, das auf Insekten wartet. Er fand das reichlich unterentwickelt und schaute sich lieber nach Mädchen um, die er unter dem Pulli anfassen konnte.

Die Klassen waren feste, kleine Einheiten und hießen Unter- und Obertertia oder Unter- und Obersekunda oder Unter- und Oberprima. Eine biestige kleine Mathematiklehrerin fühlte sich zur Hüterin des Anstands berufen. Nach Schulschluss spionierte sie uns Mädchen hinterher. Hinter den Büschen an der Balderichstraße lauerte sie, überzeugt davon, dass wir nicht sofort nach Hause eilten, um Schularbeiten zu erledigen, sondern nach JUNGS schauten. Oder MAKE-UP auflegten oder die Röcke zum MINI hochkrempelten und weitere Sündenfälle. Eine »reine Mädchenschule« war eben Urquell für Verführungen, und Lehrerinnen wie sie sahen sich als Bollwerk gegen hormonelle Ausschüttungen. Dann seufzte sie am nächsten Tag im Unterricht: »Ich habe gesehen, wie du gammeln warst. Was soll nur aus dir werden?«
Gammeln – die Urform von Abhängen an öffentlichen Orten, möglichst in Jeans. Meine kam von C&A, ich musste sie bleichen und künstlich unten ausfransen, damit sie teure Patina bezeugte. Mit meiner besten Freundin Dagmar gammelte ich besonders gern vor den feineren Läden, Konsumkritik im embryonalen Zustand. Wir saßen dann auf den Gehwegplatten und schauten streng und stumm vor uns hin. Gammeln: Rebellischer ging es kaum in Mönchengladbach, der Tuchstadt, der Betuchten-Stadt.

Mummy war also eine Alleinerziehende und ich ihr Schlüsselkind, und unser Zusammenleben war vor allem partnerschaftlich und frei. Gekocht wurde selten, das konnte sie einfach nicht. Dafür amüsierten wir uns mit Reclam-Heftchen und lasen uns mit verteilten Rollen gegenseitig ganze Theaterstücke vor. Sie schenkte mir meine allererste Single: »All My Loving« von den Beatles. Einen Fernseher gab es nicht, das Radio brachte aber alles, was ich brauchte. Vor allem die BFBS-Hitparade und die Piratensender Caroline und Veronica. Englische Popmusik wurde meine Kernkompetenz. Die einzige, die galt. Hören, kennen, bewerten und teilen.

Wie Heimat war dieses riesige Hauptquartier der Rhine Army, wo meine Mutter arbeitete. Ich stromerte dort mit Dagmar auf der Queens Avenue oder dem Londonderry Drive herum, fuhr Doppeldecker-Bus, ging ins englischsprachige Kino und ins sehr schöne Freibad. Niemand prüfte, ob ich ein Navy-, Army- oder Air-Force-Kind war. Mit meinem blauen britischen Pass konnte ich auch im großen Supermarkt der NAAFI Singles und Make-up kaufen. Innerhalb der Klasse bescherte mir dies Anerkennung und etwas Neid, was sehr guttat. Denn sowohl Adresse als auch Familienstatus machten mich zu etwas anderem, Schrägem, nicht so mönchengladbacherisch. Manchmal blitzt eine Erinnerung auf: Wie ich die Hitparadenergebnisse aus dem Radio in den Schulpausen vorlas und wir im Chor »The Sun ain't gonna shine anymore« von den Walker Brothers sangen, nachdem ich den Text für alle herausgeschrieben hatte. Und dann wurde ich doch nicht zur Geburtstagsparty eingeladen.
Kränkend war es auch, als Frau Doktor W. in der Siedlung auftauchte, um zu sehen, ob das Schlüsselkind sich gerade

auf der Straße herumtrieb. (Nein, das tat es nicht.) Sie fragte herum. Die Nachbarschaft war auskunftsfreudig.

»Ja, diese Mutter, kennen wir, die in Shorts ihren schrottreifen Wagen an der Straße wäscht, na so was, sogar sonntags. Die nicht in die Kirche geht, gerade gegenüber, kein einziges Mal.«

Weitere Informationen über meine moralischen Standards holte Frau Dr. W. dann beim Pfarrer des evangelischen Jugendklubs in der Nachbarschaft ein, der nur Nettes über mich sagte. Vielleicht, weil meine Freundin Dagmar, ebenfalls ein Siedlungskind, und ich an Feiertagen mit ihm einsame alte Leute besuchten und Lieder sangen und Geschenke vorbeibrachten. Außenseiter neigen sehr wohl zu braven Gesten und Imagepflege.

Frau E., Dagmars Mutter, wurde von uns am Monatsende gern angepumpt, weil das Gehalt der alleinerziehenden Mutter nicht reichte. Ich musste immer diesen 20-Mark-Bittsteller-Gang antreten und hasste es. Und wenn ich mal bei der Freundin übernachtete und morgens diesen heißen Schokopudding zum Frühstück bekam, sehnte ich mich nach verlässlichem Spießertum, auch wenn ich noch so unangepasst auftrat. Auch hasste ich es, meinen fernen Vater in England anzuschreiben, wenn ich einen neuen Trainingsanzug brauchte. Und nein, Mummy kaufte mir dann nichts Schickes in Dunkelblau mit Streifen an der Seite, wie es die anderen Mädchen trugen, sondern ein aufgeplustertes, hellblaues Billigding vom Quelle-Katalog, weil mit dem Restgeld eine andere Lücke gestopft wurde. Zur Konfirmation wünschte ich mir eine E-Gitarre, und die bekam ich auch. Weiß, mit Tremolo-Hebel, aber nicht von einer berühmten Marke, sondern eine preiswerte *noname* aus dem Kaufhaus. »Kind, was soll da groß ein Unterschied sein?« Da lag sie nicht ganz falsch: Ich rutschte und flutschte simple Akkorde darauf herum, und es hörte sich ein bisschen wie The Kinks an, »You Really Got Me«. Der Tremolo-Hebel klemmte freilich schon nach Tagen.

Geldmangel färbte so vieles, und deswegen war es wenig verwunderlich, dass meine Mutter ein paar Jahre später den schlechtestmöglichen Kandidaten heiratete, um endlich solide, überschaubar und spießig in einem großen Einfamilienhaus in Geilenkirchen im Selfkant leben zu können. Geilenkirchen – damals zur Hälfte erzkatholisch, zur anderen NPD-nah. Schon der Ortsname war mir peinlich.

Als die Klasse eine große Reise nach Paris machte, musste ich die neue Klassenlehrerin bitten, aus Sozialtöpfen meine Fahrtkosten zu begleichen, mit Scham und rotem Kopf. Frau S. war progressiv genug, dies unauffällig und unkommentiert umzusetzen. Und nicht nur dafür mochte ich sie. Sie ließ uns die alten Geschichtsbücher einmotten, die mit dem Ersten Weltkrieg aufhörten, und las mit uns aktuelle Nachrichten in den Zeitungen. Unbekanntes Terrain! Sie knallte uns Zitate von Kant, Hegel oder Marx hin, und wir mussten dazu schreiben und denken. So etwas Intellektuelles hatte es an der Schule noch nicht gegeben! Diese Lehrerin traute uns so viel zu, und das machte großartige Schulzeit. Als ich später bei der Abitur-Prüfung unbekümmert die Geschichte der Anarchistenbewegung in Europa vortrug, verteidigte sie mich gegen ihre stockkonservativen Co-Prüfer, die mir wegen Kropotkin und Co. eine Note sechs bescheren wollten. Sie fand nichts dabei, sich in Mönchengladbach für Anarcho-Syndikalisten und Bombenleger zu interessieren. All dies brachte sie fertig mit Perlenkette und kragenlosem Kostüm aus Bouclé.

Kein Geld, viel Freiheit. Schon mit 16 durfte ich nach Spanien trampen, quer durch Europa, zum wilden Zelten bei Lloret de Mar. Über Mädchenmorde oder Ausschweifungen dachte Mummy einfach nicht nach. Sie improvisierte und ließ das Leben passieren, und ich sah es ähnlich. Alban, der adretteste, harmloseste, freundlichste Vertreter unserer Clique, besuchte zuvor alle Eltern und warb für unser Ferienprojekt. Was muss er gesülzt haben!

Zehn langhaarige, ziemlich junge Hippies in Francos ultrakatholischem Spanien also. Die Polizisten von der berüchtigten *guardia civil* kamen jede Nacht und leuchteten in die Zelte, die Männer aus der Umgebung schauten uns Mädchen beim Waschen zu und machten obszöne Gesten. Zu Jugendherbergen oder Tavernen reichte es nicht, so hielt ich mich Abend für Abend in Diskotheken an einer Cola und einer Tüte Chips fest. Aber es war Freiheit, schmuddelig und anrüchig und meine. Und wir hörten allmählich nicht mehr Kinks, sondern Neil Young and Crazy Horse oder die Mothers of Invention und kannten die Texte auswendig. Ich nannte mich »Suzy Creamcheese« nach einem Stück von Frank Zappa und krakelte das überallhin, weil sie mein ausschweifendes Alter Ego sein sollte, auch wenn ich noch Jungfrau war.

Musik wurde meine erste Droge und mein Alleinstellungsmerkmal, auf Partys ließ ich niemanden an die Musikanlage heran und legte zehn-, zwanzigmal hintereinander Velvet Underground auf, die die Zukunft beschrieben – »All Tomorrow's Parties«. Psychedelisch, Underground, Rock, meine Welt. Wer die »falsche« Musik hörte, existierte nicht, und deswegen war mein erster richtiger Freund Schlagzeuger. Wir fuhren nach Düsseldorf und hingen mit Studenten der Kunstakademie ab, die mir unendlich progressiv und politisch subversiv vorkamen. Der Düsseldorfer Club Creamcheese war Kult, ein Tempel der Selbstvergewisserung, da machte einen das Stroboskoplicht so wunderbar kirre, da hielten der Musiker Florian Schneider-Esleben, später Kraftwerk, und der Künstler Anatol Herzfeld Hof. Wir schwirrten um sie herum, weil sie so recht hatten mit der Verschmelzung von Musik, Kunst und Gegenkultur. Ich war noch keine 18 und ununterbrochen begeistert.

Politik wurde meine zweite Droge, ich entdeckte die Kraft der Straße (und bin bis heute überzeugt, dass sichtbare Menschen an einem öffentlichen Ort mehr Wirkung haben als Likes aufs Endgerät). Wahlkampfauftritt von Kurt Georg Kiesinger, dem CDU-Kanzler und im Dritten Reich NSDAP-Mitglied. Am Alten Markt in Mönchengladbach standen ein paar Tausend Bürger, um ihn zu begrüßen, und wir wollten stören. Beate Klarsfeld hatte ihn öffentlich geohrfeigt, das motivierte. Wir waren sehr, sehr wenige, aber wir hatten Trillerpfeifen und gute Lungen und machten richtig Ärger. Zum ersten Mal im Leben rief ich »Nazis raus« – aus unerschütterlicher Überzeugung, und nannte mich links und blaffte die Kiesinger-Fans an, die mich »nach drüben« in die DDR schicken wollten.

Zur Abiturfeier zogen wir Progressiven kein kleines Schwarzes mehr an und verzichteten auf klassische Musik vom Schulorchester. Ich inszenierte mich in einem weißen Hippie-Maxikleid, dazu Karl-Marx-Button und rotes Halstuch, und verstörte das Kollegium und die Elternschaft in der Aula mit einer Abi-Rede: »Ihr habt alles falsch gemacht, wir haben weder das Dritte Reich aufgearbeitet noch die Zustände in der Welt. Ihr habt uns nicht fürs Leben lernen lassen, sondern für die Anpassung.«

Meine Klassenfreundinnen klatschten solidarisch, das restliche Publikum erstarrte, manche Eltern riefen Buh. Zum

Glück verpasste meine Mutter den Skandal, sie musste arbeiten. In der Lokalzeitung wurde am anderen Tag nachgefragt, ob wir von radikalen Pädagogen aufgehetzt worden seien, die intellektuelle Klassenlehrerin bekam eine Zeit lang keinen Abiturjahrgang mehr, und meine Deutschlehrerin zischte, dass ich eine kommunistische Agitatorin sei und wie sehr sie bereue, mir beste Noten gegeben zu haben.

Abgang mit hängenden Ohren, denn eigentlich wollte ich allen nur Augen und Herzen öffnen für den Zeitgeist damals. In jener Aula in Mönchengladbach hatte es nicht geklappt. Doch die Vorstellung, dass eine Gegenkultur Sauerstoff für die Demokratie war – sie breitete sich immer mächtiger aus. Wie wunderbar, die Gegenkultur wurde selber eine Macht.

Rebel Rebel I – Weltverbesserung

Meine 70er an der Uni: Fortschritt war die Addition guter Dinge, dachte ich, immer schön geradeaus und hoch hinaus. Fortschritt würde sich logisch einstellen, auch wenn Menschen doch sehr unterschiedlich waren und eigenen Ansprüchen hinterherhinkten. Der Zeitgeist ließ mich hin und wieder stolpern, ich lebte im widersprüchlichen Mix von Monthy Pythons »Leben des Brian«, »Das Kapital« von Karl Marx und *sex, drugs and rock 'n' roll*. Und das brachte mich oft in Schwierigkeiten: Michael, mein damaliger Liebster, und ich stellten uns die Zukunft als Kopie der Beziehung von Simone de Beauvoir und Jean-Paul Sartre vor, radikal, ernsthaft und niemals erstickend. Intellektuelle und Liebhaber gleichzeitig, rundum frei. Linke Klischees: Wir würden niemals zusammenziehen, wir würden keine kleinbürgerlichen Ansprüche aneinander stellen, wir würden uns durch und durch verstehen und so wie sie Intellektuelle sein, nur jünger und schöner. Die halbe Flasche Cordon rouge am Mittag wäre selbstverständlich. Wahre Champagner-Linke, Rolls-Royce für alle.
Aber.
Aber wir wollten auch heiraten, unser romantisches Geheimnis vor aller Welt, niemand sollte wissen, dass wir bereits ein Aufgebot bestellt hatten. Weil ich freilich die Tochter aus schrägen Verhältnissen war, verriet ich meiner Mutter die

bevorstehende Verehelichung. Sie missverstand alles: »Endlich wirst du erwachsen.« Sie dachte, es wäre die Vernunft in mein Leben eingezogen, und schrieb einen langen, glücklichen Mutterbrief mit dem Versprechen, uns eine Hochzeitsreise zu schenken. Und diesen Brief ließ ich auf meinem Schreibtisch in der Wohngemeinschaft liegen. Ein Ort, wo es immer Papier, Umschläge, Bürokram gab, den die anderen schon mal ausliehen. Briefgeheimnisse gab es nicht unter Genossen. So kam es, dass ich abends heimkehrte und nicht nur die WG, sondern gleich zehn weitere Revolutionäre missbilligend am Tisch saßen.

»Was soll das, Sonia?«

»Aber wir wollen doch nichts ändern, wir ziehen nicht zusammen, ich bleibe hier wohnen.«

»Das ist kleinbürgerliche Abweichung.«

»Es ist doch nur symbolisch, weil wir uns so lieben.«

»Und den repressiven Staat und seine reaktionären Institutionen stützen?«

Zu blöd oder feige, zu entgegnen, dass sie mich autoritär gängelten, ließ ich das Heiraten sein. Wir zahlten missmutig für das Aufgebot und gingen nicht zum Termin. Die Liebe lebte zum Glück weiter.

Ich wohnte mit zwei Frauen und drei Männern in einem schönen, heruntergekommenen Altbau. Über und unter uns auf den Etagen Hippies, ein Bhagwan-Anhänger, verträumte Menschen aus der lokalen Subkultur. Mein Zimmer war drei Meter breit, fünf Meter lang, ein Schlauch mit hoher Decke. Die Fußleisten strich ich in Grau-Blau, auf der breiten Fensterbank, die mir als Balkon-Ersatz diente, lagen Kissen mit Paisley-Muster. Man schaute zuallererst aufs Bett, wenn man ins Zimmer trat. Für Bettwäsche aus mercerisierter Baumwolle gab ich unverhältnismäßig viel Geld aus, sie war meine sündhaft teure Obsession, das Studentische zu adeln. Weiße Lilien in einer Stehvase machten auch etwas her. Die vielen Bücher stapelten sich in gebrauchten Getränkekisten von der Firma Kaiserbrunnen, die ich dunkelblau oder grün beizte. Alle Studenten hatten diese Holzkisten, als Regal, Plattencontainer, Schreibtisch, Küchenschrank, Unterbau von Sofas und Betten. Wahre Module der Kreativität, *shabby chic* und antikapitalistisch und so richtig nachhaltig. In Aachen dauerte es jedenfalls etwas länger, bevor die Billy-Regale von Ikea sich durchsetzen konnten. Und im Schlauch war dann gerade noch Platz für eine Hifi-Anlage plus Lautsprecher und viele Langspielplatten, das Allerwichtigste.

Welche Musik jemand hörte, war entscheidend, Distinktionsmerkmal zwischen »uns« und »den anderen«. Der Kammerton meines Hochgefühls: »Rebel Rebel« von David Bowie:

»… we like dancing and we look divine. You love bands when they're playing hard, you want more and you want it fast …«

Ich fühlte mich so frei wie nie zuvor. Die Wohngemeinschaften und Studentenkollektive waren das Zuhause, und in dieser Zeit spielten Geld oder Familie keine Rolle. Besitzen war unnötig und auch verpönt. Die Frauen machten Kleidertausch, für viele zu kochen war billig, die Mieten niedrig, und irgendeiner stellte immer ein Auto zur Verfügung. Wenn ich für Reisen oder Konzertbesuche oder Plattenkauf dann doch Extra-Einnahmen brauchte, schrieb ich Rezensionen und verkaufte Fotos von Rockkonzerten oder jobbte kurz in der Marmeladenfabrik Zentis oder putzte in Boutiquen. Umgeben von meinesgleichen bekam ich Bafög, studierte Soziologie, Politikwissenschaft und Philosophie, sehr beliebte

Fächer. Das große Ganze sollte gelernt werden, auch wenn die RWTH Aachen eher für Ingenieurwissenschaften bekannt war. Waren wir wirklichkeitstüchtig? Über Karriere, Familiengründung oder Bausparen sprach kein Mensch um mich herum, irgendwie würde das Leben sich ergeben oder die Weltrevolution es richten, wozu über Berufsaussichten nachdenken?

Niemals müde, niemals ängstlich. Und immer für kleine und große Auflehnung zu haben. Die 70er berauschten mich mit ihrem lauten WIR, UNSER, UNS, ihrem kollektiven Hochgefühl. Sehr ernst dagegen formulierten wir unsere Werte: Wir wollten Solidarität, in der Wohngemeinschaft, vor der Haustür und weltweit. Wir nahmen Schwache wahr, wir forderten Fairness ein, weil wir Menschen uns so ähnlich sind, unabhängig von Herkunft, Hautfarbe, Religion und Geschlecht. Stur nahmen wir uns vor, die Dinge besser zu machen – gegen alle Wahrscheinlichkeit.

Wir Ungeduldigen damals sagten Nein zu gesellschaftlichen Übereinkünften: Frauen bleiben zu Hause oder verdienen weniger? Wieso das denn? Nie wieder Küche, Kirche, Kinder. Politik darf nicht infrage gestellt werden? Ach was, gehen wir doch auf die Straße und demonstrieren.

Väter, Chefs, Professoren, Minister, Bischöfe haben immer recht? Mal nachschauen, ob das stimmt.

Die echten 68er hatten zuvor freundlicherweise den Muff aus der Universität vertrieben, für mich waren deren bedrückende Auseinandersetzungen mit Vaterfiguren und Nazi-Deutschland schon weggewischt. Jung sein hieß einfach recht zu haben. Und ein Recht zu haben auf militantes Auftreten an der Uni und im hedonistischen Privatleben.

Zwei Jahre zuvor hatte ich Abitur gemacht, damals noch Engländerin. Ich brauchte dringend die deutsche Staatsangehörigkeit, um Bafög-würdig zu sein, denn meine Mutter hätte mir kein Studium finanzieren können. Also wollte ich die Zeit bis zur Einbürgerung und zur Uni irgendwie sinnvoll füllen und stellte mich den drei damals in Aachen existierenden Lokalzeitungen vor. AVZ, AN und NRZ standen im friedlichen Wettbewerb nebeneinander, es reichte ein einfacher Anruf, um einen Termin zu bekommen. Ich wollte Volontärin werden, von zu Hause ausziehen, aus der Freude am Schreiben einen Beruf machen. Mit meinem Abschlusszeugnis und der Schülerzeitung, die ich mit anderen in Mönchengladbach gegründet hatte, saß ich vor den Chefredakteuren und warb bei den älteren Herren zuversichtlich dafür, gerade mich einzustellen. So eine gute Gelegenheit – für sie.

Mehr brauchte es damals nicht. Dass ich bei der sehr konservativen, gutkatholischen Aachener Volkszeitung landete, verdankte ich dem dortigen Chef, der gerade eine wöchentliche Seite »für die Jugend« einrichten wollte. Ad hoc sollte ich einen passenden Artikel schreiben, als Probe. Und so kam es, dass die AVZ eine Reportage bekam über das Isle-of-Wight-Popfestival, das ich wenige Wochen zuvor besucht hatte. Der Chefredakteur hatte vermutlich nie von Emerson, Lake and Palmer oder The Doors oder The Who oder Ten Years After gehört. Ich erzählte, wie chaotisch eins der größten Festivals der Rock-Geschichte ablief, weil das beschauliche Rentner- und Seglerparadies mit ungefähr 600 000 einreisenden Kids zurechtkommen musste. Wie die *bluehair brigade,* die konservativen Ladys mit blaugetönter Frisur, über die schockierend langhaarigen Wesen vom anderen Stern rätselten. Wie auf den grünen Hügeln um das Gelände

Zehntausende protestierten und freien Eintritt erzwangen. Wie Miles Davis in einem leuchtenden Glitzeranzug auftrat, Jim Morrison zu meiner Enttäuschung einen Bart trug. Wie ich direkt vor der Bühne saß, weil mein Vater mir VIP-Karten besorgt hatte. Er war Manager in einem der Hotels, wo die Rock-Stars abstiegen, und ich gehörte nun zur Entourage von Sly and the Family Stone und saß neben einem echten Groupie, das »mit Mungo Jerry war«. Und wie es am Anfang des Erwachsenenlebens sich anfühlt, einen sternenbesäten Nachthimmel anzuschauen, während The Who eine Hymne singen: »See me, feel me, touch me, heal me.« Ich bekam das Volontariat.

Und nun, 1972, bekam ich die Einbürgerungsurkunde, meine Eintrittskarte zur Uni. Alles konnte jetzt geschehen, mit mir, mit uns. Zuerst schaute ich das Vorlesungsverzeichnis an, und dann ging es sofort in die Basisgruppe Soziologie. Ich fand die Menschen dort so aufregend, so schön. Sie sprachen wie ich, sie suchten wie ich. Sie hörten ähnliche Musik und schauten dieselben Filme, *my generation*. Als Erstes organisierten wir Arbeitsgruppen, um Vorlesungen, Seminararbeiten oder Klausuren zu bewältigen oder ganz abzuschaffen, gemeinsam. Es machte Spaß zu studieren und zu streiten, an vielen Fakultäten war studentische Mitbestimmung schon die Regel. Wir setzten Themen und erzwangen Kritik. Manchmal ärgerte es mich freilich, wenn unter meiner Fleißarbeit plötzlich viele andere Namen standen, so etwas passierte oft in den Geisteswissenschaften. Viele Professoren und Assistenten, alles Männer, waren linksliberal und glaubten an Inhalt, nicht an Formalitäten. Aber ich hatte doch etwas geleistet, andere waren faul gewesen, und nun bekamen alle denselben Seminarschein?

»Du bist spießig. Wie du denkst, ist historisch überholt«, hieß es unfreundlich.

Da hörte ich lieber ganz schnell mit dem kleinen Karo auf.

Aktivistisch in Wort und Tat: Wir diskutierten unentwegt, verbissen uns in komplizierte Theorien, schrieben Thesen und kauften Raubdrucke von Büchern, die man gelesen haben musste. Stapelweise lagen sie auf den Büchertischen vor der Mensa: Wilhelm Reich – »Die Massenpsychologie des Faschismus«. Friedrich Engels – »Der Ursprung der Familie«. Carlos Castaneda – »Die Lehren des Don Juan«. Anne Koedt – »Der Mythos des vaginalen Orgasmus«. Frantz Fanon – »Die Verdammten dieser Erde«.

Das Audimax war fest in der Hand der Jugend. Tagsüber Vorlesungen, abends Rockkonzerte und Italowestern. Oder der ideologische Schlagabtausch zwischen den linken Studentenorganisationen und dem Philosophen André Glucksmann, der angefangen hatte, mit Marxismus und Stalinismus abzurechnen. Oder ein Störversuch der AAO-Kommunarden und Anhängerinnen des skandalösen Künstlers Otto Muehl, die mit kurz geschorenen Haaren und Latzhosen-Uniform zu Urschrei-Therapien aufforderten, damit die »Entpanzerung des Ichs« und befreite Sexualität gelingen. Happenings, politisch motivierte Kunstaktionen ragten von der Uni in den Kulturbetrieb hinein und umgekehrt. Die Sammler Peter und Irene Ludwig kauften weltweite Avantgarde ein und stellten sie in der Neuen Galerie im Alten Kurhaus aus. Zum ersten Mal Andy Warhol und Roy Lichtenstein, Ulrike Rosenbach und Wolf Vostell. Auch sie waren meine Helden, und selbstverständlich gingen Linke ins Gegenverkehr, das Zentrum für zeitgenössische Kunst, wo »Empire« von Warhol lief, ein schwarz-weißer Dokumentarfilm aus einer einzigen Perspektive auf das Empire State Building in New York. Ich schaffte, nur eine Stunde von acht zu sehen, und ging heimlich heraus. Zeit so langsam beim Dahinticken anzuschauen – fand ich sturzlangweilig. Manchmal dann doch eine Banausin.

Alles hatte mit allem zu tun, oder? Der Blick auf die Welt, die eigentlich nur eine kleine studentische Kapsel war, musste so umfassend wie möglich sein. Freiheit, Selbstbestimmung für alle – ein universeller Anspruch. Warum irgendetwas abgrenzen oder ausgrenzen? Veränderungen waren machbar, sie konnten von wenigen ausgehen, so meine Überzeugung. Ein Teil der Studentenschaft, einige Gewerkschafter und Lehrlinge, Intellektuelle und Künstler: keine Massenbewegung, aber doch laut. Sonst würden die »Anderen«, die Zeitungen, die Alten sich nicht so über uns aufregen, oder? Revolution hieß für mich nicht rote Fahnen oder Barrikaden oder sonstige Folklore, sondern sich einen großen Horizont zu erlauben und aufs Ganze zu gehen. Natürlich interessierte ich mich für die Lage der Kupferminenarbeiter in Bolivien genauso intensiv wie für die Fabrikbesetzung der Zementarbeiter von Erwitte oder für die Abschaffung des §218 wie für den Öffentlichen Nahverkehr zum Nulltarif. Ich fraß Bücher, besonders über Dissidenten und Freigeister, die Befreiungsbewegungen gegen den Kolonialismus in Südafrika und Algerien, die Antipsychiatrie in Italien. Jedes Thema war höchstpersönlich. Sogar Sieg und Niederlage im Bett.

Verliebt zu sein mochte ich sehr, nicht aber Verbindlichkeit. Unernst ging ich an Gefühle heran und tauchte phasenweise in folgenlose Promiskuität ab – Hauptbeziehungen, Nebenbeziehungen. Die Antibabypille schützte vor ungewollter Schwangerschaft, Aids schreckte noch nicht. Weil »der Kapitalismus« Liebesbeziehungen »verdinglichte«, gingen wir den eigenen Gefühlen mit viel Theorie auf den Grund. Überbau statt Bauch. Wir postulierten, dass wirklich befreite Menschen nicht besitzergreifend sein durften, ich schluckte eigene Eifersucht herunter und war nicht bekümmert, wenn andere wiederum unter meiner Treulosigkeit litten. Im Gegenteil, ich warf ihnen vor, zu liebenswürdig und sensibel zu sein. Im Grunde konkurrierte ich mit der Selbstherrlichkeit linker Gurus, die Kometenschweife gut aussehender, »befreiter« Frauen nach sich zogen, die für Bewunderung oder fürs Bett zuständig waren. Ich kehrte die Rollenverteilung um, platt und rücksichtslos. In diesen ersten Jahren an der Uni fand ich dies einfach revolutionär, und das reichte.

Ähnlich hedonistisch ging ich bei der eigenen Politisierung vor. Auch in Aachen wetteiferten Gruppen, Sekten, stramme Organisationen und Parteien um neue Mitglieder. Ich ging zu deren Vorträgen und Partys. Irgendwas mit Kommunismus: KB, KBW, KPD/AO, Marxisten-Leninisten, Maoisten. Aber der wirkliche Kommunismus in wirklichen Ländern verlockte mich überhaupt nicht. Weder konnte ich mir vorstellen, Mao-Sprüchlein auswendig zu lernen noch Fortbildungsurlaube in Albanien zu verbringen. Grässliche Aussicht, tagsüber Enver-Hodscha-Kraftwerke oder -Staudämme oder -Kulturzentren zu besichtigen und abends Doppelkopf mit schmallippigen Genossen zu spielen. Kambodschas Rote Khmer waren ein Horrorkommunismus, den konnte man schon damals verurteilen. Das Wenige, das ich von der DDR wusste, schloss eine nähere Bekanntschaft mit der DKP aus, hinter der ich staubtrockene Bürokraten oder

Möchtegern-Spione vermutete. Die Jusos fand ich ganz nett und zu brav. Resümee: Störenfried zu sein schien ein guter Ehrgeiz, aber bloß nicht linientreu, hierarchisch und humorfrei.

Die Studentenorganisation in Aachen, die am besten zu meinem, nun ja, Empörungsfundus passte, war die Gruppe Internationale Marxisten. Sie beriefen sich auf Leo Trotzki, den großen Widersacher gegen Stalin, und hatten Ortsgruppen in vielen Ländern, solcher Internationalismus war mir sehr sympathisch. Sie waren nicht so peinlich dogmatisch wie die anderen K-Gruppen, bei denen die Männer die Haare wieder proletarisch kurz trugen und auf ihren Partys Arbeiterlieder und »Bella Ciao« sangen. Diese GIMler, die in Aachen eher eine Gruppe Interessanter Menschen waren, lasen zwar gemeinsam hochtheoretische Werke über den Spätkapitalismus, aber mischten auch bei »Rock gegen Rechts« mit. Sie kifften und machten improvisierte Musik-Sessions, bei denen ich manchmal sang, das gefiel mir entschieden besser, als morgens um fünf Uhr übermüdet Flugblätter vor der Valvo-Bildröhrenfabrik zu verteilen. In großer Selbstüberschätzung glaubten wir dem Proletariat Bruder und Schwester zu sein.

Wir zerbrachen uns den Kopf darüber, ob man die SPD wirklich wählen konnte, die Frage füllte Thesenpapiere und ganze Abende, überlebenswichtig, bloß kein Vertun auf dem Weg in eine lichte Zukunft. Den bewunderten trotzkistischen Wirtschaftstheoretiker Ernest Mandel mussten wir über die grüne Grenze von Belgien nach Aachen schmuggeln, weil er Einreiseverbot hatte. Wir trinksten den Staat aus, der uns als gefährlich abstempelte, man war so frei … Mandels Vorlesungen waren verständlicher als seine Bücher. Zuvor hatte ich, reichlich masochistisch, seinen Grundlagentext über den

Spätkapitalismus angefangen und nach 50 Seiten aufgegeben, so wie ich auch die Kapital-Schulungen schwänzte, um doch lieber »Herr der Ringe« von Tolkien zu lesen.

Mehr zu Hause war ich ohnehin im Diana-Kino in Burtscheid, wo der coole Kunststudent und Taxifahrer Bübi und sein Freund Wolle angesagte Filme organisierten wie »Themroc«, »Harold und Maude« und Pasolinis »Erotische Geschichten«. Und da ich auf Musik versessen war, passte es gut, dass meine linken Mitmenschen die richtigen Platten hatten, die wir untereinander austauschen konnten. Captain Beefheart, die Residents, Grace Jones, die Talking Heads. Jugendkultur und Weltveränderung schmolzen zum Lebensgefühl zusammen, einem, ja, Rausch.

Kaffee, Nikotin und Alkohol waren nicht meine Drogen, zu normalgesellschaftlich. Dagegen reizten mich Rauschgifte, und ich experimentierte ein paarmal, von meiner eigenen seelischen und körperlichen Robustheit sehr überzeugt. Haschisch machte träge und selbstzufrieden, keine allzu große Vorliebe. Der einmal eingenommene Fliegenpilz wirkte überhaupt nicht, und von anderen psilocybinhaltigen Pilzen wurde mir übel. Peyote-Kakteen wuchsen nun mal nicht im Rheinland, Meskalin war also nicht im Angebot. Irgendetwas mit Nadeln und Blutbahnen zu verrichten war unästhetisch und unheimlich, auf keinen Fall also. Kokain war entschieden zu teuer.

»Purple Haze« oder »Sunshine Explosion« waren die Herausforderung, LSD auf kleinen Löschpapier-Quadraten für zehn D-Mark. An einigen Wochenenden probierte ich aus, ob im Hirn dieselben psychedelischen Muster blühten wie auf den Wänden der Clubs und Diskos. Eine Sehnsucht nach tieferer Erkenntnis, verbunden mit Schaudern, wenn die Gedanken sich verdichteten, überschlugen und von einer Kraft waren, die mir übermenschlich vorkam. Ich machte solche Trips von etwa sechs Stunden Dauer gern allein, beschrieb Halluzinationen, hörte Musik, als käme sie zu mir von Gott. Euphorie ließ mich viele Seiten Welterklärung schreiben, die sich am nächsten Tag als unverständliches Gebrabbel erwies, egal. Im Farbenrausch öffnete sich der Ursprung des Lebens, mehr Metaphysik ging nicht. Nachts lief ich durch Aachen und glaubte mich unverwundbar, die Farben, die Laute waren so hundertfach verstärkt wie ich selbst auch, nichts Böses konnte passieren. Zum Glück fehlte mir eine Neigung zur Sucht. Gelehrt haben solche Trips, mich in etwas zu versenken, mich von Situationen ergreifen zu lassen, wortwörtlich das Gehirn mit einzigartigen Erfahrungen zu füttern – keine Angst vor Unbekanntem.

»Irgendetwas anstellen« – ich glaube, das war für mich Motivation genug, auch ohne Metaphysik. Und meine »einzigartigen Erfahrungen« durften auch einzigartig dämlich sein, manchmal auch peinlich. Als in Frankfurt junge Leute zum ersten Mal in der Bundesrepublik Deutschland Häuser besetzten, wollten wir unsere Solidarität mit der dortigen Sponti-Szene ausdrücken, also demonstrieren. Es gab, sehr großzügig berechnet, in Aachen höchstens 25 Menschen, die irgendetwas mit Hausbesetzungen verbanden. Studierende, zwei Chemiker, ein Callgirl, ein Taxifahrer. Ich versuchte noch am Abend zuvor im Malteserkeller-Klub, die tanzenden, überwiegend zugedröhnten Besucher zu »agitieren«: »Hey, in Frankfurt passiert etwas Wichtiges, kommt morgen massenhaft zum Elisenbrunnen …«
Kommt massenhaft – die Floskel der Zeit.
Am nächsten Tag lief ein Häuflein mit einem versagenden Megafon und schlecht gebastelten Transparenten los. Vor

uns fuhr ein Polizeiauto, die Demo war ja ordentlich ange-
meldet. Zunächst skandierten etwa 50 Leute »Solidarität mit
den Frankfurter Hausbesetzern«, dann von Meter zu Meter
weniger, einer nach dem anderen verdrückte sich zur Seite,
in die Geschäfte hinein. Nach 200 Metern forderten nur
noch zehn Widerständler die Immobilienhaie in Frankfurt
im Einzelnen und den Kapitalismus im Allgemeinen heraus.
Es war so blamabel, dass auch das Polizeiauto aufgab und
verschwand. Die aufzurüttelnde Bevölkerung ging derweil
ihren Einkäufen nach, unbeeindruckt.

Als Studentin hatte ich ständig großes Fernweh. Ohnehin
wurde viel gereist in den Semesterferien, mit dem VW-Bus
nach Marokko, mit alten Mercedes-Dieselautos nach Por-
tugal oder Griechenland, als die dortigen Militärdiktaturen
vorbei waren. Wir zelteten oder schliefen in billigen Hotels
oder kamen für ein paar Tage bei Menschen unter, die wir
unterwegs kennenlernten. Jugend beherbergte Jugend, einfach so. Beliebt war es auch, im Konvoi alte Mercedes-PKW
über die Türkei nach Teheran zu fahren gegen Essen und
Übernachtung und zum Schluss 1000 D-Mark Honorar.
Das war exotisch und nicht immer bequem und wohldosierte
Abenteuerlichkeit. Je unzugänglicher ein Ort war, umso reiz-
voller der Versuch, irgendwann, irgendwie dahin zu kommen.

Ich hatte eine Liste magischer Namen von Kindheit an,
Neuseeland und Jamaika. Die Victoria Falls in Simbabwe
und Trincomalee in Ceylon, wie es damals hieß. Sie klangen
schön und versprachen großartige Erlebnisse. Und weil sie
zum britischen Commonwealth gehörten, schien mir mein
Wunsch, gerade dahin zu reisen, selbstverständlich. In meiner Londoner Schule hatte ich mit Kindern aus diesen Wel-

ten gespielt, und auch ich war ja Immigrantenkind gewesen, nur eben weiß. Das Commonwealth war meine geografische Großfamilie.

Irgendwann erzählte jemand von Jamaika, vom Reggae dort und vom türkisfarbigen Wasser. Müsste doch machbar sein. Ich hatte neben dem Bafög eine gut bezahlte Putzstelle in einer Edelboutique. Wenn ich genug jobbte, wäre ein Flugticket doch drin. Mein Freund Michael und ich wussten nichts über Bandenkriege, Arbeitslosigkeit und Inflation. Deutsche flogen noch nicht in die Karibik, und entweder gab es noch keine Reiseführer oder wir verschmähten so etwas, ich weiß es nicht mehr. Die politische Lage dort war auch kein Thema in meinen linken Theoriewerken. Wir besaßen die Telefonnummer einer Unbekannten in Montego Bay, die irgendwann eine Affäre mit einem Musiker aus Aachen gehabt hatte, dessen Ex-Freundin die Schwester meines Ex-Freundes war. Nun konnte nichts mehr passieren.

Was war Reisen? Für mich hatte es wenig mit Erholung zu tun, es war der Aufbruch ins Unvertraute – darauf lag ein Glanz. Ich nannte es »mal gucken« – das reichte schon. Die Abflugtafeln in Heathrow mit diesen so fremden Ortsnamen liebte ich geradezu. London–Kingston nonstop klang nach Harry Belafonte und »Island in the Sun«, wir würden dort herrliche vier Wochen verbringen und tolle Menschen kennenlernen und eine Tropeninsel erkunden. Welche Illusion. Jamaika erlebte gerade wegen der schreienden Armut so vieler Schwarzer den sozialen Aufruhr, gewalttätig gingen Polizei und Demonstranten gegeneinander vor. Und davon getrennt existierte eine touristische Parallelwelt, doch hatte ich mich grandios geirrt: Es existierte kein Dritte-Welt-Backpacker-Netzwerk. Die ersten 24 Stunden in Kingston fraßen ungefähr ein Viertel unseres Budgets auf für Taxi und Übernachtung. Meine Fantasien schrumpften zusammen auf reine Rechenaufgaben: Wie viel Geld konnten wir täglich ausgeben?

Jamaika war blütenweißer Luxus in touristischen Enklaven. Schwarze nahmen den Bus oder einen Zug in der dritten Klasse, sie hatten eigene Strände. Weiße Touristen konnten sich dagegen den Eintritt zum ungestörten Badevergnügen leisten, die Pionierinnen unter ihnen kauften sich einen netten Ferienbegleiter, bevorzugt mit Rastalocken. Und der Sand für die Privilegierten war immer gefegt und von Müll oder Tang befreit.

Innerhalb von 48 Stunden lernte ich mehr über Rassismus und meine eigenen Reflexe als in allen Diskussionen an der Uni. Im Zug von Kingston nach Mo Bay schauten uns die schwarzen Mitreisenden im Abteil missbilligend an, wir sahen so studentisch abgerissen aus. Es war Sonntagvormittag, sie waren fein gekleidet und sangen Kirchenlieder und sie sprachen fröhlich vom Herrn. Wir guckten stumm und ahnungslos aus dem Fenster und stimmten noch nicht einmal bei »Amazing Grace« ein. Ignorante Spaßverderber von einem anderen Planeten also, und das wurde halblaut kommentiert. Ich spürte ihre Abneigung und war schamlos dankbar, als wir in Montego Bay nach sechs Stunden Ruckelfahrt erstmals Weißen wiederbegegneten.

Es würde nicht für vier Wochen Hotelzimmer reichen, das war klar. Wir waren viel zu stolz, Telegramme nach Hause zu schicken mit einem Schrei nach Nothilfe. Die Telefonnummer von der Ex-Freundin des Aachener Musikers half weiter, wir konnten ein paar Tage kostenlos auf einer Terrasse ihres Hotels übernachten, ohne Tür und ohne Dusche, und später in ihrem Bungalow, wo ein schlecht gelaunter Hausmeister für uns kochen musste. Die Gastgeberin bekamen wir nie zu sehen, ihr reichte, dass wir Freunde von Freunden waren. Und weiß.

Montego Bay war tropischer Spielplatz, schön getrennt nach Einkommensklasse. Und das hieß vor allem nach Hautfarbe. Am öffentlichen Strand fragten uns die Menschen aus, warum wir uns gerade bei ihnen, den Schwarzen, aufhielten. Dass wir den Eintritt für die abgesperrten Abschnitte nicht bezahlen wollten, war für sie einfach zu irrsinnig. Dass wir uns als Studenten vier Wochen Trauminsel Jamaika leisteten, war unfassbar für diese Menschen, die kaum Arbeit zum Überleben hatten. Wir verschwiegen, dass wir dumme Geldprobleme hatten. Leider konnte ich es nicht lassen, klassenkämpferische Weisheiten von mir zu geben. Alles schön angelesen, hoch die internationale Solidarität. Ihnen war aber ein schwarzer, ausbeuterischer Kapitalist, der es auf der Insel zu etwas gebracht hatte, entschieden näher als eine weiße Studentin aus einem fernen Europa. Dass sie selbstverständlich den jamaikanischen Kinofilm »The Harder They Come« gesehen hatte und alle Texte von Jimmy Cliff mitsingen konnte – völlig uninteressant.

Die klare Absage erschütterte mich geradezu:
»Habt ihr je gesehen, dass ein schwarzer Rabe mit einer weißen Taube fliegt?«
Ein eindeutiges Bild, aber ich wehrte mich innerlich dagegen. Machten politische Werte nicht auch immun gegen Rassismus? Schwarz-braun-weiß – das musste doch überwindbar sein?
Man riet uns, nach Negril zu gehen, wo wir uns unter den amerikanischen und kanadischen Hippies bestimmt wohler fühlen würden und, haha, die Schwarzen dort einfache

Zimmer für kleines Geld vermieten würden. Fünf Dollar pro Übernachtung plus Tee und *banana bread* zum Frühstück. Fünf Dollar für zwei weiße Reisende. Ungefähr das, was ein Schwarzer für einen Tag harte Arbeit bekam, wenn es nur diese Arbeit geben würde. Jamaika – eine kurze Lektion, dass Karibik-Urlaub und Kapital-Schulungen nicht gut zueinanderpassen.

Andere Konflikte verstand ich besser: den Bergarbeiterstreik in England, die blutige Niederschlagung des Protestes in der nordirischen Stadt Derry. Für die fernen Kumpel, die monatelang gegen Premierministerin Thatcher streikten, sammelten wir mit deutschen Gewerkschaftern Geld. Die IRA und andere militante Gruppen wiederum schickten Vertreter nach Aachen, um für den Rauswurf britischer Soldaten aus Nordirland zu werben, vorausgegangen war der *Bloody Sunday,* der blutige Sonntag in Derry am 30. Januar 1972. Bei einer Demonstration für Bürgerrechte waren 13 unbewaffnete Zivilisten von britischen Soldaten erschossen worden. Bombenanschläge der IRA und andere Racheakte folgten in den Jahren danach.

Als Dolmetscherin für Irland-Veranstaltungen an der Uni war ich gefragt, und so saß ich dann auf einem Podium mit Männern, die sich Berufsrevolutionäre und irische Patrioten nannten. Heute würden sie wohl Nationalisten oder Terroristen heißen. Sie lächelten niemals. Einer von ihnen übernachtete in unserer WG. Er löste gemischte Gefühle aus:

»Hast du gesehen, er hat eine Pistole unter dem Kopfkissen!«

»Find ich okay!«

»Find ich scheiße!«

Er präsentierte sich als Freiheitskämpfer und war möglicherweise ein Mörder, und ich fand seine Anwesenheit düster. Ich war heilfroh, ihn, die Pistole und seine Heldenaura am nächsten Tag los zu sein, auch wenn er für die Unterdrückten in Nordirland warb.

Viel Heldenverehrung und Hybris. Ja.
Unbedarfte Radikalität. Ja.
Das Ideal von einer gerechteren, freundlicheren Gesellschaft. Ja.

Ohne diese Zwischenepoche nach 68 und vor den 80ern wären Feminismus, Friedensbewegung, Bürgerinitiativen, Ökobewegung, die Grünen nicht denkbar, weswegen ich mich gern streite, wenn jemand »die 70er« nur mit dogmatischen K-Gruppen und mit der RAF und dem »deutschen Herbst« der Terrorismusbekämpfung verknüpft. Es ist der antiautoritäre, skeptische Geist »meiner« 70er-Jahre, den ich bis heute abrufen kann. Wir fragten uns damals: WER will, dass ich WAS glaube und WARUM? (Und nannten es viel zu akademisch »Ideologiekritik«.) Doch die Frage gilt weiterhin, sie ist richtig gut, ich stelle sie gern.
Kämpfen heutige Bewegungen für viele oder nur für ihresgleichen? Erweitern sie Freiheit oder verengen sie sie? Machen sie LUST zum Aufbruch? Ertragen sie Ambivalenzen? Sind sie dogmatisch oder offen? Meine Sicht: Ein militantes Nein zu Rechtsradikalismus, Rassismus, Sexismus wurde bereits in den Hörsälen, Theatern, Kinos, Büchern der 70er formuliert und auf die Straßen getragen. Radikalität und Geschichtsbewusstsein vertragen sich gut. Daran ist nichts verstaubt, darauf können heute andere bauen, wenn sie mögen.
Das »Rote Jahrzehnt« bedeutete für mich: Politik, Musik, Kunst, Aktion, Privatleben, Stil flossen ineinander und formten einen festen Grund, der mich trug und bis heute trägt.

Als dann das erste Frauenzentrum in Aachen gegründet wurde, brauchte ich weder Organisation noch Überbau noch Klassenkampf. Psychologie wurde relevanter als marxistische Wirtschaftstheorien über den staatsmonopolitischen Kapitalismus und dergleichen. Revolution war jetzt, sich selbst zu verwirklichen, »ich« zu sagen. Die unvergleichliche Sängerin und Poetin Patti Smith sprach für mich, für meine Freundinnen: »My sins my own. They belong to me.«

Rebel Rebel II – Frauen, Musik, Anlauf

Ich stand auf den Treppen vor dem historischen Rathaus in Aachen, es war inzwischen dunkel. Etwa eintausend Menschen, überwiegend Frauen, drängten sich auf dem Platz, und sie leuchteten vor lauter Euphorie. Ich glühte ebenfalls und hielt meine Rede: Wir holen uns die Nacht zurück, wir ziehen die Schultern nicht ein und blicken nicht zu Boden. Wir sind nicht mehr die herrlichste Nebensache der Welt, das appetitliche Naschzeug, zum Schlecken und Zupacken. Eine Frau darf sich sexy anziehen, sie darf betrunken und unvorsichtig sein, sie darf durch dunkle Ecken gehen, allein und um Mitternacht. Dennoch gibt dies niemals und niemandem eine Rechtfertigung, aufdringlich zu werden, zu nahe zu kommen. Sie signalisiert nichts außer ihre Freiheit, zu tun und zu lassen, was sie will. Vergewaltigung ist Machtmissbrauch und Herrschaft, nicht übertriebene Geilheit. Nein heißt nein.

Mit jeder Faser wusste ich, dass »die Frauen« endlich dran waren. Sie wurden in den Medien, in der Kultur immer sichtbarer. Endlich gab es weibliche Vorbilder. Sogar meine Mutter impfte mir nun bei jeder Gelegenheit ein, wie wichtig Unabhängigkeit von einem Mann war. Apokalypse Frau – alles wird anders. Wir waren historisch im Recht, so stark fühlte es sich an. Jedes Mal in den Jahren, Jahrzehnten danach, wenn ich über »die Frauensache« sprach oder mich gegen Klischees wehrte oder Sexismus bekämpfte, hatte ich das flirrende Selbstbewusstsein, dass diese Demonstrantinnen von damals oder vielleicht auch globale Millionen hinter mir standen. »Nein heißt nein« – das riefen wir in Aachen, und das sagen und posten Frauen heute: *#metoo*. Und wenn in Istanbul Tausende gegen Gewalt an Frauen demonstrieren, klingt die Parole so vertraut: »Wir schweigen nicht, wir fürchten uns nicht, wir gehorchen nicht.«

Es war gut, eine Frau zu sein, das Beste. Es machte Laune. Sogar die Werbung spürte diesen Zeitgeist. Die Frauenzeitschriften griffen die neuen Freiheiten auf: »Schenken Sie Ihrem Mann öfters eine neue Frau. Aber sorgen Sie dafür, dass *Sie* es sind.« So verkauften sich neue Mode und alte Rollenerwartungen besser. Und die Wäsche-Hersteller schlugen auf ihre Art vor, den BH doch weiterhin zu tragen: »Frei – aber nicht haltlos. Das ist der Busen 1974. Das sind die Luftleichten. Von Schiesser.«

Ja, Ende der 70er wurde es luftleicht. Die Frauenbewegung rollte mächtig heran, und was in Berlin oder Frankfurt passierte, geschah gleichzeitig auch in allen kleinen Uni-Städten. Wir lasen EMMA, Die Schwarze Botin, Courage. Mein Terminkalender quoll über, meine Selbstverwirklichung wurde große Verwaltungskunst. Morgens Vorlesungen zu Familiensoziologie oder zur Geschichte des Frauenwahlrechts. Mittags Flugblätter entwerfen, nachmittags Lesegruppen oder irgendein gemeinsamer Sport, abends Proben für die neue Frauenkabarettgruppe. Ich übersetzte, bezahlt und unbezahlt, Frauenbücher. Nachts Party oder Sprühaktion gegen ein Pornokino oder den Paragrafen 218. Sogar mein erstes Auto, ein schrottreifer gelber Käfer, bekam ein großes Frauenzeichen verpasst. Keine Atempause – die Frauensache.

Im selbstverwalteten Zentrum sahen wir uns ein- oder zweimal in der Woche. Zu dreißig, vierzig bereiteten wir Projekte vor, tranken, hörten Musik. Gelegentlich wurde getanzt. Nicht mehr zu »Sex Machine« von James Brown, der war so ... vorgestern. Einige brachten Strickzeug mit, andere aufregende Bücher, aus den USA von Shulamith Firestone oder Kate Millet. Einige kamen, um für ihre linken Gruppen oder eine Karate-Schulung zu werben, andere wollten flirten, wollten eine Frau, viele sprachen über Beziehungsprobleme oder haderten mit ihrem Körper. Ich erfuhr von Selbsterfahrungsgruppen, wo die lieben Schwestern die eigene Vagina mit einem Spekulum und Spiegelchen untersuchten, was zu vielen Witzeleien Anlass gab. Andererseits: warum sich nicht auch untenherum schlaumachen?

Studentinnen, Mütter, Lesben, Berufstätige, Sozialistinnen, Esoterikerinnen. Nebeneinander zu sehen waren Kurzhaarschnitt und Latzhose, Kesser-Vater-Anzug und Wallewallekleid, Clogs und Plateausohlen – wir waren sehr verschieden und sehr gleich. Alle hatten irgendwann Häme oder sexistische Herabsetzung erlebt, wenn sie sich nicht wie eine »richtige Frau« verhielten. Alle kannten die Ungleichbehandlung bei Jobs. Alle waren nun genervt von linken Gurus, die die Seminare dominierten. Alle kannten den Blick über die Schulter, wenn sie nachts über einsame Straßen gingen. Alle hatten einen Körper, der bewertet, ausgenutzt oder vergewaltigt werden konnte. Alle kannten die einsamen Entscheidungen für oder gegen ein Kind, eine Abtreibung, das Pillenschlucken. Alle waren dabei, ein neues weibliches Ich zu definieren.

Ich war und bin so gar nicht handwerklich begabt – hing das mit meiner Erziehung zum Mädchen zusammen? Stricken und kochen konnte ich aber auch nicht. Mädchenerziehung danebengegangen? Wenn ich Kinderlosigkeit nicht als Verzicht, sondern als Gewinn betrachtete – war ich ein Kerl? Wie viel hatte mein Geschlecht mit Hormonen und wie viel mit gesellschaftlichen Erwartungen zu tun? Simone de Beauvoirs Analyse, nach der Geschlechterrollen mehr von Kultur als von Biologie geprägt waren, brannte in mir. Was genau machte eine Frau aus? Wann war ein Mann ein Mann? Jedenfalls wollte ich nicht an irgendwelche Eierstöcke gefesselt sein und irgendetwas sein *müssen*. Selbstverwirklichung, authentisch sein – mit weniger würde ich mich nicht zufriedengeben. Die Frauengruppe bot einen Raum, alles auszuprobieren, und mein Feminismus war kein Verein mit Mitgliedern und Satzung. Er war universell mit dem politischen Ziel, dass Menschen in allen Bereichen gleichberechtigt sind, gleiche Chancen haben.

Feministisch – das war ein politischer Begriff, keine Charaktereigenschaft. Darum war es auch folgerichtig, dass meine besten männlichen Freunde, hetero- und homosexuell, dieselben Bücher lasen, sich an traditionellen Männlichkeitsbildern abarbeiteten und gegen Diskriminierung kämpften. Es war, zum Beispiel, im katholischen Aachen noch sehr gefährlich, als Schwuler zu den Treffpunkten in Parks oder auf öffentliche Toiletten zu gehen, um Partner für Sex zu suchen. In der Nähe einer dieser Klappen hatten gewaltbereite Rechtsradikale schon öfter zugeschlagen. Homophobe Bürger beschimpften die »warmen Brüder« als krank. Zur Polizei gehen? Nicht möglich, der §175 kriminalisierte Sex zwischen Männern. Um ihre schwulen Freunde zu schützen, gingen heterosexuelle Männer – ohne Schulterklopfen oder große Sprüche – zu den Klappen und hielten Wache gegen rechts. Solidarität in der Nacht, sie hätten sich auch geschlagen. Einer der Aktivisten, der die Augen mit Kajal umrandete, wunderschöne Samthosen trug und gern heterosexuell war, wurde später eine ganz große Liebe.

Jenseits unserer Nischen der Emanzipation konnte es übel zugehen: Ohne Hemmungen zischten uns brave Aachener Bürger auf der Straße an, wie »unnatürlich« wir Frauen wären, männerhassend und frustriert. Dieses, weil wir bestgelaunt und eingehakt spazieren gingen, das freie Auftreten war wohl eine Provokation. Aggressionen ließen sich steigern: Bei einem Vortrag des stockkonservativen ZDF-Moderators Gerhard Löwenthal zerrten Mitglieder von Burschenschaften meine Freundin und mich an den Haaren aus dem Publikum, wir gehörten offensichtlich nicht hierher, sie schrien »linke Fotzen«, sie traten, drohten mit Vergewaltigung, und ich war dankbar, von Polizisten gerettet zu werden, die eigentlich die Veranstaltung gegen uns Demonstrantinnen schützen sollten.

Wir lernten uns zu wehren. Als ich wieder einmal Flugblätter auf dem Markt am Dom verteilte und ein Marktstandbesitzer mich vulgär beschimpfte und meine beste Freundin auch noch anspuckte, war ich es leid und knallte ihm eine runter, einfach so. Ringsum erstarrten alle, ich erst recht. Doch als wir dann davonliefen, fühlte ich mich richtig gut. Anmache und Arschlochverhalten musste ich nicht dulden, ich war Mensch, kein Opfer.

Aktionen organisierten wir gern zur Walpurgisnacht, am 30. April, in der Nachfolge unbotmäßiger Frauen, der Hexen eben. Wir liefen nachts durch Aachens Straßen und machten Höllenlärm mit Trillerpfeifen und Trommeln. Wir riefen: »Männer verpisst euch, keine vermisst euch!« Bisschen schlicht. Oder: »Wir sind Frauen, wir sind viele, und wir haben die Schnauze voll.« Danach ein hundertfaches Schreien aus vollem Hals, falls jemand noch nicht verstanden hatte. Nie mehr sollte eine Frau Angst vor Gewalt haben müssen. Wir sind nicht bescheiden, wir sind nicht unsichtbar.

Manchmal fiel ich auf die eigene Hybris herein. In den Kleinanzeigen der Aachener Volkszeitung stand: »Barfrauen gesucht. Gern Anfängerinnen, auch Studentinnen. Gut bezahlt.« Prima Idee. Meine Schulfreundin Nele jobbte in einer beliebten Bar in Würzburg, wo viel Popmusik gespielt wurde und sie nicht viel mehr mixen musste als Cola-Rum oder Gin Tonic. Man verdiente gut an den Trinkgeldern und hatte Spaß. Ich fischte also einen goldfarbenen Lurex-Rolli und weite Schlaghosen heraus und meldete mich. Abends fuhr eine ältere Blondine mit einem älteren Mercedes vor, darin weitere drei ältere Blondinen. Sie schauten irritiert auf meine Kleidung und tratschten auf der Fahrt dann über Kinder, Kochen, Kerle und ignorierten die Amateurin. Sie hatten recht viel Oberweite und trugen Netzstrümpfe und tief ausgeschnittene Tigermuster-Oberteile. Ich war leicht beunruhigt. Als wir dann weit weg von Aachen rollten, war ich sehr beunruhigt. Wir hielten außerhalb eines Ortes namens Übach-Palenberg an, das einsame Haus hieß »Zum roten Eichhörnchen«. Ich fragte die Blondinen-Kolleginnen: »Ähh, was soll ich hier machen?«

»Du machst nachher Konversation mit den Kunden und bringst sie zum Trinken, ein Whisky kostet fünf Mark. Halt dich ran. Du kriegst verdünnte Cola, sieht genauso aus wie Whisky, und du wirst nicht besoffen davon.«

»Wer kommt denn so hierher?«

»Die Bauern aus dem Selfkant, sind alle strunksdoof. Und

wenn einer Sekt bestellt, kostet das zwanzig Mark, aber dann musst du mit ihnen ins Separee dahinten, weißt schon.« Fürchterliche Vorstellung, Colawasser und Selfkant und Weißt-schon. Während die Mädels weiterquatschten, schlich ich aus dem Hinterausgang, stellte mich an die dunkle Landstraße, Daumen raus, nichts wie zurück nach Aachen, per Anhalter.

Nicht jeder Frauenjob machte eben frei, auch wenn in der Frauenbewegung Prostitution neu definiert wurde. Als Sex-Arbeit beziehungsweise emanzipatorisches Unternehmertum wäre sie angeblich gleichzusetzen mit schlechten Ehen, an denen Frauen dennoch festhalten, weil der Lebensstandard stimmt. Ich war wohl zu pingelig.

Anderes war kreativer, als gepanschte Getränke in schummriger Umgebung zu verhökern, zum Beispiel mit Freundinnen singen, dichten, erfinden. Das Aachener Frauenkabarett war eine exotische Blüte in dieser Zeit, so wie die Printenschwestern, die Theatertruppe der Aachener Schwulen. Ich schaffte es nie, einen ähnlich witzigen Namen zu erfinden, auch wenn ich für Totalschaden-Tanten oder Karin Camping and the Caravans warb, inspiriert von den Post-Punk-Gruppen, über die ich – nebenbei – in der besten aller Pop-Zeitschriften SOUNDS schrieb.

Unaufhörlich fanden wir Stoff für guten Spott, die Feministinnen waren ergiebig. Wir klauten gnadenlos Musik von Patti Smith, Eno, Siouxsie and the Banshees und inszenierten sie mit selbstironischen Texten. Abba und Baccara mussten für Tussensatiren ebenfalls herhalten. Meine E-Gitarre war besser als meine Fingerfertigkeit, was niemanden störte. Ene, eine Zahnärztin, die die Gruppe initiiert hatte, liebte wiederum deutsches Kabarett und komponierte Gitarren-Swing mit 20er-Jahre-Touch. Ein Genre-Mischmasch, der nichts ausschloss und uns volles Publikum bescherte. Seriöse Theaterkritikerinnen wunderten sich, dass Emanzen Humor hatten, und lobten uns als »erfrischende Amateurinnen«. Wir kamen sehr gut an mit unserem mittleren Gesangs- und Tanztalent und einem Gitarrenspiel zwischen Zupfelse und Drei-Akkord-Punk, und so brüllte ich in Köln, vor einem ausverkauften Saal ungeniert Pogo-springend, »My way« in der überirdisch guten, lauten, militanten Version der Sex Pistols. Und die letzte Zeile gilt bis heute:

»Mich kriegt man nicht mehr klein. So muss das sein. So wird es bleiben.

Und wenn ich älter bin, werd ich noch wilder und auch schlau sein.

Ihr werdet von mir hör'n, denn das heißt Frau-Sein.«

Die Filme von Jacques Rivette waren stilprägend, ich trug wie die Schauspielerin Juliet Berto im Fantasyfilm »Unsterbliches Duell« überwiegend schwarze Kleidung mit roten Lederhandschuhen, rotem Seidentuch und roter Handtasche und war sowieso solchen Äußerlichkeiten sehr zugetan. Die Kabarettfrauen schrieben deswegen Satiren gegen diesen alternativen Modeterror, dem ich mich so gern hingab. Niemand wurde verschont.

Gleichzeitig liebten und verspotteten wir Heldinnen der Bewegung, gifteten gegen die esoterische »Neue Weiblichkeit«, gegen kommerzielle und feministische Frauenzeitschriften und gegen linke Machos gleichermaßen. Gegen die Bereitschaft vieler Frauen, sich als Opfer zu definieren und passiv abzuwarten, wann wohl bessere Zeiten anbrechen würden. Gegen die klebrige, verordnete Schwesterlichkeit und den Neid auf die wenigen Stars. Wir reisten nach Köln, Berlin, Frankfurt, Nürnberg, Amsterdam und begeisterten das Frauenpublikum. Das Geld, das wir verdienten, half bei der Miete für unser Zentrum, und später spendeten wir für die autonomen Frauenhäuser, die überall entstanden. Gemeinsam mit unseren männlichen hetero- und homosexuellen Freunden traten wir (»Nein zu §218«) aus der Kirche aus, und ich sorgte dafür, dass dies in die Zeitung kam. Nicht Papst, nicht Macker – wir gehorchen nicht.

Irgendwann tauchte Alice Schwarzer im Zentrum auf. Sie war großartig, laut, scharfsinnig. Sie trug rote Pumps, das nahm sie für mich ein, ich hatte keine Zeit für lila Latzhosen. Sie wusste alles besser, und auch das konnte ich gut vertragen, so tickte ich auch. Ich schickte ihr Artikel, die gedruckt wurden, und es entstand eine *On-and-off*-Freundschaft. Bald schon lud sie mich zu vorzüglichen Brathähnchen mit Oliven ein und brachte mich zum Lachen, wenn ich Liebeskummer hatte. Sie glänzte mit persönlichen Erlebnissen mit Beauvoir und Sartre, ich mit den Frauen in der deutschen Musikszene. Sich mit Sexualität auseinanderzusetzen, das war politische, intellektuelle Pflicht. Aber wir waren uns einig, dass die sexuelle Revolution irgendwann ihre befreienden Flügel verloren hatte. Pornos waren verdächtig gesellschaftsfähig, im Zweifel war eine Frau nur ein Loch mit etwas drumherum und ein Mann ein Dampfkessel, der ohne Ventil automatisch irgendwann überkochte. *Sex sells*, Sexualisierung hilft, Waren und Dienstleistungen zu verkaufen, das war nicht neu. Wie unsympathisch und bösartig – also schrieb, sang, handelte ich dagegen.

Viele Türen öffnete Schwarzer mir, der Schreibenden. Porträts von Yoko Ono, Margaret Thatcher, Madonna. Die fantastische Schriftstellerin Angela Carter, die düstere

Andrea Dworkin. Ich schrieb über den NATO-Krieg gegen Serbien, Camilla und Charles, die TV-Serien »Dallas« und »Denver-Clan«, die historische Königin Elisabeth I., die Sexualforscherin Shere Hite. Welches Thema auch immer, die Freiheit war groß. Schwarzers schlimmste Zensurversuche bestanden darin, viele Ausrufezeichen zu implantieren, die ich nicht vorgesehen hatte und mühselig wieder wegredigieren musste. Später war sie leicht gekränkt, dass ich lieber Fernsehen machte, als für EMMA zu schreiben, und manchmal drifteten wir jahrelang auseinander. Aber meinen Respekt hatte sie. Distanz und Gleichklang in vielen Fragen, so ging es meist gut mit der Alphafrau.

Erste freie Arbeiten für das Radio, weiterhin Berichte, Porträts oder Rezensionen für Zeitungen und Zeitschriften, ein paar Buch-Übersetzungen. Wenn ich bei Angela Carter über das ambivalente Frauenbild des Marquis de Sade las, machte ich eine Zitatcollage für die EMMA, ein Hörfunk-Feature für den SFB und ein Carter-Porträt für den SPIEGEL. Der Marquis war nicht nur philosophischer Pornograf, sondern auch ein Schutzpatron böser, befreiter Frauen – solche Ambivalenzen mussten doch die Welt brennend interessieren?

Anfang der 80er, ein Magister-Zeugnis in der Hand und was jetzt? Zunächst war ich arbeitslos, weder die deutsche Soziologie noch die diversen internationalen Befreiungsbewegungen hatten eine Stelle für mich parat. Meine Kommilitoninnen und Kommilitonen hingen ebenfalls etwas in der Luft, die einen wurden Betriebsräte, ein anderer öffnete einen Weinladen, manche Freundin begann ein weiteres Studium, zum Beispiel Medizin. Eilig hatte es niemand mit dem Seriösen, nach wie vor waren die Ansprüche an Komfort und Sicherheit ziemlich unterentwickelt. Meine Wohngemeinschaft sah ein wenig aufgeräumter aus und hatte inzwischen Spülmaschine und guten Wein. Ich lebte zunächst von kleinen Jobs, die es noch überall gab, die Stellensuche wurde aber ideologisch gebremst, lieber arm aber korrekt sein. »Opportunist« war ein vernichtendes Schimpfwort für die, die sich zu schnell arrangierten mit den Verhältnissen.

Ich ließ mir also Zeit. Das Arbeitsamt schlug eine Stelle bei einer evangelischen Frauenzeitschrift in Düsseldorf vor, »Chefredakteurin« hieß das Lockangebot. Na ja, beim Gespräch erfuhr ich dann, dass es eine einsame Sekretärin und ein paar mäßig bezahlte freie Mitarbeiterinnen gab. Und dass ich wieder in die Kirche hätte eintreten müssen. Das dann doch nicht.

Mein Onkel Alfons war ein sehr wichtiger Mann beim Energiekonzern Veba, ein strammer Sozialdemokrat und Gewerkschafter, durch und durch Pragmatiker. Zwar empfand er seine Nichte als politisch fragwürdig, aber die erste Akademikerin in der Familie musste doch zu irgendwas taugen. Als Konzernbetriebsratsvorsitzender hatte er Beziehungen zur Pressestelle, und da sollte es doch etwas für mich geben. »Du schreibst doch ganz gut. Und die brauchen heutzutage Frauen.« Die Firmenzeitschrift war ihm wohl langweilig.
Zum Interview im Vorstandsbüro putzte ich mich heraus, hatte einen Stapel Artikel dabei und war neugierig. Die Sekretärin warnte mich: »Wenn Sie hier anfangen, tun Sie gut daran, als Frau nicht aufzufallen.« Sie trug einen Faltenrock und Perlen, und ich ahnte, was sie meinte.

Recht schnell kam Ulrich Hartmann, Vorstandsmitglied, zur Sache:

»Sie wissen, dass Sie dann auch Reden für den Vorstand formulieren müssen?«

»Ja, kann ich.«

»Auch über Kernenergie und deren wichtige Rolle für die Versorgung?«

»Hm.«

»Sind Sie dagegen?«

»Ja, bin eigentlich für die komplette Abschaffung!«

»Sind Sie hier richtig?«

»Eher nicht.«

Er war zu mir recht nett, trotz allem. Ich fürchte, zu meinem Onkel weniger, der ihm eine AKW-Nee-Fundamentalistin als Nachwuchskraft empfohlen hatte. Und natürlich tobte Alfons:

»Ich würde direkt neben einem Kernkraftwerk ein Haus bauen und drin wohnen, so sicher sind die. Wie blöd kann man nur sein!«

»Es heißt Atomkraft. Kernkraft will nur verharmlosen. Und es gibt keine Endlager.«

Wir kamen einfach nicht zusammen.

Wie gut, dass die Musikzeitschrift SOUNDS mich entdeckt hatte oder ich sie. Nicht nur in Deutschland hatten Punk und New Wave aufregende neue Gruppen hervorgebracht. Im Kreuzberger Club SO36 traten Eintagsfliegen wie die Young Marble Giants auf, aber auch Ewiggültige wie Nick Cave oder die Einstürzenden Neubauten. Ich schrieb und schrieb. Christoph Dreher, ein Freund aus Trotzkisten-Zeiten, hatte eine avantgardistische Instrumentalband gegründet, Die Haut, und erregte die Szene mit einem Experimentalfilm »Okay, okay, der moderne Tanz«. Ich schrieb und schrieb weiter. Immer mehr Frauen machten aktuelle, aggressive, sinnliche Musik, sie wischten Klampfe und Küchenmädchenterze beiseite. Ich feierte die Sängerinnen, Schlagzeugerinnen, Bassistinnen, Synthi- und Saxospielerinnen, die alle Sexy-Girl-Kamellen hinter sich ließen.

Und ich hörte und hörte: Musik war ein Feld, das zum Herumgraben und Probieren zwang. Da konnte ich durch die Motetten und Choralwerke von Thomas Tallis oder William Byrd in einen Rausch geraten oder mit verdunstendem Stimmchen für lokale Bands einen neurotischen Song komponieren oder mit ein paar Frauen drei Gitarrenakkorde zum Punk verbraten oder »Ha, ha. Ha. Ha – stayin' alive« beim Autofahren mitfalsettieren. Hier passierte etwas: das Zerbröseln der Kategorien in der Musik, in der Popkultur. Und bei den Geschlechterrollen ohnehin. Für die SOUNDS schrieb ich eine euphorische Titelgeschichte, die Überschrift verdankte ich einem Film von Jacques Rivette:

> »*Deux et deux ne font plus quatre, tous les murs peuvent s'abbatre.*
> Zwei und zwei sind nicht mehr vier. Alle Mauern stürzen ein.«

Genau so sah ich den Zeitgeist.

Zeitgleich ergatterte ich an der RWTH Aachen eine befristete Stelle als Soziologin und war kreuzunglücklich damit, obwohl ich viel verdiente. Bundesangestelltentarif II a für die Mitarbeit an der Gesamtausgabe des Werks von Arnold Gehlen, das hieß ein Ozean von Karteikarten, Fußnoten und Zitatvergleichen, auf dem mit äußerster Genauigkeit navigiert werden sollte. Da teilte ich ein großes Büro mit meinem Chef, dem so belesenen, so freundlichen Dozenten Karl-Siegbert Rehberg, eine Koryphäe der deutschen Soziologie. Überall im Raum ausgeschnittene Artikel, Bücher, Manuskripte, Vorlesungstexte des konservativen Philosophen Gehlen, der sein Werk dem Institut in Aachen vermacht hatte. Dass Gehlen sehr früh in die NSDAP eingetreten und mehr als bloßer Mitläufer gewesen war, dass er sich als rechter Gegenspieler zu Theodor W. Adorno empfahl, demotivierte arg. Den intellektuellen Nachlass eines Erzreaktionärs aufrüschen? Ich? Wirklich? Ich machte meine Aufgaben richtig schlecht. Die korrekten Abkürzungen für die Fußnoten und Quellenangaben konnte ich mir nicht merken, das Hirn streikte einfach. Mal schrieb ich »vergleiche«, mal »vgl.«, mal »siehe«, mal »ebenda«, mal »ebd.« – Rehberg seufzte und korrigierte. Die winzigen inhaltlichen Unterschiede in den Vorträgen Gehlens, zum Beispiel über die anthropologische Bedeutung des Schmückens für den Menschen – sie interessierten mich überhaupt nicht. Und wütend wurde ich, wenn er liberale Journalisten etwa vom SPIEGEL als »Maulwerksburschen« beschrieb. Das Seminar zur Geschichte der Frauenbewegung im 20. Jahrhundert, das ich am Institut für Soziologie als Stress-Ausgleich einrichtete, machte den Verdruss nicht wett. Eine Doktorarbeit im Labyrinth akademischer Präzisionsregeln abzuliefern, würde mir nie gelingen, ich war hier einfach falsch. Umso schöner, dass Rehberg eines Tages mit einer Stellenanzeige aus der ZEIT hereinspazierte: »Da ist was für Sie.« Er sagte nicht, dass er mich loswerden wollte, sondern machte klar, dass Journalismus wohl besser zu mir passte, als tote Konservative zu verschriftlichen. Der große Sender WDR baute genau in dieser Zeit die Regionalprogramme aus, die »Aktuelle Stunde« wurde erfunden. Dafür brauchte man junges Personal, gern Frauen. Etwa 800 Bewerbungen auf zehn Stellen gingen ein. Ich nahm die Hürden mit Herzklopfen.

Quotzen und Höhenflüge

Als ich Mitte der 80er Redakteurin beim WDR wurde, holte das mediale Patriarchat mich rasch herunter vom Höhenflug. Die besten Stellen und Sendungen, Auslandsstudios und Chefposten waren fest in Männerhand. Ein Chef riet mir, mich weniger aufreizend anzuziehen (Jeans!). Ein Kollege versuchte zu baggern, lobte Artikel über Sex, die ich für die EMMA schrieb, und deutete an, dass auch er schwer befreit sei und ob ich für Sadomaso-Spiele gut zu haben sei. Sogar beim so fortschrittlichen Meinungsmagazin »Monitor« musste ich als Jungredakteurin geradezu kämpfen, einen Bericht über die deutschen Frauenhäuser machen zu dürfen. Davon gab es immer mehr, und sie hatten immer weniger Geld, eindeutig ein Skandal, dachte ich. Doch nur mithilfe der (männlichen) Kollegen konnte ich den Film gegen Klaus Bednarz durchsetzen, der polemisierte, dass es wegen der vielen Emanzen auch Männerhäuser geben müsse. Ein anderer Vorgesetzter, Nikolaus Brender, konnte sich nicht mit einem Projekt über weibliche Führungskräfte in der europäischen Politik anfreunden, diese ersten Ministerpräsidentinnen in Skandinavien und die radikalfeministische Staatssekretärin in Österreich seien ein »Minderheitenthema«. Woche um Woche versuchte ich ihn umzustimmen, doch ihm war jede unbekannte Befreiungsbewegung in exotischen Ländern eher eine Sendung wert. Andererseits: Er schickte mich für schwierige, auch gefährliche Reportagen in alle Welt, noch keine Selbstverständlichkeit, er traute mir eben zu, mit irgendetwas Interessantem aus Simbabwe, Marokko, Mauritius, USA, Israel oder Russland zurückzukommen.

1987 gab die Sowjetarmee die Besatzung von Afghanistan auf, ein Weltereignis, weil Michail Gorbatschow mit diesem Abzugsbefehl die Schwächen des kommunistischen Systems quasi zugab. Der WDR, für Moskau zuständig, hatte keinen Korrespondenten vor Ort. Freiwillige wurden dringend gesucht, und ich meldete mich, blutige Anfängerin. Ich fand sogar einen Kameramann, der krisenerfahren war und mich begleiten würde. Der Sender hatte allerdings auf männliche Freiwillige gehofft – man erschrak sichtbar und hörbar. Das fand ich schmeichelhaft. Etwas unsicherer wurde ich in den nächsten Tagen, weil die afghanischen Mudschahedin, bestens von den USA ausgerüstet, auf die abziehenden Russen schossen, wie die BBC berichtete. Die Lage war unübersichtlich und sehr gefährlich. Intendant, Programmdirektor, Chefredakteur und Abteilungsleiter versuchten, mir die Reise auszureden, ich blieb stur, »eine Frau kann so etwas auch«. Aber in Wirklichkeit war ich zu stolz zuzugeben, dass dies eine Scheißidee war. Hinter meinem Rücken wurde dann mit dem ZDF verhandelt, dass man diese unerfahrene Frau bitte verhindern müsse. Also her mit einer Sprachregelung: Kein deutscher TV-Journalist müsse unbedingt live dabei sein, wenn eine riesige, geschlagene Soldatenkolonne über die Brücke bei Termez rollt, zurück in die Sowjetunion. So wahrten alle ihr Gesicht. Ich verpasste eine Chance und atmete heimlich auf und freute mich über mein neues Image als Macherin. Alles gleichzeitig.

Doch dann, als ich mit meiner Lieblingskollegin Petra Lidschreiber ein Polit- und Kulturmagazin ausschließlich mit Kolleginnen erfand, »Sphinx und Co.« nannten wir es, wurden wir von männlichen Kollegen als »Quotzen« verhöhnt. Quotzen, wie vulgär und neidisch. Da war plötzlich Konkurrenz herangewachsen, da sollten Männer Platz machen. Manche tuschelten, dass wir wohl mit dem neuen Chefredakteur Fritz Pleitgen auf der Besuchercouch in seinem Büro Sex gehabt hätten, oder ähnlich Schlüpfriges. Wie sonst käme er dazu, uns beiden ein richtig großes Budget für das so bekloppte Projekt zu geben? Und Lesben waren wir sowieso, blöde Zicken.

Unsere Sphinx war eine echte Anarchistin, sie kümmerte sich nicht um Sendeschemata oder Zuschaueranalysen oder Quoten und war das Wunschkind eines Frauenförderers: Fritz Pleitgen hatte viele Jahre als US-Korrespondent hinter sich und hatte dort selbstverständlich mit superprofessionellen Amerikanerinnen gearbeitet. Die *tough cookies* schätzte er sehr. Als er zurück nach Köln kam, war er darum reichlich erstaunt/entsetzt über die Lage der Redakteurinnen im Sender. Sie waren schlichtweg unsichtbar, machten brave Arbeit für weniger wichtige Sendungen, verdienten weniger, von weiblichen Führungskräften ganz zu schweigen. »Think big«, riet er bei einem Gespräch, also nahmen Petra und ich ihn wörtlich.

Eines Nachmittags also tranken wir eine Flasche Champagner und malten uns die schönstmögliche Polit-Collage in 45-Minuten-Länge aus. Und so erzählte diese Sphinx von den jungen Steinewerfern der ersten Intifada in Israel, von einer Schwuchtel-Ikone zu DDR-Zeiten, von der wenig bekannten zweiten Strophe des Deutschlandlieds, den toten Heldinnen in italienischen Opern, der Ausgabe der BILD-Zeitung zum 3. Oktober 1990. Keine Grenzen mehr zwischen aktueller Politik, Kultur, Psychologie, wir sprengten die Kästchen. Einen schwulen Quoten-Mann erlaubten wir uns auch: Matthias Frings, später Moderator der Sendung »Liebe Sünde« bei ProSieben, nahm einen damals neuen Trend auseinander, die Tätowierstudios. Unerhörte Ausstattung: Eine riesige Pappmaché-Sphinx wurde zu verschiedenen Moderationsorten transportiert, dort spielte Dorothée Hahne Alphorn-Jazz, die Titelmusik kam von der Peruanerin Yma Sumac. Zwei Ausgaben, von Frauen konzipiert, gedreht und von Diana Kischkel, einem Spielfilm-Profi, geschnitten. Zwei Wundertüten der Möglichkeiten.

Doch dann saßen die »Quotzen« in einem großen Vorführraum vor allerlei männlichen Hierarchen, Abteilungsleitern, Wichtigmenschen und zeigten die erste Ausgabe. Und das eisige Schweigen am Ende war ein Killer. Der Programmdirektor schnaubte und verließ den Saal vorzeitig. Die Kollegen fanden das Projekt undefinierbar. Augen verdrehten sich, Seufzer entwichen.

»Wo wollt ihr so etwas senden? Das ist ja gar kein Frauenmagazin!«

»Im Ersten natürlich, wir wollen mit Politmagazinen konkurrieren, Kochen und Kinderbetreuung finden nicht statt.«

Nur Pleitgen klatschte verhalten Beifall, sorgte für die Ausstrahlung der beiden Folgen, trotz alledem. Und atmete vermutlich auf, als die Zeitschrift GONG uns mit dem Goldenen Kabel für Innovationen und Perspektivwechsel auszeichnete.

So wie unsere Arbeit von Männern ringsum misstrauisch beäugt wurde, waren es auch Männer, die Türen öffneten. Väterliche Typen wie Fritz Pleitgen oder Gerd Ruge, der interessiert meinen Anekdoten über Trotzki, Stalin, Tito und Co. zuhörte und mich dringend für einen Posten in Moskau empfahl. Petra konnte sich später nach New York aufmachen. Im Sender waren viele wahrscheinlich froh, die Unruhestifterinnen nur noch von Weitem zu sehen. Von sehr Weitem.

Der Blick auf das Weltgeschehen war damals »männlich«, insbesondere in Konfliktzonen. Kollegen sammelten Bilder und Statistiken von den eingesetzten Waffen, wo wie viel und womit was bombardiert wurde. Der Kampfflieger, die Abschussrampe als Chiffre für Informationen, wesentliche Interviews wurden mit Militärs und Experten, mannlichen, gemacht.

Frauen liefen stumm und bepackt durch Trümmerfelder, mit verängstigten Kindern an der Hand. Manchmal durften sie als Opfer in die Kamera weinen oder über einen Markt gehen. Die oft einzigen Quellen für Informationen waren Pressekonferenzen, die Sprache von Schwarz-Weiß-Zuschreibungen durchsetzt und von eindeutigen Feindbildern. Das versuchte ich in meinen Reportagen zu ändern, »sensibel« würden wir es heute nennen. Dazu gehörte es, den allwissenden »Adlerblick« zu vermeiden, stattdessen, so gut es ging, Eindrücke »am Boden« zu sammeln. Nah dran.

Während der ersten Intifada der Palästinenser drehte ich in Jerusalem, es war an einem Karfreitag. Israelische Soldaten beschützten die Altstadt, standen auf Mauern, Gewehr in der Hand. Mein ZDF-Kollege, ein »harter Hund«, wie mir andere versicherten, machte einen grandiosen Auftritt, mit militärisch anmutender Khaki-Weste und schnarrender Stimme: »Gespannte Rrruhe über der Altstadt von Jerrrusalem, jeden Augenblick kann es explodierrren ...«

Es war so lachhaft. Ich verzichtete auf einen Beitrag, denn es passierte einfach – nichts. Die Leute gingen ihren Geschäften nach, verkauften Souvenirs, und die Touristinnen und Ausländer fotografierten die Via Dolorosa platt.

Als Fernsehjournalistin sprach ich vom »weiblichen Blick« und warb dafür und schrieb darüber. Er war nicht auf Hormone zurückzuführen, einige Männer hatten ebenfalls diesen neuen, anderen Zugang zu ihrer Arbeit. Wir hinterfragten das Diktat der »Objektivität«. Wie kann ich eine Situation verstehen? Wie kann ich sie beschreiben, warum ist sie nur ein Ausschnitt der Wirklichkeit? Wie sind andere Perspektiven zu finden? Das musste zusammenkommen, ganzheitlich. Aufpassen, nicht zum Sprachrohr von irgendwem zu werden oder nur die Sichtweise der eigenen Regierung zu propagieren.

Ambivalenzen, Grautöne, Widersprüche fand ich besonders interessant. Klischees sprengen und genauer auf Ungleichheit schauen. Männer waren nie nur Männer und Frauen nie nur Frauen, anderes machte einen Menschen ebenfalls aus, Hautfarbe, Klassenzugehörigkeit, Alter, Bildung, Heimat. Nicht alle Frauen, denen ich begegnete, waren unterprivilegiert und ausgebeutet, nicht alle Männer erfolgreich und mächtig. Eine schwarze Amerikanerin der Mittelschicht hatte andere Erfahrungen im Alltag als ihre weiße Nachbarin. Eine Lesbe in Katar lebte ihre Sexualität ganz anders als eine in Berlin-Kreuzberg.

Sprache sollte genauer werden. Da knallten uns Zeitungen und Sendungen Begriffe entgegen, die falsch und verschleiernd waren, wie »Familiendrama«, »Familientragödie«. Dahinter stand aber ein Mann, der Frau und Kinder umbrachte, weil sie ihn verlassen wollte. Eben nicht Drama, sondern Mord oder Tötung. »Opfer« war auch ein aufgeladenes Wort, es klang nach Schwäche und Passivität. Besser war es, von Schwerverletzten, Überfallenen, Toten zu sprechen. Bei vielen Reportagen aus dem Tschetschenienkrieg suchte ich gezielt Bilder von tatkräftigen Frauen, die Verantwortung für die Gemeinschaft übernahmen und Überleben organisierten. Ich hoffte, zeigen zu können, was Machtverhältnisse anrichteten, aber auch, dass Menschen nicht nur Objekt von Gewalt waren, sondern auch andere und vielfältige biografische Erfahrungen hatten. Als eine der ersten Korrespondentinnen und als Kriegsreporterin würde ich viel Gelegenheit bekommen, mit Geschlechterrollen, Klischees, Vorurteilen umzugehen. Die vielen Seiten eines Menschen zu entdecken und dies als etwas Reiches und Erstaunliches willkommen zu heißen, das passierte intuitiv, nicht weil ich »politisch korrekt« arbeitete. Ich glaube, der Begriff – positiv oder negativ gebraucht – war noch nicht erfunden, und wer auch immer ihn wie auch immer einsetzte, war mir fremd. War dies nun ganz einfach oder ganz komplex? Lernen. Und wo es nötig war, Gelerntes überwinden.

Die Veteraninnen von Stalingrad

Vielleicht ist sie ein Ungeheuer, das jede Illusion von der friedlichen Natur der Frau mit ihrem Wutschrei und dem gezogenen Schwert zerreißen will. Vielleicht hätten die Bildhauer ihr auch noch Schlangen vom Kopf in über 80 Meter Höhe züngeln lassen können. Ich sehe sie von Weitem auf einem kleinen Hügel in einer grenzenlos flachen Steppenlandschaft, und sie beeindruckt. Sie ist fast so groß wie Lady Liberty in New York, mit Schwert 87 Meter hoch. Während die Schwester in den USA grenzenlose Freiheit verspricht, schreit die Russin bedingungslose Kampfbereitschaft hinaus. »Die Mutter Heimat ruft«, das Wahrzeichen der Stadt Wolgograd, die einmal nach einem Ungeheuer hieß: Stalingrad. Diese Mutter richtet das Schwert gegen den Feind, der sich am Horizont sammelt. Diese Mutter will retten und tötet dafür. Sie ehrt die Gefallenen der wohl blutigsten Schlacht der Neuzeit. Die Rote Armee siegte, die Schlacht von Stalingrad war der Anfang vom Ende Nazideutschlands, eine militärische und psychologische Wende. Nun wusste die Welt, dass Hitlers Armeen besiegbar waren. Im Winter 1993 feiert das neue, demokratische Russland den 50. Jahrestag dieser Schlacht mit Sondersendungen, Paraden im ganzen Land, Kranzniederlegungen. Ordensgeschmückte Veteraninnen und Veteranen lassen sich von Schulkindern befragen, die Sowjetunion wird als antifaschistische Heldengeschichte wiedererweckt. Rote Armee und Wehrmacht wurden hier an der Wolga in einem Kessel rund sechs Monate lang aufgerieben, eineinhalb Millionen Menschen starben in und um Stalingrad. Kolossal die Verluste, kolossal der Triumph, der die Erinnerungen nun flutet.

Wir drehen die Feierlichkeiten für die ARD, ein Team unter vielen aus aller Welt. Ich will mit dem Zug fahren, etwa 1000 Kilometer von Moskau durch Wälder und Steppen, ich muss die Weite spüren, sie ist mehr als die Kulisse für einen tödlichen Vormarsch vor einem halben Jahrhundert. Fahles Winterlicht über einer Leere, die Menschen nicht einlädt und Eroberer zermürbt. Eineinhalb Tage dauert die Reise. Die Waggons sind alt, auf den Vorhängen prangen noch Hammer und Sichel. Die blitzsauberen Laken in den Schlafkojen sind so weich, wie eben nur jahrelanges Waschen es hervorbringt. Wir können die dicken Winterjacken verstauen, denn es ist gut geheizt, und die Schaffnerin macht immer wieder heißen Tee und bietet Plätzchen an. Im Rucksack habe ich die üblichen Mengen Essensvorräte und viele Bücher. Langsam der Wolga entgegen: Ich lese Militärhistorisches, Tagebuchnotizen von Überlebenden, ich lerne die Namen der Generäle und Heeresgruppen. Dort in der Steppe war ein wichtiges Rüstungs- und Verkehrszentrum, von dort aus sollte die Wehrmacht weiter Richtung Kaukasus und zu den Ölfeldern am Kaspischen Meer vorstoßen. Außerdem: Die Stadt mit dem Namen des einen Diktators hatte für den anderen Diktator höchsten symbolischen Wert.
Mag sein, dass ich mythenvernarrt bin am historischen Ort. Ich neige dazu, Geschichte anschauen und er-fassen zu wollen, Fassaden und Trümmer sprechen zu mir, seit jeher, und

so erlaufe ich Wolgograd. Im einst fünfstöckigen Kaufhaus Univermag saß das Hauptquartier der deutschen 6. Armee, und als die einschüchternde Stalin-Architektur zu Bruchstücken geschossen war, leiteten die Generäle von dort die Kapitulation ein. Ein kleines Museum birgt die entsetzlichen Geschichten der eingekesselten Deutschen, ein paar Kilometer außerhalb erinnert die Gedächtnisstätte, dass allein auf dem Mamajew-Hügel 30 000 Sowjetsoldaten fielen. Unter der riesigen Statue kann ich die Namen von 7000 Toten lesen, die mit einer »Ewigen Flamme« geehrt werden. In einer permanenten Tonschleife klingen Schumanns »Träumereien«. Ewig, unvergessen, unsterblich, unendlich – hohe Sprache überall.

Hitler hatte seine Armee regelrecht zum Sterben freigegeben – »Kampf bis zur letzten Patrone«. Kurz nach der für ihn so schmählichen Kapitulation Ende Januar brüllte Reichspropagandaminister Goebbels den Deutschen in die keimende Verzagtheit hinein: »Wollt ihr den totalen Krieg?«, und die Mitglieder der Weißen Rose, die die Niederlage des Regimes voraussagten, wurden verhaftet und hingerichtet.

Stalingrad ist wie eine dunkle Maschinerie, deren blutige, traurige Endprodukte mich immer noch schütteln. Eine 50 Jahre alte Reizüberflutung, die mir unter die Haut geht. Warum nur, was soll das? Weil ich nicht beantworten kann, wozu wohl ich taugen würde, wenn es um alles oder nichts ginge? Ins Exil gehen? Flugblätter schreiben? Würde ich eine Waffe nehmen? Nichts von alldem? Die Schultern einziehen und verstummen? Wer könnte ich sein? Die Reise ruft bei mir existenzielles Herumrätseln hervor, das mich empfänglich macht für die Emotionen an diesem Ort. Von 300 000 deutschen Kriegsgefangenen nach der Schlacht kamen später nur wenige Tausend wieder nach Hause. Wolgograd bringt nun zum Jahrestag einige Überlebende beider Seiten wieder zusammen, alte Männer und Frauen, deutsch und russisch. Alle von einer tiefen Erfahrung beseelt oder gepeinigt oder beides.

Hitler wollte nicht nur den Raum und die Ressourcen im Osten, sondern einen Vernichtungskrieg gegen die Juden, die Untermenschen, die Bolschewiken. Rund 27 Millionen Sowjetmenschen starben im Zweiten Weltkrieg, etwa die Hälfte waren Zivilisten, Männer, Frauen, Kinder, Alte, Kriegsgefangene.

Ich lerne Veteraninnen kennen, die als Soldatinnen des »Großen Vaterländischen Krieges« gekämpft hatten. Diese Gesichter, in ihnen flackert für mich das Pathos der Sowjetzeit auf. Sie tragen Festtagsfrisuren und ihre besten Kleider. Sie strahlen, sie haben feuchte Augen. Es geht an diesem Abend um *ihre* Erinnerungen, Erfahrungen, Heldentaten. Darüber schreibe ich auch in der EMMA, die sich damals als einzige Publikation dafür interessierte. In der Regel sind die Sowjet-Veteraninnen unsichtbar und vergessen, einfache Babuschkas, Großmütterchen, deren Blick zurück niemand so recht lesen kann. Sie herzen und küssen sich – Waffenschwestern. Das Wort klingt herausfordernd und stolz. Sie waren nicht nur Sanitäterinnen, Melderinnen, Funkerinnen, sondern auch Panzerfahrerinnen, Scharfschützinnen, Bomberpilotinnen. Sie haben mitgekämpft, mitgefroren, mitgehungert. Sie konnten Maschinenpistolen und Haubitzen auseinandernehmen.

Ludmilla Fjodorowna zum Beispiel kam mit 18 an die Front mit den anderen Mädchen aus der Metallfabrik

»Barrikadnaja« und der Rüstungsfabrik »Roter Oktober«, sie überwältigt mich mit ihrer Freundlichkeit. Ihre Augen leuchten selbstbewusst, die Wangen sind rosa vor Aufregung, die vielen Orden klimpern. Sie ist eine offizielle Vorzeige-Veteranin und gleichzeitig zur deutschen Reporterin wirklich herzlich, nennt sie »Töchterchen«, auch wenn es sie enttäuscht, dass der deutsche Kanzler Kohl nicht an die Wolga gekommen ist:

»Eure Soldaten handelten auf Befehl Hitlers, ich stand hier für Stalin. War das richtig, war das falsch? Unser Schicksal lag nun mal in den Händen derer da oben. Für Propaganda hatte ich nicht viel übrig und hab deswegen die Deutschen nie verteufelt. Wir haben sie nie als Schweine beschimpft. Sie waren eben unsere Feinde.«

Die Flakhelferin Walentina Petrowna mag nicht »auf Knopfdruck gedenken«, wie sie die Jahresfeiern verspottet, denn sie erinnert sich mühelos täglich: »Die Befreiung Stalingrads war die größte Leistung meines Lebens, ich war überzeugte Kommunistin.« Und wie um das zu unterstreichen, nennt sie ihren Mann *towarisch,* Genosse. Meine Interviewpartnerinnen kennen kein Retuschieren, keine Einfärbung der Vergangenheit.

»Töchterchen, ich leugne nicht«, sagt ihre Kameradin Zinaida Petrowna, »ich glaube heute noch an Stalin und unsere große Sache. Die Jungen von heute wollen nichts davon wissen und sagen, unsere Geschichte ist böse. Man darf aber aus einem Lied nicht ein Wort wegnehmen, wir haben damals noch an etwas geglaubt.«

Der »Große Vaterländische Krieg« war, eine kurze Zeit lang, ein Gleichmacher. Nachdem beim deutschen Überfall auf die Sowjetunion bereits Millionen junger sowjetischer

Männer gefallen oder verletzt worden waren, kam es zur Massenmobilisierung von überwiegend jungen Frauen, sie waren vor allem Komsomolzinnen, Parteigenossinnen. Sie verteidigten ihre Heimat gegen den Faschismus, sie glaubten, dass Patriotismus weder männlich noch weiblich ist. Manche junge Frau wollte gefallene Verwandte oder Freunde rächen. Manche hatte zuvor den neuen Modesport Fliegen gelernt und wollte es endlich tun. Manche wollten einfach weg von zu Hause, neue Horizonte und Abenteuer erleben. Viele glaubten an Stalin.

Erstmalig im 20. Jahrhundert waren Frauen zur regulären Armee mobilisiert, ein Tabubruch. Zuvor gehörten kämpfende Frauen wie die Amazonen ins Reich der Legende. Auch die Kriegerinnen des afrikanischen Königreichs Dahomey oder die axtschwingenden Keltinnen waren wie Fabelwesen. Ausnahmen waren auch die Partisaninnen im Spanischen Bürgerkrieg. Doch jetzt, im Großen Vaterländischen Krieg, standen 800 000, vielleicht eine Million weibliche Freiwillige und Rekrutierte unter militärischem Befehl. Im Befehl 0099 im Frühjahr 1942 verordnete Stalin sogar die Bildung von drei fliegenden Frauenregimentern.

In seinem Buch »Stalingrad« zitierte der Historiker Antony Beevor die Todesverachtung der Sanitäterinnen und sogar Telefonistinnen. »Sie tragen unter Kugelhagel Verwundete auf dem Rücken, verteidigen ihre Gebäude, haben Maschinenpistolen oder Handgranaten dabei. Niemand ist nichtkombattant.« Beevor schreibt über die Schlacht von Kharkow im Mai 1942, als Hitlers 389. Infanteriedivision zum ersten Mal Frauen gegenüberstand. Aus deutscher Sicht ein weibliches »Banditenbataillon«, von einer Frau kommandiert: »Die Kampfesweise dieser Frauen war besonders hinterlistig und gefährlich. Sie lagen in Strohhaufen, mit Stroh bedeckt, und ließen uns vorbeiziehen und beschossen uns von hinten.« Wenn es um die Rotarmistinnen ging, waren die NS-Propagandabilder zusätzlich mit Klischees aufgeladen: das besonders grausame Flintenweib, die Megäre, die Furie. Männlicher als die Männer. Widernatürliche Kastriererinnen. Darum wurden sie nach einer Gefangennahme durch die Reichswehr oft einfach liquidiert, obwohl sie als Uniformträgerinnen unter dem Schutz des Genfer Abkommens 1929 standen. »Entartete« Frauen eben. Zu vernichten und zu vergessen.

Frauen und Kampf, diese Paarung rief und ruft Ambivalenz hervor. Wie oft ich seltsame Nachfragen, zweifelnde Blicke und Psychogebrabbel erleben durfte, weil ich mich damals für Militärgeschichte und Waffensysteme interessierte. Wie viel zwiespältige Aufmerksamkeit die ersten Kriegsreporterinnen bekamen. Wie oft verteidigte ich das Recht von Frauen, zur Bundeswehr gehen zu dürfen, heute so selbstverständlich. Geht das zusammen, Weiblichkeit und Aggression? Sind Frauen denn nicht von Natur aus friedlich? Nein. Ist es Emanzipation, wenn Frauen in diese letzten Bastionen eindringen? Ja. Und gibt es Unterschiede, wie Frauen und Männer die außerordentliche existenzielle Katastrophe, den Krieg, bewältigen? Ja.

Die weißrussische Schriftstellerin Swetlana Alexijewitsch hatte ein einzigartiges Buch zu diesen Veteraninnen veröffentlicht: »Der Krieg hat kein weibliches Gesicht«. Ich las auf der Fahrt ihre literarische Collage aus Gesprächen, Tagebuchnotizen, Briefen wie eine poetische Soziologie, und ich lieh ihren schönen Gedanken – »wie viel Mensch steckt im Menschen?« – als Kammerton für meine Reportagen.

Die großmütterliche Ludmilla mit den blitzenden Augen erzählt, wie sie wahrlich alle Facetten der Menschlichkeit als Mädchen erlebte: Patriotismus, Abenteuerlust, Kühnheit, Liebe, Triumph, Niedertracht, Verrat, Leiden, Tragödie. Alles mit dicken Pinselstrichen auf ihrer persönlichen Leinwand gemalt, blutige Schlacht oder schmutziger Alltag. Wie sie als Lehrling in der Metallfabrik »Barrikadnaja« lange Schichten ohne Wochenenden bewältigte und immer dort übernachtete, weil sie zu schwach war, ein paar Kilometer nach Hause zu laufen. »Aber 75 % aller Patronen stellten wir Frauen für die Rote Armee her.« Und da tat es weh, wenn die Mutter sich vor allem sorgte: »… dass du mir bloß nicht ein Kind mitbringst von der Front!«

Da war sie dann doch wieder »nur ein Mädchen«.

Auch in Zinaida Putkina lebt ein anderer Blick auf Stalingrad weiter. Ihr Vater war von Deutschen hingerichtet worden, sie wollte Rache. »Ich nahm mir vor, beim Einmarsch in Berlin die erste deutsche Frau, die ich sehe, zu zwingen, mir die Füße zu waschen, dann das Wasser auszutrinken und danach …« Doch dann erkannte sie etwas in den ausgehungerten Gesichtern der Besiegten und hörte von den Massenvergewaltigungen durch die Sieger und wusste von einer eigenen Trauer, die alle Frauen verband. »Viele konnten nach dem Krieg nicht mehr Mutter werden, das Grauen hatte sie unfruchtbar gemacht.«

1947: Auszeichnung Stalingrads zur ersten Heldenstadt der Sowjetunion. Und einen kurzen Propagandafrühling lang sind Ludmilla, Zinaida und Walentina auch Heldinnen. Doch sie erzählen, dass sie schon bald die ganz großen Empfänge und Ehrungen nicht mehr wert waren, dass sie meistens sich selber feiern mussten. Dass sogar die Veteranenrente für Männer und Frauen unterschiedlich hoch war. Was war geschehen? Es gab plötzlich zweierlei Sieg, männlicher und weiblicher. Solange das Vaterland noch in Gefahr war, wurden Soldatinnen gebraucht und propagandistisch geehrt. Doch nach dem Krieg waren sie verdächtig. Frauen, die in den Schützengräben die Tage und Nächte mit den Männern teilten ... Sie seien nur auf Jagd nach den Kerlen gewesen, man bezweifelte ihre patriotischen Beweggründe. Männer wurden nach ihrer Leistung im Krieg beurteilt, Frauen nach ihrer Moral. In der öffentlichen Meinung standen sie plötzlich schlecht da. Die »richtigen« Frauen pöbelten oft genug die Rotarmistinnen an, der Konkurrenzkampf um die überlebenden Männer war grausam.

»Wie uns die Heimat empfangen hat? Daran kann ich nicht denken, ohne zu weinen. Man hat uns ins Gesicht geschrien: ›Was habt ihr da getan? Habt mit unseren Männern gelebt!‹ Ich hatte einen Freund, hab ihn aus dem Feuer herausgeschleppt. Ihn gerettet. Wir lebten ein Jahr zusammen, dann ging er zu einer anderen Frau. ›Sie riecht nach Parfüm. Du aber nach Fußlappen und Stiefeln.‹« So bei Swetlana Alexijewitsch nachzulesen.

Die Kameraden der Soldatinnen machten den Verrat mit, machten ihnen den Sieg streitig. (Im spanischen Bürgerkrieg dasselbe: Zunächst als Freiwillige hochwillkommen, dann weggedrängt in die Etappe, zum Flicken, Verbinden, Kochen und Putzen. Dann von den eigenen Kameraden, die es besser wissen sollten, als »Frontmatratzen« beschimpft.)

Schon gegen Kriegsende setzte Stalin ein anderes Frauenbild durch: Sie sollten jetzt vor allem Mütter sein und Kinder bekommen. Die Mode wurde weiblich, Schminkzeug und Schnittmuster kamen vermehrt in die Staatskaufhäuser, das Abtreibungsverbot wurde verschärft.

Ja, ich hörte diese Geschichten der Veteraninnen mit großem Respekt, sie waren mir neu und wenig registriert. Die Geschichtsschreibung hatte diese Generation enteignet. Gleichzeitig merkte ich, wie schwer es war, Ergriffenheit in nüchterne Fernsehsprache zu übersetzen. Ich zeichnete in den Live-Schalten nach Deutschland eine »Gespensterarmee« der Hungernden und Sterbenden und textete über die Kapitulation der deutschen Soldaten wohl viel zu mitfühlend: »… die im Kessel Eingeschlossenen leiden unter Hunger, bitterster Kälte, Krankheiten, Läusen. Von Hitler und ihrer Führung werden sie aufgegeben. Sie krepieren, einem mörderischen Befehl treu …« Der Rückruf eines strengen Nachrichtenchefs erfolgte schnell: »Krepieren? Das Wort geht überhaupt nicht für die ›Tagesschau‹.« Aber es waren doch Sterbende, die sich in die sowjetische Gefangenschaft schleppten? In meiner Vorstellung *marschierten* sie nicht, sondern sie krochen, taumelten. Dieses Stalingrad machte das Formulieren schwer, immer wieder musste ich mich zur journalistischen Ordnung rufen. Manche Redakteurin half regelrecht, sie übersetzte meine Erfahrungen vor Ort in die Wissbegierde der Zuschauerinnen und Zuschauer daheim. »Erzähle, was du siehst, suche glaubwürdige Protagonistinnen und Zeugen und lasse die Bilder wirken. Das ist schon stark genug.« Andere mahnten das kleine ABC des guten Journalismus an und verunsicherten mich so, weil alles hier dem erforderten Wer-Wo-Wie-Was-Wann nicht gerecht wäre. Gern wäre ich Poetin, Schriftstellerin oder Sängerin gewesen, um mich über Stalingrad mit den Menschen daheim zu verständigen. Um diese Begegnung mit »meinen« Veteraninnen mit ihnen zu teilen.

Heldinnen – das klingt etwas aus der Zeit gefallen, ich weiß. Heutzutage ist »Zivilcourage« das ganz große Wort, und sich als Fußballer bei einem Wettkampf hinzuknien, gilt schon als antirassistisches Solidaritätsbekenntnis, als »mutig«. Eine Onlinepetition zu »liken« bedeutet »Haltung«, eine Menschenkette »setzt ein Zeichen«. Die Messlatte hat sich verändert, wir sind zweifellos heutzutage bescheidener.

Die Mutter-Heimat-Statue in Wolgograd stellt ein Über-Wesen dar, geschlechtslos, ohne Individualität. Triumphal erhöht, eine Unsterbliche. Die Soldatinnen von Stalingrad mussten dagegen wieder zu Frauen werden und irgendwie mit den kleineren Renten und dem kleineren Ruhm zurechtkommen, ungesehen und unerzählt. Oder wie Alexijewitsch schreibt: »Wir sind mit Mythen groß geworden. Die Gesellschaft wurde mit Idealen terrorisiert. Mit heldenhaften Vorbildern. Unsere Helden sind kalt und irreal. Man muss die künstliche Haut vom wirklichen Leben abziehen.«

Jasmin – Gefährtin aus Tschetschenien

Im Keller des Präsidentenpalastes in Grosny sah ich sie zum ersten Mal, Dezember 1994. Oben warnte das irre Geheul russischer Kampfflugzeuge, dass die abtrünnige Republik Tschetschenien kurz vor einem Krieg mit dem großen Nachbarn stünde, und im Keller versammelte der Rebellenanführer und Präsident Dschochar Dudajew die internationalen Medien und sprach von Widerstand um jeden Preis. Inmitten der Journalisten stand eine kleine, agile Person mit Jeansrock über schwarzen Hosen, buntem Kopftuch, großen Ohrringen und noch größerem Lächeln. So hübsch und so lebendig. In den Monaten darauf, als der Krieg tatsächlich ausgebrochen war, lernten wir uns kennen und mögen, und ich verdankte ihr unschätzbare Kontakte zu den Akteuren jener Zeit. Die Verabredungen waren, mangels Telefonverbindungen, immer vage, kamen aber immer zustande: »Am Montag oder Dienstag, an der Straßenkreuzung soundso.« Dann stand sie dort, hatte die eigenen Videokassetten dabei oder führte mich zu einem Warlord, einer Ärztin, einer Limonadenfabrik oder einem Friedhof. Ihr eigenes Filmmaterial dokumentierte Versammlungen, Gefechte, zivile Opfer. Sie sah sich als Protokollantin eines großen Unrechts und ging unglaubliche Risiken ein, um die andere, die tschetschenische Seite des Konflikts zu zeigen. Sie war eine Zeit lang die beliebteste Journalistin der Republik, und sie bewegte sich frei im Land. Eine Muslima, die ich nie beten sah. Ohnehin gab es kaum Moscheen im Land, die Menschen tranken Alkohol und schauten westliche Filme, die Frauen kannten keine Schleier. Allerdings war die Gesellschaft patriarchalisch-bäuerlich, Männer hatten in der Öffentlichkeit das Sagen, die Frauen waren für Haus und Hof zuständig und traten bescheiden auf. So war diese Jasmin, kein Zweifel, eine Ausnahmeerscheinung.

Wenn wir an der Kreuzung soundso zur ungefähren Verabredung kamen, gaben die Menschen dort zuverlässig Bescheid: »Ja, Jasmin lässt grüßen, sie kommt in ein paar Stunden. Nein, sie ist noch im Gebirge, kommt morgen wieder. Hier ist Tee, es dauert bestimmt nicht lange.« Alle kannten und schätzten sie, die Feldkommandanten, die Politiker, die Zivilisten. Männer und Frauen gleichermaßen. Ich fühlte mich nie unsicher, wenn wir mit ihr unterwegs waren, denn diese junge, fröhliche Frau garantierte für die Sicherheit der westlichen Teams. Nicht alles war grimmig und lebensgefährlich. Sie stellte uns ihrer Familie vor, briet feierlich Eier (»... etwas anderes kann ich nicht ...«), witzelte über die gebügelten Vorhänge (»... die Russen sollen nicht denken, sie würden Wilde bombardieren ...«), nahm uns mit zu Feiern in entlegene Täler. Dass eine Musikanlage fehlte, störte niemanden, ein alter Koffer verwandelte sich zu einer Trommel, irgendjemand fand eine Ziehharmonika, ein wilder Rhythmus im 6/8-Takt forderte zur *lezginka* auf. Der Tanz der Bergvölker hier. Dann trat ein Mann in den Kreis, plusterte sich zum imaginären Adler auf, mit breit geöffneten Armen und raschen Trippelschritten kreisend. Der Balztanz forderte von der Frau, sich selbstbewusst und geschmeidig dem Adler zu entziehen, seine Blicke nicht zu erwidern, sich nicht erobern zu lassen. Ein nächstes Paar löste ab, und wer die Figuren am kraftvollsten vorführte, dem schenkte das Publikum anerkennende Pfiffe. Hybris und Trotz in einem Tanz, der von einem Sternenhimmel und wenigen Öllampen beschienen war. Wie extravagant mir alles vorkam.

Im Spätsommer 94, als der Krieg noch offiziell »Konflikt« hieß, wussten wir Korrespondenten, Reporterinnen, Fotografen, Kameraleute über Tschetschenien nur, dass sich ein kleines Volk in einem Gebirgsland von der Größe Schleswig-Holsteins von der Russischen Föderation losgesagt hatte und die einseitig erklärte Souveränität mit Waffengewalt verteidigen würde. Tschetschenen, sie waren damals für mich unheimliche, furchtlose Kerle, jederzeit zur Blutrache und dunklen Geschäften bereit. Etwa zwei Millionen Menschen, deren Sprache nur sie selbst verstanden. Die altertümlichen Clans, die *teips,* bestimmten Zusammenleben und Kultur in den Dörfern, und der Islam war das – dünne – Band, das sie zusammenhielt. Der angsteinflößende Ruf, den Tschetschenen seit jeher hatten, war ihrem jahrhundertealten Freiheitswillen geschuldet, aber auch vielen spektakulären Verbrechen wie Banküberfällen und Entführungen. Ausgerechnet dieses wenig bekannte Ländchen wurde zum Prüfstein für die Glaubwürdigkeit des demokratisch gewählten Präsidenten Boris Jelzin. Und als seine Armee begann, die Tschetschenen zurück in die verhasste russische Einheit zu bombardieren, begann meine Freundschaft zu einer außergewöhnlichen Frau.

Vom Krieg nahmen wir manchmal einfach frei und rissen in die Berge aus, zu den Geschlechtertürmen aus dem Mittelalter des Kaukasus. Wie massive Steinfinger ragten die Bauten in die Höhe und erzählten von Familienclans und deren ewiger Verteidigungsbereitschaft, auch wegen der Blutrache. So archaisch wie die berühmten Wehrtürme im italienischen San Gimignano, nur einsam und unfotografiert.

Jasmin verdankte ich auch einen journalistischen Scoop, eine Begegnung mit Russlands Staatsfeind Nummer eins, Dschochar Dudajew, in seinem Versteck in den Bergen. In diesen Kriegswochen suchten ihn alle, die Armee und der Geheimdienst der Russen, die politischen Konkurrenten und Warlords im eigenen Land, ausländische Medien, die halbe Welt. Falls er tatsächlich tot war, wie in Moskau gehofft wurde, wäre der schmutzige, kleine Krieg im Kaukasus vorbei. Jasmin war aber sicher, dass er noch lebte, und würde mit mir den untergetauchten Präsidenten der Republik finden.

Dschochar Dudajew war einer dieser Führer in der auseinanderbrechenden Sowjetunion, der zufällig zur Macht gekommen war, zunächst wenig Anhang hatte, meteorengleich aufglühte, um dann eine weitere Fußnote in der Geschichte des Kaukasus zu werden. Der ehemalige Fliegergeneral der Sowjetarmee rief nach seiner undurchsichtigen Wahl zum Präsidenten 1991 die Unabhängigkeit der Teilrepublik aus – nur weg von Russland! Das hatte Boris Jelzin nicht gemeint, als er den vielen unterschiedlichen Völkern Russlands mehr Autonomie versprochen hatte. Der Südrand Russlands, ohnehin eine Region der Waffenschiebereien, Überfälle und ethnischer Konflikte, durfte um keinen Preis noch unkontrollierbarer werden. Und Jelzin konnte sich auf einen latenten Rassismus den *tschornije,* den »Schwarzen« gegenüber bei seinen Mitbürgern verlassen. Gemeint waren die Menschen des Kaukasus. Ihnen zu misstrauen war alltäglich.

Aufbruch in der Nacht, wieder haben Jasmin und ich uns an einer Straßenkreuzung verabredet. Kaltes Mondlicht reicht, um den Feldweg zu erkennen. Das letzte dürftig erleuchtete Dorf liegt weit zurück. Das Team, Jasmin und ich sind auf zwei Wagen verteilt. Sie sind robust, schaffen die Abhänge, die Furten der Gebirgsbäche. Asphalt hat sich hierher nie vorgearbeitet, ganz zu schweigen von Strommasten, Brücken. Die Wege sind jahrhundertealt und niemals gerade, unverständliche Pfade von Hirten und Bauern. Warum gerade so durchs Tal? Warum links am Felsen vorbei? Der weiße Schiguli-Geländewagen, in dem ich mit Jasmin und zwei Bewaffneten eingepfercht sitze, ist gestohlen oder Kriegsbeute. Kein Autohändler hat es in diese verlorene Welt geschafft. Und wenn einer so dumm, so geschäftsuntüchtig, so unbeleckt den Versuch gemacht hätte, hier Wagen regulär zu verhökern, wäre er nach einer Woche abgereist – desillusioniert oder ausgeraubt. Oder, wenn es richtig schlecht ausgeht, enthauptet. So wie die kleine Gruppe westlicher Telefoninstallateure, die nach einem sogenannten Friedensabkommen später das Netz in Grosny wieder aufbauen wollten. Eine ganz und gar zivile Arbeit, damit Großmütterchen und Enkel und Liebende und Geschäftsleute und Bürgermeister einander anrufen könnten. Und klar, Geld war auch damit zu verdienen, auch für die örtlichen Hilfskräfte, und das war doch was in einem Land, wo noch nicht einmal eine Brotfabrik stehen geblieben war. Die verstümmelten Körper der Installateure lagen dann an einer wichtigen Straßenkreuzung zur Warnung: unerwünscht. Ich hatte darüber berichtet. Besser nicht daran denken.

»Jasmin, warum fahren wir wieder zurück?«

»Nicht zurück. Wir fahren Kreise und Umwege. Falls jemand folgt«, antwortet der Fahrer an ihrer Stelle.

Zwei, drei Stunden für ein paar Kilometer. Ich zittere vor Kälte, Anspannung, Jagdfieber, etwas von allem. Die Begleiter ohne Namen sprechen kaum, da bremst das Auto plötzlich so hart, dass die Reifen unwillig kreischen. Aus einem Wäldchen treten drei bewaffnete Männer in den blassen Lichtkegel. Wie konnten meine Begleiter/Wärter wissen, dass da jemand wartete? Kein Handy funktioniert in dieser leeren Welt. Und die wenigen Satellitentelefone sind nur im Besitz der führenden Kämpfer. Kriegsbeute.

»Ihr Frauen sagt kein Wort, schaut nach unten.«

Jasmin und ich senken die Köpfe. Der Fahrer steigt aus und redet mit den drei Fremden in dieser unverständlichen, einzigartigen Sprache. Höflich, so kommt es mir vor. Ganz kurz traue ich mich hochzuschauen. Alle drei sind bewaffnet, aber nur einer trägt einen Bart wie die Islamisten. Kein schlechtes Zeichen. »*Adiköj*«, der Abschiedsgruß, dann die typische scheue Umarmung. Wir dürfen weiter durch die Nacht. Die Gestalten verlieren sich zwischen den Bäumen. Niemande im Nirgendwoland.

»Vettern von meinem Nachbarn.« Der Fahrer ohne Namen ist zufrieden.

»Was wollten sie, uns entführen?«

Niemand antwortet, auch Jasmin nicht. Sie schweigen lieber, als zu lügen, das habe ich inzwischen gelernt und akzeptiert.

Kollegen in Köln haben einmal hinter meinem Rücken behauptet, dass ich »auf diese Kämpfer scharf gewesen« sei, dass ich auf solche Typen stünde. Das war gehässig und grundfalsch, aber wie sollte ich es ihnen erklären? Ich mochte eben hingehen, verstehen und erklären, Reportertugenden. Ich mochte auf Unrecht hinweisen.

Und ich mochte Jagdfieber. Einmal wurde ich Zeugin einer Tradition, die nur im eigenen Stamm, im eigenen Dorf ausgelebt wird: Frauen tanzten einen *zikr,* einen mystischen Tanz der Sufis, im traditionellen Islam argwöhnisch betrachtet. Wir filmten behutsam, wie sie im Kreis sangen und beteten, stoßweise atmeten, um in Trance zu geraten. Der Tanz soll Kraft und Gemeinschaft schaffen, ist eigentlich Männersache. So binden sich Bruderschaften im Kaukasus. Nie zuvor hatte ich Frauen beim *zikr* gesehen. Mit funkelnden Augen rammten sie ihre langen Stöcke rhythmisch in die Erde, sie stampften mit den Füßen auf. Ich sah Stolz und Kraft, gerade bei den Alten.

Der Geländewagen mäandert, noch ein Flussbett, noch ein Hirtenpfad. Das Mondlicht ist schwächer geworden, dennoch schaltet der Fahrer zur Vorsicht die Autolampen nicht ein. Im Schleichgang die letzten Kilometer. Die Landschaft wird konturenlos, ich könnte auf der anderen Seite des Mondes sein. Gegen zwei, drei Uhr morgens, kaum zu erkennen in einer kleinen Senke, stoppen wir an einem Hof. Ein paar Geländewagen stehen unter einem Verschlag, damit sie nicht vom Hubschrauber aus zu sehen sind. Wir stehen vor Dschochar Dudajew und seinem Vize Jandarbijew. Welche Bezeichnungen sind journalistisch korrekt? Sie würden sich wohl Freiheitskämpfer nennen, der Kreml hingegen Terroristenführer. Sind sie Rebellen? Separatisten? Kriminelle? Politiker? Jeder Begriff gibt die Deutung vor, färbt die Bewertung. Ich schreibe am liebsten Kämpfer, das scheint neutral.
Der kleine Fliegergeneral stammte nicht aus einem der wichtigen Clans, er war nicht reich oder charismatisch. Doch nun ist er weltbekannt, und ohne ihn, den nach russischer Lesart meistgesuchten Verbrecher, kann es nicht zu einem Waffen-

stillstand kommen, denn er ist der Bevölkerung zum Helden geworden. Der David, der dem Riesen die Stirn bietet.

Die Begrüßung fällt kühl aus: »Warum seid ihr hier, wer hat euch geschickt?« Immer die Form bewahren, eine westliche Journalistin kann sich keinen Fehler leisten, Ernsthaftigkeit ist alles: »Niemand hat uns geschickt, aber im Westen gehen viele davon aus, dass Sie den Krieg verloren geben.«

»Ihr Journalisten seid Huren, ihr macht viel Geld mit dem Elend meines Volkes.«

Nicht sehr journalistisch, aber sehr gesund meine Antwort: »Ohne uns Journalisten würde niemand dieses Tschetschenien kennen.«

Er wirkt beleidigt. Und muss doch wissen, dass die Klischees in den russischen Medien gerade Amok laufen: rassistisch werden die Tschetschenen in Comedysendungen »Kakerlaken« genannt. Russische Offiziere benutzen in Interviews das deutsche Wort »Endlösung«, um die militärische Kampagne zu charakterisieren. In manchen Diskussionen wird nachgedacht, ob Tschetschenen eigentlich genetisch Verbrecher sind. Der Feind mutiert zum Untermenschen.

Ich frage weiter. Warum gibt es in Tschetschenien zunehmend Söldner aus Saudi-Arabien? Warum das Verstecken von mörderischen Gotteskriegern aus Jordanien? Der Islam kam erst vor rund 250 Jahren in den Kaukasus, hatte vor Kriegsbeginn in Tschetschenien nur eine geringe Rolle gespielt und war nicht tief in der Bevölkerung verankert. Dudajew war nicht Islamist, sondern Nationalist. Zu den importierten Eiferern und Killern sagt er lieber nichts, er weiß, wie der Westen sie bewertet.

Die Begegnung wird immer frostiger, man bietet uns weder

Tee noch einen warmen Raum an, das ist unhöflich gemeint. Wir müssen im Auto abwarten, wie es weitergeht, und werden bewacht. Dudajews Vize Selimchan Jandarbijew, im zivilen Leben angeblich Dichter und Literaturwissenschaftler, erteilt eine kleine Lektion.

»Wir können uns Ihre so westliche, demokratische Warte nicht leisten. Wir sind die ewigen Opfer einer Geschichte, die es nie gut mit uns meinte. Wie kommt es, dass jeder Tschetschene, egal wo, egal wie alt, an die Jahre der Verbannung unter Stalin denkt, dass wir jeden ermordeten Onkel, jede verlorene Schwester, jeden verwüsteten Stall beschreiben können? Dass in uns allen, sogar in den Jungen, die wieder hier geboren wurden, der Gestank der Viehwaggons lebendig ist, die 1944 ein ganzes Volk abholten und in die Verbannung nach Kasachstan und Sibirien brachten.«

Ja, sie verdrängen nicht, Geschichte ist gerade eben passiert, wie gestern. Und ein Gestank aus Fäulnis, Pisse, Angst, Krankheit ist abrufbar.

Und die anderen, die Russen? Als Korrespondentin erlebe ich sehr oft, dass sie sich partout nicht an die Scheußlichkeiten der Stalin-Zeit erinnern. Zwanzig Millionen Stalin-Opfer, und keiner, keiner hat einen einzigen Verwandten verloren? Vor keinem Haus hielt je ein Geheimdienstwagen um Mitternacht an? Ist es diese Verweigerung, die die Russen abpanzert und die Tschetschenen misstrauisch macht? Alle 50 Jahre, so beharren die Tschetschenen, kommt es zum mörderischen Konflikt mit dem großen Nachbarn, den sie stets verlieren. Sie haben keine Alliierten. Sie sind geschichtsversessene Außenseiter, die gleichzeitig philosophieren und grausam rächen können, das passt kaum in die Logik von Nachrichtensendungen.

Ich sorge mich, dass uns die Videokassetten abgenommen werden, Jasmin sorgt sich um unsere Sicherheit. Sie hat für uns gebürgt, sie ist ihrem Präsidenten treu, aber auch der westlichen Freundin. Irgendwann steigt sie entschieden aus und geht ins Haus zurück, um zu verhandeln. Strahlend kommt sie im Morgengrauen zurück, wir können aufbrechen.

Mein Interview mit dem Staatsfeind Nummer eins wird tatsächlich ein Scoop, viele Sender werden es ausstrahlen, ich trete in Talkshows auf, der Erfolg der ARD-Studioleiterin ist groß. Dennoch werde ich das Gefühl nie loswerden, die wirkliche Tragödie im Kaukasus nur zu streifen und die Tiefe niemals ergründen zu können. Vielleicht, weil es in der öffentlichen Wahrnehmung Opfervölker erster und zweiter Klasse gibt und Tschetschenien unheimlich bleibt.

Einige Jahre später lebte ich in Paris, da meldete sich überraschend Jasmin, sie stand vor der Wohnungstür. Sie hatte Angst, sie weinte, so kannte ich sie nicht. Es war zum Erbarmen. Wo war das Energiebündel mit den lebendigen Augen und dem breiten Lächeln wie Julia Roberts? Die Todesmutige, die zuvor nie Angst vor Bombardierungen gezeigt hatte, nie vor tschetschenischen Warlords oder russischen Offizieren. Die im berühmt gewordenen Dorf Perwomajskoje eingekesselt worden war von russischer Artillerie und dennoch unbeeindruckt Aufnahmen von der Belagerung gemacht und eine aberwitzige Flucht aus dem Feuergefecht überlebt hatte, samt Material. Nie nahm sie von den ausländischen Medien Geld für diese unglaublichen Bilder. Ich hatte ihr damals den Spitznamen »Ricochet« gegeben, Querschläger, weil man nie wusste, wo und wann sie auftauchen und was ihr nächstes »Ding« werden würde.

Ich hatte die Freundin seit ein paar Jahren nicht gesehen, zuletzt hatte sie bei einem Abschiedsfilm in Grosny für mich Kontakte gemacht. Eine sehr gefährliche Angelegenheit, für sie, für das Team, denn inzwischen bedrohten Islamisten alle säkularen Kräfte in Tschetschenien, alle Ausländer. Die Zivilgesellschaft sollte nun der Scharia weichen. Ibn al-Chattab, ein international bekannter Wahabit aus Jordanien, spazierte in langen, schwarzen Gewändern wie der Leibhaftige durch Grosny, seine Anwesenheit bedeutete Gräueltaten. Jasmin ging nicht mit zu meinem Interview mit ihm, sie wollte lieber nicht in sein Blickfeld geraten, und ich verzichtete später darauf, das Exklusivmaterial zu benutzen, dieser selbst ernannte Gotteskrieger sollte keine Bühne bekommen.

Nach Dudajews Tod konnte der demokratisch gewählte Präsident Maschadow den Zustrom arabischer Fundamentalisten und Terroristen nicht mehr aufhalten. Wir waren anonym bedroht worden und hatten uns in einem Haus des HALO-Trust, der internationalen Minenräumer, hinter Eisentüren geradezu verbarrikadiert, von Sicherheitsleuten behütet, die stets Pistolen trugen. Jasmin sah zum ersten Mal niedergeschlagen aus. »Ich weiß nicht, ob ich hier in Tschetschenien weitermachen kann, sie hassen mich, weil ich eine freie Frau bin, bärtige kleine Jungen wollen mir den Tschador vorschreiben und das Arbeiten verbieten.«

Islamisten hatten den Freiheitskampf gekapert, kein Zweifel. Saudisches Geld floss ins Land. Die Ortsvorsteher und Clanchefs, die sich anpassten, bekamen gute Teerstraßen oder eine Moschee oder einen Mercedes. Zerbombte Häuser wurden wieder aufgebaut. Der Dschihadist Chattab bot arbeitslosen Jungen eine »Ausbildung« in seinem streng abgesonderten Militärcamp an, für 100 Dollar Lohn im Monat. Ein Vermögen zu der Zeit. Wer nun die Scharia öffentlich kritisierte, wurde bestraft oder eliminiert. Viele anständige Menschen, die ich schätzen gelernt hatte, verließen ihre Heimat, ich resignierte mit ihnen. 1999 marschierten dann russische Truppen wieder in die Kaukasusrepublik ein. Beim zweiten Krieg gegen Tschetschenien gelang es dann dem neuen Präsidenten Wladimir Putin, die Islamisten weitgehend zu vertreiben, eine Friedhofsruhe herzustellen. Achmat Kadyrow wurde Präsident von Russlands Gnaden, ein gemäßigter Religionsführer und guter Bekannter von Jasmin. Doch auch er wurde, wie Dudajew, Maschadow und Jandarbijew, bei einem Attentat getötet. Eine Kette von politischen Morden. Niemand war sicher.

Deswegen war Ricochet nun in Paris. Schwerfällig und fremd sah sie aus im Flur in der ach so eleganten Wohnung im 8. Arrondissement. Sie wollte auf Dauer bleiben, ihr Mann Alman würde vielleicht nachkommen. In meinem Kopf ratterten Namen und Adressen von NGOs, Anwälten, Kolleginnen los, die sich um die vielen Flüchtlinge aus der Kaukasusrepublik kümmerten. Doch dann kamen ein weiterer Tränenstrom und die ganz große Überraschung: »Ich bin schwanger, das Kind kommt bald. Und zu Hause darf es niemand wissen. Wir haben erst vor zwei Monaten geheiratet ...«

Eine hochschwangere Illegale, die sich vor dem Sittenkodex des fernen Clans fürchtete und womöglich jeden Augenblick in meiner Wohnung niederkommen würde – ich fühlte mich leicht überfordert. Als Erstes ein Gang zum Arzt, um das Geburtsdatum festzustellen. Neue Tränen, sie war noch nie bei einem Gynäkologen gewesen und noch nie bei einem männlichen Arzt. Zweiter Anlauf zu einer Frauenärztin, die schnell feststellte, dass es noch viele Monate bis zur Niederkunft dauern würde, Jasmin hatte einfach keine Ahnung von diesen Dingen. Dabei lernte ich Frankreich von Herzen lieben, denn für politische Flüchtlinge wie meine tschetschenische Freundin gab es – damals im Jahr 2000 – noch viel Hilfe. Eine Bürokratie, die fünf gerade sein ließ, ein Krankenhaus, das teure Rechnungen einfach nicht verschickte, ein Vermieter, dem die Ausländer aus dem Kriegsgebiet nicht verdächtig vorkamen. Und großzügige französische Kumpel wie Didier François von der Libération oder Sophie Shihab und Natalie Nougayrede von Le Monde, die mit Geld oder guten Verbindungen halfen. Zur Clique gehörten auch die außergewöhnlichen Fotografen Stanley Green und Thomas Dworzak. Alle von der tschetschenischen Tragödie angefasst, irgendwie. Wir würden helfen. So wurde Nurdi als kleiner Franzose geboren, und Jasmin bekam später legalen Status. Weil aber ihr Mann noch in Polen festsaß, wohin es ebenfalls viele tschetschenische Flüchtlinge verschlagen hatte, wollte ihr Clan, ihr *teip*, nach dem Rechten sehen lassen. Das ist Tradition, Tschetschenen sind verpflichtet, einander beizustehen, selbst wenn man sich kaum kennt. Sie lebte inzwischen wenige Straßen entfernt in der rue de Moscou, etwas unpassend für eine tschetschenische Separatistin. Eines Tages rief sie in allerhöchster Not an: »Ihr müsst kommen, ihr müsst Nurdi nehmen, gleich kommen meine Verwandten, und sie denken ja, dass die Geburt noch bevorsteht …«

Doch, es war auch komisch. Mein Freund Colin und ich liefen los, er schnappte das Baby, wickelte es in warme Tücher und ging im kalten Januarwetter spazieren. Ich half ihr, sich mit Kissen einen sehr dicken Bauch zu polstern, alle Kindersachen in einen Schrank zu werfen, die Küche von

Babyfläschchen und allen Spuren vom unschicklich früh gekommenen Kind zu tilgen. Wir kicherten und schwitzten hysterisch, sie sah sehr, sehr schwanger aus.

Alles ging gut, die moralpolizeiliche Verwandtschaft war zufrieden und ging bald wieder. Sie tauchte einige Monate später noch einmal auf, als Nurdi wirklich nicht wie ein verschrumpeltes Neugeborenes aussah, sondern schon ziemlich kräftig und wach strahlte. Da verpackte Jasmin ihn tief ins Bettzeug, wo er glücklicherweise schnell einschlief, verdunkelte das Zimmer und behauptete, dass französische Kinderversorgung und Vitamine die Kleinen hierzulande erstaunlich schnell wachsen ließen. Und wieder war die Familie sehr zufrieden und fragte nicht nach.

Lustig? Happy End? Zumindest für eine Einzelne aus einer mörderischen Zeit? Sie spricht von einem »unwirklichen Leben« in Paris: »Alles bleibt dir verschlossen, du genießt die Schönheit und die Ruhe nicht, weil Tschetschenien für die Welt auserzählt ist.« Sie kann nie wieder in die Heimat zurückkehren, das kriminelle, korrupte Regime von Ramsan Kadyrow, Sohn ihres alten Bekannten dort, toleriert eine wie sie nicht, sie würde wohl auch heute noch wie viele andere einfach »verschwinden«. Zu weltlich, zu unabhängig, zu kompromisslos. Und in Frankreich ist sie ein Aktenzeichen einer längst vergessenen Flüchtlingspolitik. Seit den mörderischen Attentaten von Islamisten in Paris sind auch die gestrandeten Menschen aus Tschetschenien unter Generalverdacht. Das breite Lächeln finde ich nur noch auf unseren alten Fotos.

Endlich Afghanistan

Es verlangte mich, Afghanistan zu sehen. Wirklich, so passiv muss ich formulieren, denn ich kann nicht erklären, welche Seelenregung mich hoffen ließ, ausgerechnet am Hindukusch etwas zu finden, das außergewöhnlich, vielleicht sogar existenziell wäre. Es verlangte mich, und das Verlangen hatte viele Wurzeln. Da waren meine kindlichen Fantasien über Alexander den Großen, der zum Ende der damaligen Welt aufbrach und dabei durch die Gebirge des Perserreiches zog – erobernd, tötend, verwaltend, erkundend. Im Norden, in Baktrien, heiratete er Roxane, die Tochter eines lokalen Stammesfürsten. Aus politischen Gründen, um Alliierte zu finden? Aus plötzlicher Liebe, weil sie so unwiderstehlich war? Der mazedonische Kriegsherr brachte jedenfalls seine hellenistische Kultur zum Hindukusch und gründete dort Städte, wo sich Gefolgsleute niederließen und Einheimische heirateten. Später las ich von den verlustreichen Konflikten zwischen dem zaristischen Russland und dem britischen Empire im 19. Jahrhundert: »The Great Game«, ein mehrdeutiger Begriff für Geopolitik und Kolonialismus. Doch mochten die beiden Großmächte das Land auch erobern wollen – auf Dauer scheiterte jede Einmischung von außen, und ich malte mir ein Bild von Menschen in einer grandiosen Landschaft, die sich der Unterwerfung entzogen.

Als ich in meinen Zwanzigern war und mein Vater mich als potenziell interessante Erwachsene wahrnahm, schlug er überraschend vor, dass wir beide mit einem Motorrad mit Beiwagen zum Khyber-Pass zwischen Pakistan und Afghanistan fahren könnten. Ich hatte wohl zuvor etwas zu viel mit meinem frisch erworbenen Motorradführerschein angegeben, und er hatte nur Erfahrung mit Vespas und Lambrettas auf gut geteerten Londoner Straßen. Eine völlig unrealistische Spinnerei, sie kam nie zustande, aber mir gefiel die seltene Annäherung zwischen uns beiden sehr gut. Der Khyber-Pass strahlte magisch aus – eine Route, die bereits Alexander bewältigen musste, später verlief hier die Seidenstraße von China nach Spanien. Über Jahrhunderte kamen Waffen von Pakistan aus über den Pass nach Afghanistan, für die Soldaten Queen Victorias genauso wie für die Taliban der Jetztzeit. Nicht zu vergessen die Hippies und Rucksackreisenden der 1970er-Jahre, die über den Pass nach Indien weiterreisten. Rudyard Kipling, der Chronist des britischen Kolonialismus, schrieb eine Erzählung, die am Khyber beginnt: »The Man who would be King«, ein Abenteuer um die Erben des legendären Mazedoniers. Afghanistan versprach also genug Romantik und Historie, um mich zu entzücken. Mich zu entzünden.

Mitte der 90er: Ich war Chefin des ARD-Studios in Moskau und verstand mich vor allem als Reisende und Erklärende. Nicht nur Russland war mein Revier, sondern auch die ehemaligen Sowjetrepubliken, vom Baltikum bis nach Mittelasien. Den Kaukasus kannte ich inzwischen recht gut, aber über unabhängige zentralasiatische Staaten wie Usbekistan wusste ich nicht viel. Nach langem Warten auf Drehgenehmigungen konnte ich aufbrechen. Zunächst, mit touristischem Blick, nach Samarkand und Chiwa zu den märchenhaften Zeugnissen der muslimischen Hochkultur und dann mit journalistischen Fragen an zwangsverheiratete Frauen und an Menschen, die auf Baumwollfeldern ausgebeutet werden. Darüber würde ich berichten. Igor Buts, Fedja Simmul und Mischa Falin, mein russisches Team, waren ebenso willig wie ich, neue Bilder und Erkenntnisse einzufangen. Doch dann schlängelte sich diese unerhörte Sehnsucht nach mehr in den Drehplan, wie ein Kammerton. Ich wurde unruhig, fühlte mich zu Neuem getrieben. An Usbekistan grenzte eben Afghanistan. In der Antike hieß der Grenzfluss Oxus, heute Amudarja.

Der Übergang bei der Stadt Termez war in etwa 15 anstrengenden Autostunden erreichbar, 900 Kilometer durch wenig besiedelte Gegenden. Im Vertrauen darauf, dass niemand in Deutschland richtig auf die Landkarte schauen und womöglich Bedenken melden würde, schlug ich den Redaktionen daheim vor, »… mal an die Grenze zu fahren und mal zu gucken, was dort passiert …«. Immerhin hatten die islamistischen Taliban inzwischen Afghanistans Hauptstadt Kabul unter ihrer Kontrolle, das musste doch die gemäßigt muslimischen Usbeken beunruhigen. Die vagen geopolitischen Stichworte meinerseits fanden ein Echo im vagen »… wenn du meinst, dass da was ist …« der fernen Kollegen. So bauten Auslandsreportagen damals meist auf Vertrauen und Neugier: hinfahren und gucken und selber Themen finden. Ich musste nicht auf ein »Event« warten. Auf einen Krieg, eine Krise, eine Katastrophe.

In der Grenzstadt Termez herrschte aber Langeweile, niemand konnte sich vorstellen, dass die Taliban vorrücken würden, niemand war alarmiert, die Reise schien vergeblich zu sein, ein paar bunte Szenen vom Marktgeschehen waren wirklich keine »Tagesschau« wert. Doch dann lernten wir einen UN-Vertreter kennen, der ein Drei-Tage-Visum für Mazar-i-Sharif auf der anderen Seite des Flusses besorgte. Mein russisches Team war deswegen sehr, sehr unglücklich, Afghanistan stand in ihrer Sicht für die Kriegstraumata Zehntausender sowjetischer Soldaten und die beginnende Auflösung des kommunistischen Imperiums, für unheimliche Gotteskrieger und gefahrvolles Terrain. Aber vor einer Frau würden sie ihre Bedenken niemals aussprechen – was mir passte. Betreten schauten sie die berühmte Brücke über den Amudarja an, aus der Gegenrichtung hatte 1989 General Gromow den Abzug der sowjetischen Panzer vollzogen – die historische Niederlage der Weltmacht. Die ganze Welt kannte die Bilder. Als Berufsanfängerin hatte ich damals vergeblich versucht, diesen Moment vor Ort bezeugen zu dürfen. Nun war ich fast da. Ja doch, ich spürte tiefe Genugtuung.

Wenig geschah auf der afghanischen Seite der Brücke, ein Blick in die Papiere, mehr nicht. Willkommen in der Islamischen Republik Afghanistan. Vor den wenigen Gebäuden standen ein paar Männer herum, durchaus freundlich schauten sie aus. Sie sprachen kein Russisch, was meinen Kollegen Igor bedrückte, in dieser Weltgegend war Russland doch einst so groß und mächtig gewesen. Ich vertraute dennoch und handelte mit einem Fahrer einen Preis aus für die 100-Kilometer-Strecke nach Mazar-i-Sharif. Er lachte viel, sprach mit mir ein paar englische Worte, er hatte schon früher Ausländer transportiert, manchmal britische Journalisten oder Vertreter von Hilfsorganisationen.

Wir fuhren durch flaches, unbebautes Land. Das Gelb der Erde war so müde, der Himmel war so groß, und überwältigend war das klare Licht. Es schärfte die Konturen der fernen Gebirge, sie rückten näher. Keine Frage, sie lockten.

Keine einzige Siedlung sah ich, dafür hin und wieder ausgebrannte sowjetische Panzer, Überreste aus einer vergangenen Epoche. Dann kleine rote Tafeln oder Fetzen am Straßenrand – Achtung, hier liegen Minen. Menschenleer die Umgebung, dennoch aufgeladen von Weltpolitik. Wahrscheinlich ein wenig unpassend – aber ich war tatsächlich in Hochstimmung, denn Afghanistan lag endlich vor mir, und es fühlte sich wie Erfolg an.

Als wir nach etwa zwei Stunden in Mazar-i-Sharif einfuhren, dämmerte es schon, das blaue Licht ließ die unzähligen Buden an der Hauptstraße grellbunt leuchten. Neonlicht, lärmende Musik aus tausendundeiner Kassette, Alkoholverkauf. Ich sah Frauen in hellblauen Burkas, aber auch mit nachlässig getragenen Kopftüchern. Sie liefen ohne männliche Begleitung umher. Die Männer trugen die traditionellen langen Hemden und weiten Hosen mit erdfarbenen weichen Wollmützen, aber auch Jeans und Basecaps. Ich zählte viele Satellitenschüsseln auf den Dächern und hörte westliche Popmusik. Ausländische Journalisten wurden nicht angestarrt. Geschäfte machen, schwatzen und überleben, so ging es hier zu und lud ein zum Mitspielen. Ich fühlte mich wohl.

Wir hatten keine Bleibe, nur die Adresse der UNICEF-Vertretung, die angeblich ein Gasthaus hatte. Der Leiter war ein Schwarzer, was das russische Team verunsicherte, Afrikaner in Führungspositionen kannten sie nicht. Als er uns dann auch noch großzügig unterbrachte und zum Essen einlud, geriet ihr Weltbild vollends durcheinander. Am nächsten Tag knüpfte Igor Kontakte zu einem russisch sprechenden Oberstleutnant des regionalen Kriegsherrn Rashid Dostum, der für ausländische Journalisten zuständig war, und nun konnten wir arbeiten.

Afghanistan war in dieser Zeit zweigeteilt: Der Norden wurde verteidigt von zwei Warlords, Rashid Dostum und Ahmad Schah Massoud, der Süden und die Hauptstadt Kabul waren von den Taliban kontrolliert. In Mazar-i-Sharif rätselten die Menschen, ob die Taliban von Süden her ihre (noch) liberale Stadt einnehmen würden und damit die trostlose Zeit religiösen Wahns bevorstünde. Dostum war ein düsterer Milizenführer aus der usbekischen Minderheit, ein Alleinherrscher, dessen Macht auf brutaler Einschüchterung und erfolgreichen Allianzen beruhte. Politisch hatte er schon häufig die Seiten gewechselt, sogar Verrat und Vertragsbruch waren erlaubt, wenn die nützlich waren. So verschaffte er seiner Region eine Art Friedhofsruhe und gute Geschäfte. Und weil er den strategisch wichtigen Salang-Tunnel zum Süden kontrollierte, war er zeitweise zur Schlüsselfigur für Krieg und Frieden in Afghanistan geworden. Der Westen umwarb ihn und – nichts Neues – sah über viele Menschenrechtsverletzungen hinweg. Das einflussreiche Pakistan machte ihm ebenfalls den Hof, wollte ihn mit einem hohen Posten in einer künftigen Taliban-Regierung gewinnen. Dostum machte aus seiner Heimat Balkh einen relativ wohlhabenden Staat im Staat, alle Rivalen und Gegner austricksend, abkassierend oder eliminierend. Sogar eine eigene Fluglinie gründete er.

Charismatisch war dagegen der Guerilla-Führer Massoud, der einen demokratischen Staat mit gleichen Rechten für alle Ethnien, für Männer und Frauen anstrebte. Weil er den Widerstand gegen die Sowjetarmee maßgeblich organisiert hatte, nannte man ihn nach seinem Heimattal den »Löwen von Pandschir«. Angeblich war er frankophil, weil er eine französische Schule in Afghanistan besucht hatte. Angeblich mussten die Frauen im Pandschir-Tal keine Burka tragen. Angeblich war er der einzige Warlord, der es ernst meinte mit der nationalen Versöhnung nach mörderischen Bruder-kriegen. Diese beiden militärischen Führer konkurrierten einerseits um das weitere Schicksal Afghanistans, andererseits bekämpften sie die Taliban. Ich wollte beide, den Löwen und den Taktiker, interviewen. Sie hatten wenige Tage zuvor eine neue Allianz geschmiedet, der Zusammenschluss ehemaliger Feinde hatte ungeheure Symbolkraft. Die »Vereinte Front« würde den weiteren Vormarsch der Taliban stoppen. »Die Feinde von heute können die Freunde von morgen sein« – so Dostum. Daraus sprach freilich nicht Friedenswillen, sondern reines Kalkül. Massoud war eben Feind seiner Feinde.

Am nächsten Tag suchen wir eine Schule auf, hier dürfen Jungen und Mädchen noch zusammen lernen. In meinem Tagebuch protokolliere ich lange, bittere Gespräche, auch Interviews, mit den Lehrerinnen. Orfa und Zaida hatten die sowjetische Besatzung nicht schlecht ertragen, denn sie durften damals studieren und berufstätig sein. »Die Sowjets wollten das Mittelalter in die Neuzeit zwingen, und viele Frauen profitierten davon, wir wollten alles verändern«, sagen sie, ohne zu zögern. Und so fürchten sie sich vor dem Vormarsch der Taliban genauso wie vor dem Warlord Dostum, dessen Milizen straflos plündern und vergewaltigen.

Die Schule ist arm, Orfa und Zaida bezahlen die Kreide für die Tafel aus eigener Tasche, besorgen gespendete Möbel, hüten die wenigen alten Schulbücher. »Unsere Generation hat verloren. Aber wir warten auf eine Zukunft, die den Kindern etwas geben kann, was uns verweigert wurde.« Zaida sagt später noch: »Wenn die Taliban kommen, bringe ich mich um.« Sie war vergewaltigt worden, vielleicht nur, weil sie Mädchen unterrichtete, vielleicht nur, weil sie keinen politischen Schutz hatte. Im Tagebuch zitiere ich die Umschreibung einer Kollegin: »… und dann haben viele Männer ihr etwas angetan und danach war sie lange Zeit im Krankenhaus.«

Wir verlängern das Drei-Tage-Visum, jetzt geht es Richtung Pandschir-Tal in der Hoffnung, Ahmad Schah Massoud zu finden, irgendwo. Vor dem Salang-Tunnel machen wir Pause, beraten. Wir wissen nicht, was auf der anderen Seite passiert, Telefonverbindungen gibt es nicht, die Informationen sind vage und oft schon überholt. Wie nah sind die Taliban vorgerückt? Wie sicher ist der Weg noch? An einer Kreuzung filmen wir ein auffälliges Treffen von Hunderten schwer bewaffneten Männern, sie sind zur Hälfte Dostums Milizen, zur anderen die Kämpfer des Warlords Massoud. Hier kommt tatsächlich die Nordallianz zustande, Tadschiken, Usbeken, Paschtunen, die Minderheit der Hazara aus dem Bamiyan-Tal sind dabei, im zerstrittenen Land ganz außergewöhnlich. Ich lerne, ihnen in die Augen zu schauen. Sie antworten der einzigen Frau weit und breit mit einem *salaam* und führen die Hand zum Herzen, ein gutes Zeichen. Charaktere aus einem anderen Zeitalter umringen mich, nur ihre Goldzähne und die modernen Kalaschnikows verraten, dass sie Menschen von heute sind. Ein uralter Bärtiger fordert mich auf, den Taliban eine Nachricht zu überbringen: »Sag diesem Mullah Omar, wir werden es mit ihm machen, wie wir es mit den Engländern gemacht haben.« Und er zieht die Hand mit einem imaginären Messer über die Kehle. So ist es hier: Die Männer, die wir filmen, sind nicht aus ideologischen, aus politischen Gründen zum Töten bereit. Es ist traditionelles Stammesdenken, »wir« gegen »sie«. Und der Anführer sagt, wer »sie« sind.

Die einzige Straße nach Kabul ist in schlechtem Zustand, im Winter müsste man vor Lawinen Angst haben. Ein paar Weiler schmiegen sich weit entfernt an die kahlen Flanken der Berge, die einstöckigen Höfe sind verlassen. Sahen sie immer schon so abweisend aus? Bin ich noch im 20. Jahrhundert? Afghanistan scheint nur aus feindseligen, 7000 Meter hohen Steinmonstern zu bestehen, und dieser Pass, die wichtigste Verbindung nach Kabul, klettert auf 3300 Meter Höhe. Sowjetische Ingenieure bauten den Salang-Tunnel und seine Galerien, um Menschen und Waren schneller durchs Gebirge zu transportieren. Am Eingang des Tunnels stehen desinteressierte Soldaten herum, sie haben zusammengewürfelte Uniformen, meist die wattierten Jacken der ehemaligen Sowjetarmee, tragen mal Stiefel, mal Straßenschuhe. Einen entdecke ich mit Gummischlappen. Ich wundere mich, dass keine hochgerüsteten Garnisonen ringsum abschrecken, aber die Geografie schenkt wohl genug Schutz vor Eindringlingen, der Tunnel ist einfach zu verteidigen. Drei Kilometer lang fahren wir durch eine unbeleuchtete Röhre, die zu bröckeln scheint.

Hinter dem Tunnel kommen uns ein paar LKW mit vielen Familien entgegen, Möbel und Vorräte sind hoch aufgetürmt und schwanken bedenklich hin und her. Die Menschen flüchten vor den jüngsten Angriffen der Taliban, erzählen von Bombardierungen nur 30 Kilometer weiter. Tatsächlich, wir filmen vor dem nächsten Dorf einige noch brennende Pick-ups, die weißen von Toyota, Lieblingsfahrzeuge vieler Killertrupps auf der ganzen Welt. Was genau geschah – nicht herauszufinden, es ist niemand mehr da. In meinem Tagebuch von damals finde ich den Text dreier verschiedener Aufsager für einen möglichen Tagesschau-Bericht über Rashid Dostum. Einer lautete:

»Einerseits hat sich General Dostum mit den Feinden der Taliban verbündet, andererseits aber noch nicht seine beträchtlichen Streitkräfte gegen die Taliban in Bewegung gesetzt. Dostum, immer schon ein Taktiker, hält sich in diesen Tagen nach allen Seiten offen. Der Herr des Nordens will schon bald in Kabul selbst die Schlüsselrolle spielen.« Das war nicht falsch. In Afghanistan spielte er bis in die Gegenwart eine große Rolle, sei es als Vizepräsident, sei es als militärischer Führer. Der ewige Drahtzieher und Machtmensch wartet ab, mit wem sich ein Arrangement am besten lohnt, mit der Taliban-Regierung oder einer künftigen Widerstandsbewegung. Wie es gerade kommt.

Weiter, Jagdfieber, Hoffen auf Reporterglück. Wir fragen herum, doch niemand verrät den Aufenthaltsort des »Löwen des Pandschir«, Ahmad Schah Massoud. In einem kleinen Ort treffen wir auf seinen Vertreter, Dr. Abdullah Abdullah, viele Jahre später Außenminister und Rivale des damaligen Präsidenten Karzai. Der Doktor ist ein enger Freund Massouds, im Zivilleben Augenarzt. Er spricht Französisch, weicht sehr diplomatisch den Fragen aus, ob die Nordallianz halten wird, ob die rivalisierenden Anführer tatsächlich vereint gegen die Taliban vorrücken. Und nein, Massoud sei momentan nicht erreichbar. Ob ich wüsste, dass sein Freund inzwischen mit Che Guevara verglichen und auf der ganzen Welt bewundert werde? Ob ich wüsste, dass arabische Brigaden dabei wären, einen eigenen Staat auf Taliban-Gebiet zu formen? Die Gruppe nenne sich al-Qaida, der Anführer Osama bin Laden sei Todfeind der Nordallianz. Ich ahne nichts von der ungeheuren Bedeutung dieser Namen für die Zukunft.

Sehr enttäuscht, dass kein Interview mit Massoud möglich ist, fahren wir die mühselige Strecke nach Mazar-i-Sharif zurück. Am nächsten Tag haben wir mehr Glück. General Dostum residiert in der Festungsstadt Kala-i-Jangi, von

Tausenden Milizionären beschützt. In meinem Tagebuch schreibe ich, wie verblüffend einfach es ist vorzusprechen. »Dostum!« rufen und: »Journalist«. Und dann das übliche Warten in einem Hof mit einigen schreibenden Kollegen aus Großbritannien und Frankreich, während der Kriegsherr gerade pakistanische Abordnungen empfängt. Auch sie mischen im Gewirr mit, sie sind die Drahtzieher der Taliban, sie wollen Afghanistan unter ihre Kontrolle bringen. Die Augen dieser Gäste verachten uns westliche Journalisten zutiefst und mich als Frau wohl noch mehr, ganz spürbar ist das. Ich ziehe vor ihnen mein loses Kopftuch ab, das Mindeste, und gehe so breitbeinig und arrogant wie möglich auf und ab, bis der selbstbewusste Herr der Festung uns Journalisten empfängt, einige verrätselte Aussagen über seine nächsten Pläne macht und der Runde empfiehlt, mit seiner Balkh Airlines nach Hause zu fliegen. Wir verzichten.

Tatsächlich treffe ich den »Löwen« Ahmad Schah Massoud Jahre später in Paris, inzwischen bin ich dort Studioleiterin. Die Taliban beherrschen nun fast ganz Afghanistan, ihm gehen die Waffen aus, und er braucht westliche Flüchtlingshilfe für die Hunderttausenden, die im Land herumirren und sich in seiner Region in Sicherheit bringen wollen. Beim Empfang des französischen Außenministers stellt er sein politisches Programm vor – für eine Zukunft ohne Taliban, ohne Fundamentalisten. Aus Afghanistan viel Gutes? Frauenrechte, Bildung für alle, demokratische Institutionen, freie Wahlen, gut ausgebildete Polizei, Ende der Korruption, Ende der ethnischen Rivalitäten – so könnte es werden. Endlich, nach Jahrzehnten. Ja, auch wir Medienleute schwärmen von ihm als Heilsbringer.

Und dann macht mich Afghanistan hoffnungslos. Es ist März 2001 in Paris. Ein englischer Rucksackreisender stellt sich im ARD-Studio vor, Jason Elliot liebt Afghanistan und hat darüber ein unübertroffenes Reisebuch geschrieben: »An unexpected light«. Ihm ist von Bekannten empfohlen worden, der deutschen Korrespondentin sein Archivmaterial zu zeigen. Es ergreift mich sehr. Ich sehe steingewordene Schönheit im Tal von Bamiyan: die einst größten stehenden Buddhas der Welt, die seit eineinhalb Jahrtausenden von der friedlichen Koexistenz der Religionen kündeten. 53 und 35 Meter hoch in Felsnischen gehauen. Weltkulturerbe, ja, aber der Begriff erfasst für mich nicht die Heiligkeit, die von diesen Kolossen ausgeht. Und ich sehe fanatische Islamisten, die »Allahu akbar« schreiend die Statuen beschießen, schließlich sprengen. Die Taliban ertragen den erhabenen Ort nicht, müssen die Buddhas als Götzen vernichten. Der Sandstein ist weich, die Denkmäler sind schnell zerstört.

In den Klosterhöhlen ringsum existierten noch Malereien und andere Artefakte aus einer Zeit, da durch das Tal von Bamiyan wichtige Handelsrouten zwischen China, Indien und dem Westen führten und die Kaufleute ihre Kulturen mittransportierten. Zoroaster, Buddha, Allah, Naturgottheiten – hier blühte eine Oase der Toleranz. In der Antike hatte Alexander der Große den Hellenismus nach Afghanistan gebracht, der Faltenwurf der Statuen erinnert mich an griechische Gottheiten. Jason zeigt, wie religiöser Frauenhass schier körperlich wird: Sie haben insbesondere die Scheide der kleineren, weiblich aussehenden Statue mit Raketenwerfern zerfetzt. So barbarisch ist das wie die unzähligen Vergewaltigungen wirklicher Frauen und Mädchen, und ich erinnere mich, dass Afghaninnen damit rechnen können, dass ihnen Gotteskrieger Säure ins Gesicht schütten, wenn sie es nicht bedeckt haben. Das Video geht mir unter die Haut. Ich erkenne schlimmste Frauenunterdrückung und primitiven Bildersturm als zwei Seiten eines Fanatismus, der nicht zu stoppen ist. Zornig macht das.

Es hat nicht geholfen, dass der Europarat und die UNESCO zuvor gemahnt und gewarnt und den unersetzlichen Wert der Buddhas beschworen haben. Sie sind machtlos gegen Fanatiker, die inzwischen fast das ganze Land am Hindukusch kontrollieren und alle buddhistischen Relikte auslöschen werden. Das verspricht der, tja, Kultusminister der Taliban. Viele Wandmalereien sind abgetragen, gestohlen. Jason erzählt, dass Fresken aus Bamiyan auf dem Schwarzmarkt im benachbarten Pakistan Zigtausende Dollar wert sind, kleinere Schnitzereien je 5000 Dollar. Die Taliban kennen die Antiquitätenhändler gut, und sie plündern auch die Museen des Landes aus, um Geld zu machen. So vernichten Habgier und Intoleranz gleichzeitig kostbare Kulturschätze. Sie sind auch nicht beeindruckt von ohnmächtigen Versuchen im Westen, quasi Lösegeld für die Statuen zu zahlen und sie fortzuschaffen. Die globale Empörung lodert auf und erlischt wieder. Aus Afghanistan nichts Gutes.

Während ich diese Zeilen schreibe, mich zurückerinnere, zieht die Bundeswehr die letzten Soldaten aus Mazar-i-Sharif ab. Der Einsatz der NATO ist vorbei, das 20 Jahre währende Engagement des Westens hat keinen Frieden, keine stabile Ordnung nach westlichem Muster gebracht. Mord, Terroranschläge, Korruption, Rechtlosigkeit gingen weiter, und obwohl ich mich über Bildungsangebote für Frauen und ein paar Vorzeige-Politikerinnen freute, wusste ich: Irgendwann werden die USA ihre Soldaten zurückrufen, irgendwann wird allen im Westen klar, dass Afghanistan kein demokratisches Vorzeigeprojekt werden kann. Der hohe Blutzoll der Bevölkerung und der Soldaten war vergeblich.

Die Taliban mussten nur abwarten und sind nun erneut die Macht im Land. Wer für deutsche, für westliche Organisationen gearbeitet hat, wird büßen müssen oder das Land verlassen. Ich bin sicher, dass Orfa und Zaida, die ich damals getroffen habe, wieder zittern. Sie werden mit Entsetzen sehen, wie der Westen militärisch und politisch Afghanistan aufgibt, die junge Generation und die Frauen verrät, um ein hartes Wort zu nutzen. So wie alte Filmaufnahmen der 1960er-Jahre zeigen, wie in Kabul Kinos, Theater blühten und Mädchen in Miniröcken oder Jeans alleine flanierten, so werden Reportagen aus den letzten zwei Jahrzehnten zeigen, wie ein modernes Land hätte gelingen können, zaghaft, aber doch möglich?

Noch immer besitze ich ein paar französische Briefmarken im Wert von 50 Cent. Sie stellen Ahmad Schah Massoud dar, eine späte Ehrung. Es ist der 9. September 2001, als er im Norden Afghanistans von zwei Selbstmordattentätern der al-Qaida getötet wird. Sie haben sich als belgische Journalisten ausgegeben und eine Bombe in der Videokamera versteckt. Massoud hatte den Westen wieder und wieder vor der Terrororganisation gewarnt, zwei Tage später werden Osama bin Ladens Gefolgsleute mit Flugzeugen das World Trade Center in New York zerstören – und die Weltordnung erschüttern. Und ein deutscher Verteidigungsminister wird davon sprechen, dass »die Sicherheit der Bundesrepublik am Hindukusch verteidigt wird«.

Paris – Foie-gras-Hölle

Es ist unfair und undankbar, aber meine ersten Monate als Studioleiterin in der schönsten Stadt der Welt fühlten sich wie ein Resozialisierungsprogramm an. 1998: Nach Moskau, Kriegsberichterstattung, Pathos und Abenteuer, sollte ich nun in Paris irgendwie solide werden und mich endlich mal gut benehmen. Meine Wohnung war riesig und elegant, in einem gutbürgerlichen Teil des 8. Arrondissement, zehn Minuten vom Bahnhof St. Lazare, den Claude Monet in seiner Modernität perfekt gemalt hatte. Über mir wohnte eine sich ständig beschwerende Kinderpsychologin, neben mir ein verdrossener Landbesitzer, unter mir Rechtsanwaltsbüros. Die Gediegenheit drückte schwer.

Alles war mir zu fein, zu indirekt. Ich war wohl ein Landei und musste erst mal shoppen gehen, um angemessen gekleidet zu sein, mein Moskauer Reporterlook reichte nicht mehr. Paris – eine Gesellschaft höchster Verpackungskunst, ob es nun die *brioches* und *croissants* in der hübschen Box waren oder die aktuelle Haltung zum Nachbarland. Jaja, der deutsch-französische Motor, der mal ansprang, mal stockte, mal stotterte, mal rundlief – die Floskeln brachten mich um. Und bei den berufsbedingten Abendessen interessierte sich niemand für meine Erlebnisse am russischen Polarkreis noch für das Ende der weltpolitischen Blöcke, sondern eher für meine Meinung zum exquisiten Lammbraten *aux sept heures*. Gespräche über die Einzigartigkeit von Essen oder Getränken hatten eine für mich nicht nachvollziehbare Bedeutung. Ich nannte Paris die *Foie-gras*-Hölle, was nicht nur witzig gemeint war.

Die aktuelle Politik, der Stoff, der mich in Russland regelrecht high gemacht hatte? Fand statt, natürlich, aber so implizit. Bei Pressekonferenzen oder Interviews musste ich verbale Schnörkel deuten oder zwischen den Zeilen lesen lernen. Nichts ging »einfach so«, gedrechselte Briefe mussten hin- und hergeschickt werden, um überhaupt Zugänge zu bekommen, oft genug kam auf dringende Mails keine Antwort, das war viel eleganter als eine direkte Ablehnung. Ich wollte mein Berichtsland verstehen, ja, aber diese Pariser Art – lieber schöner Schein als nichts dahinter – bremste mich aus. Wie Rabauken kamen mir im Vergleich russische oder tschetschenische oder afghanische Politiker vor, laut, nahbar, da konnte man fast sentimental werden im Rückblick. Die Präsidenten Gorbatschow, Jelzin, Schewardnaze, Dudajew und Maschadow, der Ultranationalist Wladimir Schirinowski, der Menschenrechtler Sergej Kowaljow, der Schriftsteller Viktor Jerofejew, der Demokrat Boris Nemzow, der Warlord Abdul Dostum, der Nationalheld der Afghanen, Ahmad Schah Massoud: Alle, alle hatte ich in den 90ern interviewt, in Tagesschau-Berichten, für Auslandsmagazine, für lange Reportagen und Dokumentationen. Zeitzeugin eines gewaltigen Umbruchs, doch in Paris fühlte ich mich bei Anfragen wie eine Bittstellerin bei Hofe, ohne die unausgesprochenen Rituale zu kennen.

Eine Ausnahme machten Kanzler Kohl und Präsident Chirac, die herzlich und hemdsärmelig den deutsch-französischen Motor (siehe oben) bei einem Routine-Gipfel in

Avignon kickstarteten. Ich drängelte mich bei der Parade zu beiden vor und rief Kohl zu: »Wir kennen uns von Jelzin, kann ich eine Frage stellen?« Das verwirrte den Tross drum herum, die mich für eine Russin hielten, und darum bekam ich von beiden eine O-Ton-Spende. Man wurde sehr, sehr bescheiden.

Gerhard Schröders Amtsantritt 1998 brachte keine Besserung. Ich war Zeugin des Nicht-Austausches. Der deutsche Kanzler traf sich mit dem französischen Premierminister Lionel Jospin, eine Handvoll Journalisten nahmen am Abendessen in einem sehr teuren Restaurant teil. Ich möchte behaupten, dass der Dolmetscher, der zwischen den beiden Politikern saß, noch nie in seinem Berufsleben so wenig zu tun hatte: Schröder sprach mit seiner Entourage, Jospin mit seiner. Weil ich enorm gelangweilt war und keine Info-Häppchen weitergereicht wurden, startete ich an unserem Tischende, wo die politische B-Riege mit den Journalisten ausharrte, eine Fragerunde: »Was war deine Lieblingsdemo?« Keine blöde Idee, alle hatten witzige und erstaunliche Antworten parat, ich schwankte zwischen »Brokdorf 2« und »Solidarität mit Grenada«. Und so gebaren der sehr sympathische Ottmar Schreiner von der SPD und ich die Idee, einen Bildband herauszugeben, »Meine Lieblingsdemo«, mit Jugendfotos und jeweils zwei Seiten Text zum Thema, und wir lästerten, ob Kohl wohl je auf der Straße protestiert und ob Schröder nur am Zaun rüttelnd seinen Ehrgeiz demonstriert hatte. Ich finde die Idee immer noch vielversprechend.

Paris war also politisch für eine Journalistin zunächst einmal – wie soll man es formulieren – öde. Umso freudvoller das Privatleben. Ohne viel dafür zu tun, bekam ich Besuch von den originellsten Typen, und dies andauernd. Weil in meiner Nähe eine Fressstraße existierte, mit feiner und vor allem fertiger Kost, machten mir *dinner parties* keine Mühe. Nur manchmal, wenn ich einen verkaterten, unbekannten Radioreporter am nächsten Morgen schlafend auf meinem schmalen Balkon vorfand oder die Schulfreundin einer Nichte eines Bekannten aus den USA vor der Tür stand und tagelange Herberge brauchte, dachte ich schon, ins Hotelfach zu wechseln. Klub Mikich: Da hatte ein Freund während der Fußball-WM einen gut bezahlten Auftrag an Land gezogen, nämlich das saudische Team beim Training zu filmen und ein bisschen buntes Frankreich drumherum. Irgendwann landeten der Freund, sein Tontechniker und das saudische Presseteam in meinem Wohnzimmer und verlangten von mir Limonade und Häppchen, danach sollte ich mich von den Herren entfernen. Wie gern hätte ich einen muskulösen Türsteher gehabt.

In diesen Wochen machte ich Interviews mit britischen Fußball-Hooligans, ein beliebtes Thema für die sogenannte »grüne« Berichterstattung zur WM. Man erkannte sich schon bald an den diversen Austragungsorten. Morgens begrüßte die Truppe uns fröhlich, »… oi, enjoying yourself?«, und abends, wenn sie gut abgefüllt waren, versuchten sie, uns die Kamera zu zertrümmern. Einmal ging ich dazwischen mit »… what the fuck do you think you're doing, fuck off …«. Das verstanden sie direkt, hauten allerdings den Tonmann. Meine ARD-untypische Frage wurde für immer filmisch festgehalten.

In einer Phase, als in Frankreich noch weniger zu tun war und ich unterfordert mit den Füßen scharrte, bekam ich den Auftrag, in Peru eine möglichst abenteuerliche Bahnstrecke zu filmen, Landschaften, Menschen, Geschichten, was auch immer zum Oster-Familienprogramm der ARD passte. Peru also, in 45 Minuten. Wir lernten wunderbare Menschen kennen: eine Sandwich-Verkäuferin aus dem Armenviertel, die lange Zugstrecken schwarz mitfuhr und eine große Familie ernährte. Ein professioneller Taschendieb, der Rucksäcke von Touristen aufschlitzte und mehr über die soziale Situation im Land offenbarte als jeder Soziologe. Bauern vom Titicacasee, die uns die Bedeutung der vorchristlichen Fruchtbarkeitsgöttin Pachamama erklärten. Ein einsamer Bahnhofswärter, der in 5000 m Höhe zweimal am Tag den Güterzügen die Signale gab und seine Familie nur zweimal im Jahr sah, so abgelegen war dieser Ort. Es war kalt, früh dunkel, unheimlich in diesen Andenhöhen, und ich probierte Meerschweinchen-Gerichte und kaute Coca-Blätter, und manchmal musste eine Sauerstoffflasche her, weil die Kopfschmerzen in der dünnen Luft sonst unerträglich wurden. Alles war einfach unvorhersehbar, sehr fremd und machte endlich wieder glücklich.

Gegen Ende wanderten wir über einen Markt in Puno am Titicacasee, an einem Stand sah ich schwarze Formen, die mich an winzige, gegerbte Schwäne erinnerten, in großen Haufen lagen sie dort, wie eine seltene Obstsorte. Als ich die Marktfrauen ansprechen wollte, wurde ich von meiner Übersetzerin weggezogen.

»Bloß nicht, das sind Medizinfrauen, und die schwarzen, toten Geschöpfe mit langem Hals sind Lama-Föten für weiße oder schwarze Magie.«

Für Außenseiter eine gefährliche Neugier anscheinend, nur die Nachkommen der Erdmutter durften zu solchen Riten Zugang haben. Das sah ich nicht ein und ließ mir einen Schuhkarton voller heidnischer Lama-Föten besorgen.

Zurück in Paris stand die Kiste lange herum, letztendlich hatte ich doch keinen Bedarf, jemanden zu verhexen, blöder Aktionismus. Bevor sie also vielleicht anfangen würden zu riechen, wollte ich sie stiften, einem Völkerkundemuseum zum Beispiel, die müssten sich doch sehr freuen über solche ethnologischen Artefakte? »Nein, iihh«, wehrte die befreundete Museumsdirektorin ab, »du spinnst.«

Am Ende vergrub ich die ledrigen Dinger unter einem spirrligen Zitronenbäumchen. Und siehe da, Pachamama, die Erdmutter, war sehr zufrieden. Bis heute ist der Baum stark und schön und bringt regelmäßig sogar in Köln Zitronen hervor, und dies verbindet mich mit den peruanischen Bauern vom Titicacasee, wo jedes Jahr Lama-Föten in die Erde eingebuddelt werden, mit Gebeten an die Pachamama (oder ihre christliche Variante Maria), um eine prächtige Kartoffelernte zu bekommen.

Gern ärgerte ich die *frenchies* unter meinen Freunden, die sich so zeremoniell dem Essen und Trinken hingaben. Als wieder einmal viel zu lang über den Duft, den Abgang, den Preis eines Rotweins räsoniert wurde, ging ich in die Küche, nahm eine leere Flasche Wein mit teurem Etikett, kippte irgendeine Plörre hinein, ging mit einer Dose Cola an den Esstisch und mixte mit großer Geste das neue Trendgetränk aus den USA. »Grand Cru mit Cola, probiert mal!« Geschrei, Empörung. Für sie war ich eine Barbarin.

Ich begann mehr und mehr, jenseits des *boulevard périferique* zu filmen, die Foie-gras-Hölle Paris hinter mir zu lassen. Reisen zu den Korsen, den Basken, den Bretonen. Zu den Rändern, die mit dem Zentrum oft haderten und auf ihre kulturelle oder geschichtliche Eigenheit beharrten. Noch durften Studioleiter sich bewegen, noch musste ich nicht – wie auf einem Feldherrenhügel festgetackert – die Wirklichkeit von fern kommentieren. Noch galten Reportertugenden: Wir gehen dahin, damit ihr, das Publikum, erfahrt, was passiert. Und es war mein Privileg als Chefin, den zwei männlichen Korrespondenten im Studio, Tom Buhrow und Rolf Scheller, Modenschauen und andere unterhaltende Events zuschieben zu können, ich war lieber unterwegs. Ein kleiner Dreiminutenfilm für die »Tagesthemen« freute mich mehr als ein Aufsager in der »Tagesschau«.

Vorlieben, die nicht immer erfolgreich endeten.

Juli 2000, ein Arbeitstag in Paris geht zu Ende, die Nachrichtenlage ist dünn in der Urlaubszeit, aller Bürokram ist abgehakt. Entspannt gehe ich die rue du Colisée entlang zu einem Bistro, Hunger habe ich, da plärrt das Telefon. Soeben ist eine Concorde-Maschine in der Nähe des Flughafens Charles de Gaulle abgestürzt, an Bord viele Deutsche, es gibt keine Überlebenden. Später wird es heißen: die schwerste Katastrophe in der französischen Luftfahrtgeschichte. 113 Opfer. Am Boden vier Tote, weil das Flugzeug in ein Hotel stürzte, an Bord 100 Passagiere, fast alle aus Deutschland, die auf dem Weg nach New York waren. Sie wären von dort aus zu einem schönen Karibik-Urlaub aufgebrochen. Neun Menschen von der Crew sterben ebenfalls in der Explosion. Ausgerechnet die legendäre Concorde stürzt ab, Symbol französischer Ingenieurskunst, ein nationales Kulturgut. Die Welt ist entsetzt an diesem 25. Juli.

Unter Hochdruck bespreche ich die Lage im Büro und treffe Entscheidungen: Während die Kollegen Tom und Rolf mit den Redaktionen daheim telefonieren und weitere Infos einholen, will ich zum Absturzort fahren, mit Kameramann Marek Klodnicki. Ein Motorradfahrer wird uns begleiten, um eventuell Videokassetten ins Studio zu bringen. Die Reporter-Reflexe funktionieren: Dahin gehen, wo es passiert, und sich nicht nur auf Agenturmaterial verlassen.

Wir rasen zum Vorort Gonesse. Zeitgleich kommen Feuerwehrautos an, und wir hören die Sirenen der Polizeiautos. Menschen in der Nähe des zerstörten Hotels beschreiben den schrecklichen Moment, als ein Feuerball vom Himmel stürzte. Oft habe ich das hastige Sammeln von solchen Zeugenaussagen verspottet, aber heute sind sie die allerersten Informationen am Ort eines grauenvollen Geschehens, nicht nur wohlfeile »O-Ton-Spenden«. Der Fahrer Jean-Jacques nimmt die Videokassette und jagt davon.

Weiter, näher an die Rauchwolke heran. Die Polizei beginnt, großräumig abzusperren, aber sie ist hinter uns, welch ein Vorteil. Wir sind nun die einzigen Reporter innerhalb des äußeren Cordons. Auch das gehört zur Wahrheit: Das Jagdfieber von Journalisten macht einen Tunnelblick. Wer die Toten sind – das werden die Kollegen im Studio recherchieren. An giftige Gase, an Explosionsgefahr denke ich nicht. Aber genau deswegen scheucht uns ein Polizist schließlich fort.

Reporterglück: Wir treffen Kollegen aus Belgien mit einem Übertragungswagen, die rein zufällig von einer Sportveranstaltung zurückkehren. Ja, sie können helfen, ein Live-Gespräch mit der Tagesschau in Hamburg technisch aufzubauen. Ja, sie wissen, was »N minus eins« für die Tonmischung bedeutet, und nein, es wird keine Rückkopplung geben. Ich würde mit blauem Mikrofon in der Hand um 20 Uhr erzählen, was ich bis dahin von Augenzeugen und

Polizisten erfahren habe, authentischer geht es nicht. Nur eine formelle Leitungsbestellung müsste her, von Hamburg zu diesem kleinen Übertragungswagen einer belgischen Firma auf einem dunklen Feld in der Nähe von Paris. Live-Berichterstattung hängt noch an viel umständlicher Technologie, die kleinen Satellitenrucksäcke und Smartphones existieren noch nicht.

Ich spreche mit den Technikern in Hamburg, alles ist bereit. Aber die Anmeldung für die Leitung kommt nicht, sie würde grünes Licht für die Übertragung bedeuten. Sie ist die papiergewordene Form, die den Inhalt möglich macht. Sie würde auch später erlauben, eine freie Firma aus Belgien für die Übertragung zu bezahlen.

Ich bin verärgert, auch in meiner Eitelkeit gekränkt. Wozu waren wir so schnell? Es kommt noch kläglicher: der Film, der um 20 Uhr in der Tagesschau läuft, enthält keine Sekunde von unseren vorherigen Aufnahmen. Meine Hyper-super-exklusiv-Kassette, von Jean-Jacques angeliefert, ist magisch verschwunden, ich fasse es nicht, die Kollegen kommen bestens ohne unser Material aus. Das zuverlässige Rotlicht der Studiokamera geht an – und sie erzählen in zahllosen Sendungen Tragisches, aber mit Fernblick.

Inzwischen lästern meine neuen belgischen Freunde über die umständlichen deutschen Sender, und ich platze fast vor Wut, als ich aus Deutschland angerufen werde: »Wo steckst du denn, arbeitest du nicht?« Die verfluchte Anmeldung ist auch noch nicht zu Beginn der Tagesthemen dort, wo sie sein soll. Erst um Mitternacht klappt das, was mein Scoop sein sollte, im ARD-Nachtmagazin erzähle ich vom Drama, das längst eingehegt ist. Nichts altert schneller als Fernsehbilder von *breaking news*. Im Zeugnis würde man schreiben: sie hat sich bemüht.

So war es eben: ich mochte nicht die Live-Schalten ins Studio, ich liebte Filmbeiträge, mit Anfang, Mitte und Ende, und ich nannte sie nie »Stück« oder »MAZ« oder »Videoclip«. Das Gemachte war für mich relevanter als der Macher, die Macherin.

Mich bewegte – wie ein Kriechstrom, dem nicht beizukommen ist –, dass »mein« Journalismus allmählich vorgestrig wurde, aus der Gegenwart herausfiel, die Zukunft nicht packte. Die Zukunft hieß Sofortismus, Instant-Berichterstattung: Agenturmaterial einkaufen und darüber eine Textsoße – fertig. Das Rotlicht der Studiokamera mehr zu lieben als den Rucksack des Reporters, so ungefähr. Außerdem sah ich einen Reportage-Stil aufkommen, bei dem es mehr um die Befindlichkeit des Journalisten, der Reporterin ging als um das Thema selbst. Die Ich-Erzählung, die Emotionalisierung wurden Trend, angeblich zuschauernah. Aus Artikeln und Filmen wurden »Produkte« oder »Stücke«, aus dem Kulturgut Journalismus wurde ein Wirtschaftsgut namens »Content«. »Benchmarking«, »Audience-Flow«, »Controlling«, »Performance« tauchten als »Tools« eines angesagten Superprofessionalismus auf. Recherche- und Drehreisen waren teuer und bremsten den Output, viel einfacher und preiswerter war es doch, zu den Kameras in einem aufgemotzten Studio zu sprechen. Insbesondere in den USA hatte sich durchgesetzt, dass Nachrichten nur noch »bebildert« wurden, Moderatorinnen machten Interviews, daneben ploppten in Dauerschleifen Bildchen von der »Realität« vor Ort auf. In der Unterhaltung machte der »split screen«, der geteilte Bildschirm, Furore. Und wie Jack Bauer in der Serie »24« begannen Journalisten, so viel optische und akustische Reize wie möglich in eine Information zu packen. Bam! Tusch! Schreck! Wir quetschen Realität in kleine Vierecke! Der Bildschirm weckt Gefühle!

Ich wollte aber nicht ablenken und zerstreuen. Ich wollte selber sehen, hören, verstehen, was in den Vororten, den *banlieus,* geschah, wo Bewohner gewalttätig wurden und Autos anzündeten. Wo Arbeitsämter diejenigen aussortierten, die den falschen Nachnamen hatten. Wo Jugendarbeitslosigkeit und verwahrloste Infrastruktur die Menschen klein und wütend machten. Wo Jugendliche mit schwarzer oder brauner Haut als dreckige Araber beschimpft und bei Polizeieinsätzen erschossen wurden. Wir fuhren nach Toulouse, der Stadt im Südwesten, zum Vorort Le Mirail. Wie in vielen Banlieus überwältigte zunächst die brutalistische Architektur der 60er- und 70er-Jahre. Riesige, miteinander verbundene Betonteile behausten Zehntausende Menschen, dazwischen gutgemeinte Grünanlagen, die allmählich verwahrlosten, so wie die Hauseingänge und Fassaden und Aufzüge. Die ursprünglich erhoffte Mischung von Arbeiter- und Mittelschicht kam nie zustande, Le Mirail war Armenviertel, vor allem Menschen aus den früheren Kolonien Frankreichs hatten sich hier niedergelassen.

Le Mirail brannte tagelang, weil die Polizei auf zwei unbewaffnete Jugendliche geschossen hatte. Ein Junge namens Pipo, der ein Auto geklaut hatte, war verblutet. Und solche Gewaltakte wiederholten sich in Paris, Straßburg, Marseille.

Ich hatte gelesen, dass schwarze und braune Jugendliche ein Stadtteilprojekt begonnen hatten, um das schlechte Image der Gegend zu verbessern und vor allem mit den wenigen weißen Nachbarn ins Gespräch zu kommen. Khader, 18 Jahre alt, und Farid, 21, waren ernsthaft daran interessiert, dem deutschen Team zu erzählen, wie das Leben im Ghetto sich jenseits der Nachrichtenbilder abspielte. Jeden Tag erfuhren sie die kleinen und großen Stiche eines Rassismus, der sich mit einer schreienden sozialen Ungleichheit gepaart hatte. Chancen kannten sie nicht. Wenn sie sich um Stellen bewarben, zerschmetterte die falsche Adresse jede Aussicht. Putzen, Lager aufräumen, das waren die Perspektiven für sie. Weil sie kein Geld für Fahrkarten in die Stadtmitte hatten, bekamen sie als Schwarzfahrer weiteren Ärger, und Polizisten warteten schon an der Metrostation, um ihre Papiere zu überprüfen. Wenn sie Autos knackten, um aus Le Mirail herauszukommen, landeten sie vor dem Jugendgericht. Solche Typen waren im schönen Zentrum nicht erwünscht. Sie durften nicht die schicken Bars der Innenstadt betreten, »… weil schon zwei von euch *bougnoules* da sind.« Rassismus pur. Die Eltern, Immigranten, waren oft genug arbeitslos, und die weißen Nachbarn schotteten sich ab.

Aber Khader und Farid hatten etwas gefunden, das sich wie Sinn anfühlte: den Verein »9-bis«, benannt nach einem tristen Hauseingang im Betonmoloch. Der einzige Jugendklub in der Nachbarschaft drohte geschlossen zu werden, weil die Sozialarbeiter und Nachhilfelehrerinnen sich zu stark für die Jungen einsetzten und deren Protest gegen die Polizeieinsätze nachvollziehen konnten. Noch hatte er aber bis 21 Uhr abends auf, tagsüber konnten Schulkinder hier Hausaufgaben erledigen, einfach abhängen, algerische Rai-Musik hören, Zeitungen lesen lernen oder im Boxclub nebenan ihre Frustration kleinkloppen. Oder eben Flugblätter schreiben gegen die Aussichtslosigkeit. Mit 16 nichts zu haben, nichts zu hoffen. Nicht gehört zu werden. *Rien ne bouge* – nichts bewegt sich. Khader und Farid waren so etwas wie meine Fremdenführer in diese Welt.

Eines Abends nahmen sie mich mit zu einer Schlichtung zwischen den Jugendbanden und den Bewohnern eines Hochhauses, wo überwiegend Weiße lebten. Sieben Autos, die davor parkten, waren vor wenigen Tagen angezündet worden.

Die Feindbilder – scharf gestochen. Während die Weißen nun eine Bürgerwehr gründeten, wollten sich die Jugendlichen gegen die Rassisten wehren. Arm gegen arm, Vergessene gegen Vergessene.

»Die Polizei lässt sich nicht blicken wegen dieser arabischen Ärsche«, so ein älterer weißer Franzose, »die klauen unsere Autos, die zünden alles an ...«

»Es geht aber nicht um Hautfarbe, es geht um Jobs. Die fehlen allen hier«, so Khaled.

»Wir müssen die Unruhestifter loswerden, die Gegend sauberwaschen.«

»Sie haben Pipo sterben lassen wie einen Hund.«

»Die Polizisten sind doch auch Opfer dieser ewigen Gewalt.« Alle erzählten nur ihre eigenen Erfahrungen. *Rien ne bouge.* Am Ende sagte Farid etwas Schlaues: »Mit Gewalt wird man gehört, mit Dialog wird man verstanden.« Nicken ringsum. Khaled und Farid, so vernünftig, so positiv, so glaubwürdig. Sie würden sich aus der Misere befreien, meine Hoffnungsträger!

Weil sie hilfreich die Kamera- und Tonausrüstung geschleppt und mit aufgebaut hatten, dachte ich sogar daran, ihnen ein Praktikum beim Fernsehen zu besorgen, und sie sollten am Anfang bei mir im schönen 8. Arrondissement wohnen können und in Paris ihr Glück finden. Endlich etwas Praktisches gegen die Ungerechtigkeit, endlich ein Happy End. Umso mehr erschüttert war ich, als ich ein paar Monate später von einer Toulouser Freundin einen Zeitungsartikel bekam über eine berüchtigte Jugendbande in Le Mirail, die regelmäßig Tankstellen überfiel und deren Anführer nun gefasst wurden. Groß abgebildet: meine beiden Vorzeige-Ghetto-Boys. Khaled und Farid.

Eines Tages lag ein Umschlag aus grauem Umweltpapier im Briefkasten, deutscher Poststempel – der Inhalt würde mich wochenlang aufwühlen. Doch zunächst vermutete ich ein banales Knöllchen für Falschparken oder Geschwindigkeitsübertretung, irgendetwas Bürokratisch-Ärgerliches von meinem jüngsten Besuch in Köln. Der Umschlag blieb ein paar Tage liegen. Dann ein schneller Scan, aha, Bundespräsidialamt, Datum, Ort. Irgendjemand hatte mich wohl zu einer Feier eingeladen. Nicht weitergelesen.

Und erst nach Tagen den Brief verstanden: Ich selbst war gemeint, ein Bundesverdienstkreuz für journalistische Verdienste in Russland, für Wissensvermittlung. Erstarren, schwitzen, lächeln, zweifeln, alles auf einmal. Vor allem ein Gefühl: Jetzt gehöre ich dazu. Zu Deutschland? Zum Establishment? Zur Riege großer Kollegen? Da war ein Schwanken, gleichzeitig dankbar und verunsichert, und mit der Eitelkeit mischte sich etwas Antiautoritäres, war ich denn schon so alt und satt? Angepasst? Als ein alter Ex-Chef schmallippig murmelte, »so etwas« nie anzunehmen, und ein älterer Noch-Chef es kränkend fand, dass nun »eine Reporterin noch vor ihren Vorgesetzten ausgezeichnet« wurde, wusste ich, dass ich dieses Kreuz annehmen würde. Ich bin sicher, dass alle Migrantenkinder die Symbolkraft nachvollziehen können. So freute ich mich im Schloss Bellevue und stand gleichzeitig schüchtern herum und hatte etwas mit dem Schauspieler Peter Ustinov gemein, der hier ebenfalls von Bundespräsident Roman Herzog gelobt wurde. Im Publikum strahlte meine Mutter, später hängte sie ein Foto vom Bundespräsidenten und mir ins Wohnzimmer, das einzige Mal, dass sie »einem von der CDU etwas Gutes abringen« konnte.

Ab jetzt Deutsch mit Goldrand also. Ohnehin befasste ich

mich oft mit meiner Herkunft. Gerade in Frankreich stellte ich mich gern als europäischer Bastard, als englisch-deutscher Jugomix dar, und wenn es ganz groß werden sollte, als kosmopolitisch und Weltbürgerin. Doch dann fiel es dem Präsidenten Noch-Jugoslawiens, Slobodan Miloševic, ein, in der Provinz Kosovo die albanische Mehrheit zu vertreiben oder umbringen zu lassen, und plötzlich war ich eine halbe Serbin.

Halbe Serbin – ein Krieg nimmt mir Jugoslawien

Im Februar 1999 sollte im Jagdschloss Rambouillet bei Paris zwischen den Kosovo-Albanern und der Führung Jugoslawiens ein Friedensvertrag verhandelt werden, vermittelt von den USA, der EU und Russland, der sogenannten Kontaktgruppe. Täglich berichteten Hunderte von Journalisten aus aller Welt, manchmal im Stundentakt. Die kleine Stadt brummte und summte wegen der Medieninvasion, Vermieter von ramponierten Wohnungen und kargen Zimmern verdienten bestens, denn das Geschwindigkeitsdiktat der Aktualität erlaubte keine zeitfressenden Fahrten zurück ins Studio. Wir übernachteten also bei einer Madame Knoll, müllten das Zimmer, in das zwei mobile Schneidetische hineingequetscht wurden, mit Broten, Schokolade, Kaffee zu. Cutterin und Techniker machten aus Unmengen Videomaterial, das ewig gleich aussah, so etwas wie relevante Nachrichten. Wie üblich: die ankommenden Limousinen, die abfahrenden Limousinen, die Pressekonferenzen, der bewachte Zaun um das Schloss, wo mächtige Außenminister konferierten. Manchmal ein paar Aufnahmen des Städtchens, damit man texten konnte: »… im beschaulichen Rambouillet wird über Krieg und Frieden entschieden …« Oder: »… hinter der Schlossfassade tagen die Konfliktparteien …«

Konflikt? Über viele Monate hatte man täglich von Massakern an albanischen Zivilisten erfahren und von brutalen Vertreibungen, Vergewaltigungen, Plünderungen durch serbische Milizen und Armeeangehörige. Hunderttausende waren auf der Flucht, die Bilder quälten die Öffentlichkeit, machten wütend. Was passierte dort im Namen eines gewaltbereiten Nationalismus der jugoslawischen Führung und ihrer Killerkommandos vor Ort? Und wer waren diese martialischen UÇK-Männer auf albanischer Seite? Irgendwann fingen Nachrichtensprecher an, »Genozid« zu sagen. Im »europäischen Haus« waren die Monster los, und Friedensverhandlungen sollten sie stoppen.

Rambouillet war medialer Brennpunkt: Ü-Wagen, Kamerateams, Taxis, Polizisten, Journalisten, Demonstranten, Neugierige vermengten sich zu einem Grundton aufgeregter Erwartung. Nachrichtensendungen fraßen unersättlich, 24/7, nie gab es Ruhe. Und von vornherein waren wir Journalisten Teil der Legitimierungsmaschine, die mitentscheiden würde, ob zu Hause vor den Bildschirmen ein Krieg um den Kosovo moralisch vertretbar wäre. Der große amerikanische Verleger Joseph Pulitzer sah es schon ein Jahrhundert vorher glasklar: »Öffentlichkeit, Öffentlichkeit, Öffentlichkeit – ist der größte moralische Machtfaktor in unserer Gesellschaft.«

In Seminaren hatte ich oft dazu doziert: Gerade kriegführende Demokratien brauchten die Medien, um sich Massenzustimmung in der eigenen Bevölkerung zu sichern. Die eigenen Toten, zivile Opfer auf der Gegnerseite, der Verbrauch von Waffen, Steuermillionen mussten ja gerechtfertigt sein. Dies geschah immer weniger in den Parlamenten und immer mehr auf dem Bildschirm. Aber darüber mitten im Geschehen nachzudenken – undenkbar. Die Aktualität war meine strenge Herrin und ließ Herumphilosophieren nicht zu.

In unserer überteuerten Bleibe fütterte uns Madame Knoll zuverlässig mit Streuselkuchen, sie war vor allem neugierig und machte allzu gern den kleinen Schneideraum noch enger. Jamie, ein englischer Praktikant, rannte mit den fertigen Kassetten zwischen Wohnung und Ü-Wagen der weltweit übertragenden European Broadcasting Union EBU hin und her, und ich fragte jeden Tag die Namen der Akteure ab, ein bisschen Politikunterricht konnte ihm nicht schaden: Madeleine Albright, US-Außenministerin, der Deutsche Joschka Fischer, der Franzose Hubert Védrine. Die vielsilbigen Namen der serbischen und albanischen Vertreter verhaspelte nicht nur er.

Täglich wurden die Rituale geübter: um 12 oder 13 oder 14 oder 15 Uhr standen wir globalen Journalisten in einer Reihe vor dem Schloss und sendeten live, was man am Mittag erfahren hatte, meist aus Verlautbarungen der Kontaktgruppe. Besonders pragmatisch arbeitete der CNN-Tross. Christiane Amanpour, die direkt neben mir in die Kamera sprach, gab den Wortlaut des Sprechers von US-Außenministerin Albright wieder: James Rubin. Ihr eigener Mann. Das sparte uns einige Recherche zur Haltung der US-Diplomatie. Die serbische Delegation wiederum machte es uns schwer, man fand ihre schwachbesuchten Pressekonferenzen nirgendwo oder zu spät, meist wurde serbokroatisch gesprochen, die Kommuniqués waren spärlich und nichtssagend. Die albanische Seite dagegen schenkte den Medienvertretern gute Bilder – regelmäßig organisierte sie Demonstrationen vor Ort.

Professionell befand ich mich tagtäglich auf einer industriellen Fertigungsstraße, ein Baustein von vielen, zur Unpar-

teilichkeit verpflichtet. Und emotional? Ich war Europäerin –
das genügte doch? Oder plötzlich doch eine halbe Serbin?

Mein jugoslawischer Vater war nach dem Zweiten Weltkrieg nach Oxford ausgewandert, hatte dort eine Deutsche
mit italienischem Einschlag geheiratet. Nation, Heimatland, Volk – für meine jungen Eltern überholte Begriffe von
vorgestern. »Jugoslawien« – das war für mich als englisches
Kind gleichbedeutend mit einer dunkelhaarigen Verwandtschaft in einem sehr schönen Ferienland. »Yugoslavia« war
das andere, es wurde besungen und ersehnt, und so war ich
hoffnungsfroh als Achtjährige zum ersten Mal dahin gefah-
ren, mit dem Zug von London über Paris und Mailand nach
Zagreb, wo mich Draško, der Bruder meines Vaters, abholte
und mit mir in den Zug Richtung Belgrad umstieg. Erste
Klasse, denn er war Direktor irgendeiner der vielen staat-
lichen Im- und Exportagenturen, verdiente gut und liebte
beste Hotels, große Auftritte. Etwa 80 Kilometer vor der
Hauptstadt stiegen wir aus, in Sremska Mitrovica in der Provinz Wojwodina. Um das englische Großstadtkind zu be-
geistern, stand eine Pferdekutsche am Bahnhof, ich kam mir
wie eine Prinzessin vor, als wir zum Haus der Großmutter
trabten. Ein einstöckiger Bau mit langer Veranda und Garten und Hühnerschuppen, nicht weit vom Flussufer entfernt.
Überwiegend Serben lebten hier, aber unter den 80 000 Einwohnern waren Kroaten und Ungarn starke Minderheiten.
Mein Onkel hatte eine Slowenin, meine Tante einen Bosnier
geheiratet, die Freunde waren Kroaten. Wie sich die Nachbarn meiner Großmutter Bojana bezeichneten, war herzlich
egal – sie waren eben auch Jugoslawen. Nur an kirchlichen
Feiertagen waren die ethnischen Linien kurz sichtbar, den
Kirchen war eine gewisse Freiheit gestattet im kommunis-

tischen Staat. Wenn also die Familie Mikić den Namenstag ihres Schutzheiligen Nikolai feierte, kamen Freunde, Nachbarn, Kollegen zum halb öffentlichen Festessen. Ich erinnere mich an eine wunderbare Speise aus Weizenkörnern, Nüssen und Muskatnuss, weich und süß, *zito*. Jede Familie hatte ein eigenes Rezept, fast religiös geehrt, nur bei sehr feierlichen Anlässen wurde es hergestellt, darauf achtete die Großmutter streng. Das war sie den vielen klerikalen Vorfahren in der Familie schuldig. Auch ließ sie mich sonntags in der Kirche Ikonen küssen, was ich ein wenig eklig fand. Die heilige Aura schien jedoch alle Bakterien abzutöten.

Vor ihrem Haus an der dahinrollenden Sava, die 80 Kilometer weiter in die Donau mündete, spielte ich mit Freundin Ceca, ihrem Bruder Toza und Kusine Jasna, holte zum ersten Mal Eier von leibhaftigen Hühnern, lernte leidlich die kyrillische Schrift. Hier brachte mir meine schöne Tante Jovanka das Fahrradfahren bei und stopfte mich mit Palatschinken voll. Den Teig dazu rührte sie auf der Veranda an. Oder sie lehrte mich schwimmen im Fluss, aber nur dort, »wo du noch stehen kannst«. Zu viele Freizeitboote und Transportschiffe verhinderten, dass ich, Mutprobe, auf die andere Seite gelangen würde. Vielleicht fand die Tante aber auch das Wasser zu trüb.

Manchmal liefen wir Mädchen zu römischen Ruinen mitten in der Stadt, die noch niemand besonders für Touristen aufgerüscht hatte. Wir lernten, dass Sirmium einst Provinzhauptstadt und Verkehrsknotenpunkt des Römischen Reichs war, das fand ich außerordentlich aufregend und machte die allerersten Fotos meines Lebens davon. Mein Vater hatte mir eine kleine Zeiss für die Reise mitgegeben. Ich versuchte auch, vergeblich, die Bienen zu fotografieren, die Onkel Draško gekauft hatte. Eine dicke Königin und deren

Bedienstete trug er stolz in einem Holzkörbchen herum. Den erhofften Honig bekam ich nie zu sehen, vermutlich hatte er kein Talent fürs Züchten, nicht glamourös genug. Dafür brachte er mir ein melancholisches Soldatenlied aus dem Ersten Weltkrieg bei, »Tamo daleko«. Die Sehnsucht nach der fernen Heimat und Familie und Ikonen und Zitronen besang ich total begeistert, ohne allzu viel zu verstehen. Und er bedankte sich mit nicht enden wollenden, gefühlvollen Gedichten über die Ausgewanderten und Exilanten in aller Welt. Meine geplagten Verwandten seufzten, wenn auch höflich, wenn er und ich wieder loslegten mit dem Wettbewerb der Sentimentalitäten.

Später, nach dem Abitur, fuhr ich wie viele mit dem Auto nach »Jugo«. Diese ersten Ferien ohne Eltern oder Familie rochen nach wildem Zelten unter Pinienbäumen, nach richtigen Tomaten und Ćevapčići mit Holzkohlenduft. Ich erinnere einen jungen Süden, der nicht so fein wie Südfrankreich oder modisch wie Italien war. Und dass wir schon in den 1960er-Jahren den SPIEGEL am Kiosk kaufen konnten und dass die Jugendlichen dort Jeans und Minis trugen, Rock hörten und die besten Partys machten. Die Kulturszene war vielfältig und relativ frei, die Architektur ultramodern und provokant, an den Unis wurden französische und deutsche Philosophen gelesen. Weil der charismatische Staatschef Tito den Sowjets die Stirn bot, weil er der Sprecher der »Blockfreien« war und von Indien über Malta bis Afrika Gewicht hatte, interessierten sich viele westliche Staaten für Handelsbeziehungen und Austausch. Das half der wirtschaftlichen Entwicklung, die BRD war zwischendurch der größte Außenhandelspartner Jugoslawiens. Und den Deutschen schmeckte diese Variante des wilden Balkans sehr, noch vor den italienischen Restaurants waren die Jugos da, sehr erfolgreich.

Nicht Demokratie, nicht Diktatur. Das sozialistische Jugoslawien war der »Dritte Weg« zwischen Ostblock und kapitalistischem Westen und darum für mich linke Studentin von überdurchschnittlicher Ausstrahlung. »Das goldene Kind des Westens, das süßeste der Ostbabys«, nicht nur Literatinnen fanden die Jugos cool. Hollywoodstars und gekrönte Häupter kamen zu Besuch, machten lange Urlaube oder Filme auf dem Balkan. Und ich, ich liebte das politische und das *swinging* Belgrad.

Der »Autoput« war 1200 Kilometer Reisequal für Hunderttausende Gastarbeiterfamilien auf dem Weg nach Novi Sad oder Titograd, wie Skopje damals hieß. Beschleunigen war Mutprobe auf dieser gewaltigen Strecke nach Montenegro, Griechenland oder zur Türkei, jeder wollte sie so schnell wie möglich bestehen, ob LKW oder Opel Kapitän, gebraucht und überladen mit Kindern und Koffern. Unsereins schluckte Hallo-Wach-Tabletten mit viel Kaffee, um die Strecke ohne Übernachtung im lahmen R4 in 24 Stunden zu schaffen, und wir aßen Spießchen an Straßenständen oder tranken seltsame Jugo-Colas, sozialistische Eigenmarken, in den Restaurants. Die Kellnerinnen trugen ungewöhnliche, zehenfreie Stoffstiefeletten, deren Exotismus mich neidisch machte. Ach, die südländischen Frauen – die deutschen Männer damals nannten sie »rassig«.

Schlaglöcher oder die schlechte Beleuchtung der vielen Heuwagen oder Mopeds, mit denen wir um ein bisschen Asphalt konkurrierten, schreckten nicht ab. Die vielen Zastavas, oft 1300er-Modelle in diesem etwas misslungenen Ziegelrot, hatten Spaß daran, den West-Wagen voller West-Studenten abzuhängen. Niemand hielt sich ernsthaft an die vage vorgeschlagenen Fahrspuren. Oft genug sahen wir Schrott und Blut am Rande der Balkan-Autobahn, an der aber kein Weg vorbeiführte, wenn unsereins in den magischen Süden und die anderen einfach nach Hause wollten. Die Autoput-Junkies gaben sich Tipps, der Abschnitt kurz vor Sremska Mitrovica, wo das größte Gefängnis des Landes stand, galt als besonders tückisch. Ausgerechnet meine Quasi-Heimat. Über die dort einsitzenden Dissidenten und Tito-Gegner wussten wir weniger als über nächtliche Szenarios mit müden Uniformierten und Sanitätern, die die Spuren eines weiteren mörderischen Unfalls wegräumten. Hinter Belgrad benahm sich der Autoput erfahrungsgemäß besser, auch wenn Polizisten tatsächlich ein paar Dinare persönliche Maut wollten und unseren Glauben an den jugoslawischen Sonderweg im Kommunismus etwas trübten. Transitstrecke – das hieß Grauen und Glück, hieß Übergang von deutscher Verbindlichkeit zu balkanesischem Soul.

Meine Cousine Jasna wurde Stewardess bei der JAT, flog zum Urlauben nach Mexiko oder Singapur und nahm es an Weltläufigkeit mit jedem It-Girl des Kapitalismus auf. Was sie nicht hinderte, Rassistin zu sein, wenn sie über Kosovo-Albaner sprach: »Sonia, they are dirty and they breed like rabbits«, schmutzig und kinderreich. Ich nahm ihre üblen Vorurteile nicht ernst. Jugoslawien erkannte doch die Ethnien – die Slowenen, Kroaten, Serben, Makedonier, Montenegriner und Bosniaken – als gleichberechtigt an, und der Kosovo hatte doch auf dem Papier autonomen Status? Jasna war einfach arrogant und rückständig in meiner Sicht, dagegen wurde meine Freundin Ceca Sozialistin, die an einen Staat glaubte, der blockfrei und krisenfest sein sollte, tolerant und gerecht. Sie war Jugendfunktionärin, roter Adel sozusagen, reiste durch die ganze Welt und stellte sich stolz als »Jugoslawin« vor – so kosmopolitisch.

Kurz nach Titos Tod, in den frühen 90ern, noch bevor ich nach Moskau übersiedelte, besuchte ich wieder einmal Familie und Freunde. Die Uhren waren plötzlich um Jahrzehnte zurückgestellt, dafür sorgten zwei Männer: der serbische Präsident Milošević und der kroatische Präsident Tudjman. Weil beide sich ausschließlich für den eigenen Machterhalt interessierten, nutzten sie die Ängste ihrer Völker und den wirtschaftlichen Niedergang zu einem Bruderkrieg aus. In ihrem Namen meldeten sich junge Freiwillige zur Front, zum Töten.

Essen mit der Familie. Manche hatte ich 15 Jahre lang nicht mehr gesehen. Es war die Heimkehr der verlorenen Tochter, und sie hatten tatsächlich ein Zicklein geschlachtet. Und dann schwere Kost mit Tafelsilber und russischem Porzellan. Im Hintergrund verbreitete das Fernsehen abwechselnd Alarm- und Triumphgefühle. Serbische Milizen verbrannten eine kroatische Flagge in einer »befreiten« Straße. Ich höhnte über die leeren Rituale und wurde dann belehrt:

»Wenn wir Serben das Schachbrettmuster auf dem kroatischen Wappen sehen, dann ist das so, als wenn bei euch in Deutschland eine Hakenkreuzfahne weht. Was lernt ihr eigentlich in der Schule?«

Deutschland war nicht nur für meine Tischgenossen zum Vierten Reich mutiert. Als die Mauer 1989 fiel, davon waren viele Serben überzeugt, entwickelten deutsche Politiker einen Plan zur modernen Kolonisierung Osteuropas. Ein riesiges Hinterland mit billigen Rohstoffen und Arbeitskräften. Außenminister Genscher – der bedrohliche Stratege. Verschwörungserzählungen mischten sich mit Opfermythen. »Aber was ist mit der Diskriminierung der Minderheiten, mit den Träumen von Großserbien?«, bohrte ich nach.

»Ach was«, wehrte Tante Jovanka ab, »davon träumen nur Spinner oder Extremisten. Aber Großdeutschland existiert bereits jetzt, seitdem die Mauer weg ist.«

Tag und Nacht lief das Staatsfernsehen. Ich bekam sie stundenlang in den serbischen Nachrichtensendungen präsentiert, die patriotischen Übermänner. Wie obszön, wenn sie ihre Gewehre gedankenverloren liebkosten. Wie schaurig, wenn sie sich auf ihren Panzern filmen ließen, breitbeinig stehend, zum Bund zusammengeschweißt. Und natürlich ragte das Panzerrohr fürs Foto zum Himmel hoch. Und natürlich sagten sie den Reportern: »Wir sind die Härtesten, wir kommen überall durch.«
»Die Friedensbewegung ist ohnmächtig«, erzählte Ceca nun, die Freundin aus Kindestagen. Und trotzdem zündete sie Abend für Abend mit ein paar weiteren Pazifisten Kerzen an einem Platz in Belgrad an – von der Öffentlichkeit vollkommen ignoriert. Deserteure wurden eine kurze Zeit versteckt, aber zu mehr reichte die Kraft nicht. Wer für Dialog oder schlichtes Hinhören plädierte, war Verräter.

An der Sava, dem Grenzfluss zwischen Serbien und der halb autonomen Provinz Wojwodina, stand eines Abends ein alter serbischer Mann und angelte. Wie viele seiner Generation sprach er ein altertümliches k.u.k. Deutsch. Der Fluss, in dem ich noch als Kind gebadet hatte, sah giftig, müde aus. Der alte Mann schimpfte auf die Fische und behauptete, dass sie drüben auf der serbischen Seite viel zahlreicher, viel besser seien. Plötzlich krallte er sich in meinem Arm fest und wies auf das gegenüberliegende Ufer.
»Tamo Srbija, tamo sloboda.« Dort ist Serbien, dort ist die Freiheit.

»Und die Ustascha beansprucht doch auch die Wojwodina hier. Bis nach Zemun, kurz vor Belgrad, man stelle sich das nur einmal vor!«

Die Tränen standen ihm in den Augen. Weil er am falschen Ufer lebte und Angst vor der kroatischen Ustascha hatte. Ustascha – das hörte ich wieder und wieder, als wären die Horden der kroatischen Faschisten gerade erst vorbeigezogen, taufrisch. Nach einem halben Jahrhundert kam mir das unfassbar irrational vor.

Viele Serben seiner Generation sprachen so. Mein 70-jähriger Onkel Draško zeigte mir Fotos aus seiner Jugend in der Partisanenarmee. Zuvor waren die Bilder immer Quelle großen Spotts in der Familie: »Ach der, der ist doch nur zu den Partisanen gegangen, weil da tolle Frauen waren.«

Doch nun blickte er sehnsüchtig zum Fenster hinaus. Wenn er nur zehn Jahre jünger wäre, könnte er jetzt wieder mitkämpfen gegen die Ustascha. Ich war als Einzige in der Runde erschrocken, als er eine Pistole hervorkramte. Alle serbischen Männer, war er überzeugt, standen bereit – »gegen die Faschisten«.

Im Zweiten Weltkrieg waren die damals unabhängigen Kroaten Waffenbrüder der Nationalsozialisten, und die Ustascha war eine rassistische Blut-und-Boden-Bewegung, die Zigtausende von Serben, Juden, Roma und Sinti in eigene Konzentrationslager verschleppte. Es kam zu grauenhaften Massakern, zu einem Blutrausch, der sogar die deutschen NS-Okkupanten erschreckte. Nach dem Sieg der Partisanen Titos folgten blutige Vergeltungsakte. Massenmorde auf beiden Seiten, die später verdrängt, aber »nicht vergessen« worden waren. Jede Familie hatte solche Geschichten parat, auch meine. Mein Großvater Jovan Mikić war der orthodoxe

Pope des serbischen Dorfes Martinci. Er und seine beiden Söhne standen 1941 auf der Todesliste der kroatischen Faschisten. Deutschsprachige Nachbarn, sogenannte Banat-Schwaben, warnten sie vor den Killerkommandos, und sie retteten sich durch eine waghalsige Flucht über die Sava. Mein damals 15-jähriger Vater schwamm um sein Leben, entkam den Kugeln ganz knapp. Ihr gesamter Besitz ging in Flammen auf, die 18-jährige Tante Jovanka und die Großmutter kamen monatelang ins Lager und erkrankten an Tuberkulose. Draško meldete sich bei den Partisanen Titos und stieg später im Apparat auf, mein Vater wurde Melder bei den ultrarechten Königstreuen und musste nach Kriegsende den kommunistischen Staat verlassen. Wenn sie Jahre später in Urlauben aufeinandertrafen, brach jedes Mal ein ideologischer Zweikampf aus – der arrivierte Jugoslawe gegen den verwestlichten Heimatflüchtigen. Sie brüllten, sie zitierten, sie lasen vor und schrieben die Geschichten immer zum eigenen Vorteil um – Balkan-Style. Massives Essen und Trinken stellte einen zerbrechlichen Waffenstillstand zwischen beiden her, der Onkel ließ leckerste Spanferkel grillen, der Vater brachte reichlich Whisky. Und ich sang mal wieder »Tamo daleko«, das half immer.

Und jetzt stand ich also als ARD-Korrespondentin vor dem Schloss in Rambouillet und hatte Versatzstücke von Nostalgie, Familiengeschichte und Ratlosigkeit in der Seele und den Willen, zu verstehen. Nicht gutheißen, nicht verdammen, einfach verstehen. Ich war diesem Balkan nah und fern, gehörte kindlich dazu und fasste nicht, warum Nationalismus den Verstand wegballerte. Warum bei allen Beteiligten so wenig historisches Wissen verbreitet war.
Als dann die serbischen Vertreter einen demütigenden Ver-

tragsentwurf nicht akzeptierten, der der NATO erlaubt hätte, sich mit bis zu 30 000 Soldaten in ganz Jugoslawien militärisch bewegen zu dürfen, wusste jeder, dass Milošević auf die Souveränität seines Landes beharren würde. NATO-Truppen oder NATO-Bomben, so lautete das Ultimatum. Am 24. März 1999 flogen die Bomber los, überwiegend amerikanische. Ein Luftkrieg ohne UN-Mandat. Henry Kissinger befand rückblickend: »Der Rambouillet-Text (…) war eine Provokation, eine Entschuldigung dafür, mit den Bombardierungen beginnen zu können. Kein Serbe mit Verstand hätte Rambouillet akzeptieren können.«

In Gesprächsrunden oder Talkshows oder Artikeln beschrieb ich den Zwiespalt, den ich professionell und privat empfand. Meine Rolle war die der »Betroffenen«, der »halben Serbin«. Zuständig fürs Emotionale, da ich ja »Familie in Belgrad« hatte. Als meine Cousine Jasna am Telefon berichtete, dass sie nun im Keller ihres Wohnhauses die Luftangriffe der NATO mit Todesangst durchlebte, als andere Verwandte in Novi Sad beschrieben, dass alle Brücken über die Donau zerstört wurden, als ich wenig später selber in Belgrad drehte und Rundfunkkollegen interviewte, die mir weinend vom Tod einer Maskenbildnerin erzählten, weil das Belgrader Telezentrum eben auch zur Infrastruktur des Feindes gehörte, die bombardiert werden musste – da war es schwer, solche Anklagen nicht persönlich zu nehmen. Sie ergänzten die vorherrschende Erzählung vom »sauberen« Luftkrieg, über den es so viele Bilder aus großer Flughöhe gab. Man blickte auf irgendetwas, das vom Himmel herabfiel, und dann eine Explosion, niemals aber auf die Folgen für die Menschen. Der NATO-Krieg war eine Art Spiel, aseptisch, steril – wie ein Video-Game. Konnte es überhaupt eine objektive Darstellung von Tod und Leid auf beiden Seiten geben? War es gerechtfertigt, von serbischen Opfern zu sprechen angesichts des Genozids im Kosovo?

In diesen Wochen war man FÜR oder GEGEN die NATO, schwarz und weiß, Zwischentöne wurden nicht gehört. Wie also meine Abscheu über die serbischen Mörder-Milizen im Kosovo ausdrücken und gleichzeitig zweifeln, ob Bomben auf zivile Ziele in Novi Sad oder Belgrad akzeptabel sind? Wenn ich in Gesprächen versuchte, die Zerrissenheit in Worte zu fassen, waberte zu oft der Verdacht, dass ich irgendwie Verständnis für den Nationalisten Milošević oder zu viel Peter Handke inhaliert hatte. Nein, da war nicht die geringste Sympathie. Es war die Treue zu Jasna, Ceca, Jovanka, Draško, Toza und den anderen, weswegen ich mich manchmal als »Serben-Expertin« instrumentalisieren ließ. Mein Beruf bimste mir die Wahrheit ein, dass das Private nie dem Politischen entkommen kann, mochte ich es noch so sehr verdrängen.

Wegen eines irren Nationalismus ist am Ende »mein« Jugoslawien zu einem Land namens Nirgendwo aus einer Zeit namens Nirgendwann mutiert. Zerrissenheit macht aber nicht nur traurig. Die witzigsten Kritiker der balkanesischen Seelenlage sind die Jugoslawen selbst. Vor einigen Jahren besuchte ich die 24 Kilometer lange Tropfsteinhöhle von Postojna in Slowenien. Deren Besuch war Pflichtprogramm jeder Grundschule des sozialistischen Jugoslawiens, weil dort ein 20 Zentimeter großes zoologisches Wunder lebte, und genau darüber spottete die großartige kroatische Schriftstellerin Dubravka Ugrešić:

»Also, Proteus anguinis oder Grottenolm ... Atmet hauptsächlich durch Kiemen, aber auch über die Haut. Er ist blind, besitzt Arme und Beine, aber auch sie sind unterentwickelt ...

Soll mehrere Jahre ohne Nahrung auskommen können ...
Die pigmentfreie milchig-blasse Haut ist fast durchsichtig.
Man kann kleine durchblutete Kiemen sowie feine Äderchen
erkennen, die seinen Körper und das winzige Herz durchzie-
hen. Kurzum, es handelte sich um einen missglückten Mu-
tanten zwischen Eidechse, Fisch und menschlichem Embryo.
Der Grottenolm war unser, das jugoslawische Wunder. Den
hätten wir statt des roten Sterns auf unsere Staatsfahne setzen sollen.«

Beim vorerst letzten Besuch in Belgrad vor drei Jahren
beharrte ich auf einer Übernachtung im Hotel Jugoslavija,
direkt an der Donau. In den 70ern waren Königin Elisabeth II., Richard Nixon und Willy Brandt hier zu Gast gewesen, der sozialistische Adel aus aller Welt sowieso. Mein
Ex-Partisan-Onkel hatte mich in der Kindheit dort chic aus-
geführt, er fand sich prominent genug. Die breiten Straßen
und Hochhäuser ringsum in diesem Novi Beograd mit der
brutalistischen Architektur waren Visitenkarte des Tito-
Staates, weitläufig und stark ohne irgendwelche historischen
Zitate. Dann schlugen im NATO-Krieg Bomben in die
Luxusherberge ein und vermurksten eine Legende. Heute ist
es gerade mal eine Drei-Sterne-Bleibe – angeschimmelter
Stolz.
Auf dem einst berüchtigten Autoput fahren mein Mann und
ich inzwischen wieder gern von Köln nach Griechenland.
Längst sind die Kollateralschäden des Krieges von damals
vergessen, längst haben EU-Gelder für 1-a-Straßenbelag,
ordentliche Beschilderung und große Parkplätze gesorgt.
Und kein Eselskarren oder Zastava oder Ćecavpčići-Stand
kratzt das moderne Gesamtfeeling dieser Balkanroute an,
geglättete Zivilisation dank Wiederaufbau-Millionen.

Bei einer Montenegro-Reise zum Kindheitsfreund Toza lernte ich aber auch dieses verdammte kapitalistische Raubrittertum kennen, das die ehemaligen Sowjetstaaten und die ehemalige DDR ebenfalls untreuhändig traktiert hatte. Die pittoreske Stadt Kotor liegt in einer weiten Bucht zu Füßen einer Gebirgskette. Sie war im Mittelalter Handelsstadt der Venezianer, und mein Mann und ich liefen vergnügt durch die malerischen Gassen und bewunderten wuchtige Festungsmauern. Das Vergnügen teilten auch Oligarchen und andere Milliardäre. Sie kauften Schnickschnack von Prada, Gucci und Co. in Luxusboutiquen, die sich in die einstigen Stadtpaläste eingenistet hatten, parkten mit ihren grottenhässlichen Riesenmotorjachten die tiefe Bucht zu und verpesteten die Luft und die Schönheit Kotors. Montenegro hatte halt niedrige Dieselpreise, und so wurde eine der attraktivsten Buchten der Adria zur Billigtankstelle für Superreiche.

Eine Fahrstunde von Kotor entfernt liegt das Dorf Djenovici an der Küste. Freund Toza hatte ein altes Haus direkt am Strand, viele Häuser hier waren jahrzehntelang großes Ferienglück für Menschen aus ganz Jugoslawien. Dann kamen die Investoren. Sie kauften gern den Alteingesessenen ein Häuschen ab, bauten davor gewaltige Betonstege ins Wasser, an denen vermutlich die Gorch Fock hätte anlegen können. Eines Tages sah ich einen mattschwarzen Oligarchen-Pott wie aus einem James-Bond-Film in die Bucht einfahren, mit Helikopter an Deck, und war überzeugt, dass er einen Schatten auf die Promenade warf, so riesig hoch war er. Und wir hörten Geschichten von Profitgier und Ehrlosigkeit auch bei den Einheimischen. Der Sohn von Bekannten wollte eins dieser Häuschen am Strand erwerben. Er ging zur alten Besitzerin hin, sie war die Mutter seiner Schulfreundin, und er machte ihr ein Angebot, das sie nicht ablehnen konnte. Dazu legte er eine Pistole auf ihren Tisch. Unerschrocken alarmierte sie alle Freunde, Nachbarinnen, Verwandten, damit hatte er nicht gerechnet, und so gab er seinen Businessplan wieder auf.

Dass die kapitalistische Neuordnung Post-Jugoslawiens zügig vorankam, erlebte ich auch in Ljubljana, der Hauptstadt Sloweniens. Wir aßen im Restaurant des alten Schriftstellerklubs, ich erinnere einen großen Raum mit Holztäfelung und Bildern von Böll und Solschenizyn. Nicht viele Gäste waren da, doch am Nebentisch hielten fünf Männer – zwei Ausländer, drei Slowenen – lautstarke Gespräche auf Englisch, und zwar nicht über Literatur. Super, ein paar Fabriken waren für wenig Geld zu kriegen! Rums, ein paar Tausend Leute entlassen! Zack, EU-Subventionen kassieren! Wir starrten wütend rüber, man konnte der dröhnenden, breitbeinigen Selbstgefälligkeit nicht entkommen. Hahaha, dieses Ex-Jugoslawien, so viel Geld zu scheffeln! Als sie dann noch die blöde Merkel, hahaha, mit ihrer blöden Flüchtlingspolitik kommentierten, hatte ich es satt, stand auf, stellte mich vor sie hin und faltete sie im bestmöglichen, wenn auch lautstarken Englisch zusammen: Dass sie ekelhaft waren, dass sie Menschen wie Abfall behandelten, dass sie keine Ahnung von Werten hatten und den Staub unter Merkels Füßen nicht wert waren. Sie verstummten. Wir waren zufrieden.

Mein Balkan – wenn ich heute vom Autoput aus nach rechts und links schaue, spüre ich einen Phantomschmerz. Weil es dieses Jugoslawien nicht mehr gibt und weil nichts wirklich an seine Stelle getreten ist, es war einmal …

Aber dann ist da der Grottenolm: er meldet sich von Zeit zu Zeit, scheucht mich in ein tanzwahnsinniges Konzert von

Danko Rabrenovič, dem »Balkanizer«, oder er zeigt auf Vinyl aus den 80er-Jahren. Idoli, Električni Orgazam spielten Punk, New Wave und Ska. Die Nach-Tito-Ära brachte trotz Arbeitslosigkeit, Inflationsrekorden und beginnender ethnischer Konflikte einen gewaltigen, kreativen Schub hervor. In der Jugendkultur scherte man sich nicht um kulturelle oder ethnische Grenzen. Der antiautoritäre, weltoffene Soundtrack eines vergoldeten Jugoslawiens ist in den heutigen Klubs in Serbien, Kroatien, Slowenien oder Montenegro wieder auferstanden, alle verstehen dasselbe. Nostalgisch oder cool: Tanz den Jugo!

Colin – irische Risse

W arum weinst du?«, fragt Colins kleiner Sohn, der allein mit mir in der eisigen Familienkapelle von Prehen House beim Sarg stand.

»Ich bin so schrecklich traurig, er war sehr wichtig in meinem Leben.«

»Wer bist du denn?«

Das durfte ich nicht ehrlich beantworten: ich, seine Ex, seine beste Freundin, seine große Romanze. Über ein Jahrzehnt hatten wir Russland, Tschetschenien, Frankreich, USA, Nordirland und Deutschland miteinander geteilt und einen kleinen, sehr bunten Kosmos mit Gleichgesinnten aus aller Welt geschaffen. Wo eben Arbeit oder Zufälle uns hinspülten. Nach dem friedlichen Ende der Beziehung lebte ich als Single in Köln, und Colin Peck versuchte sich als Landadeliger im verwitterten Herrenhaus in Derry. Zurückgekehrt in die Oberschicht, die er einst als erstickend und langweilig empfunden hatte und nun dem verlorenen Sohn die Identität zurückgeben sollte.

»Hier in Londonderry, Sonia, bin ich jemand. In Köln bin ich nur Mr. Mikich, dein Anhängsel, immer in deinem Schatten. Nicht auszuhalten.«

In Moskau war der Anfang unserer Beziehung ein Geheimnis, als wir beide in den 90ern unvermutet in einen doppelten Ehebruch hineinschlitterten. Ähnliche Geheimhaltung stand wieder bei dieser Trauerfeier im Raum. Dutzende Gäste kamen und gingen, und fast alle kannten mich. Doch die Einheimischen verkrampften sich in meiner Nähe und hielten Abstand. Seine Ex-Frau von kurzer Dauer hatte ein riesiges Hochzeitsfoto in der Eingangshalle aufgestellt, um alle zu erinnern, dass Colin ausschließlich Eton und Anwaltsperücke und Schlösser und ihr vor Gott Angetrauter gewesen war, und sie drehte sich betont weg vom verhassten Scheidungsgrund. Die Neffen, die zuvor jahrelang wie Söhne unser Leben geteilt hatten, baten mich, unsichtbar zu werden. Ein Vertreter des reaktionärsten Zweigs der Church of Ireland predigte von Colins Sündenfällen und vom Höllenfeuer. Genau erinnere ich es nicht, aber es durfte auch kein Zimmer im Haus für mich geben, und so landete ich in einem anderen Herrenhaus und teilte ein Bett mit unserer gemeinsamen Freundin Jasmin – wir Aliens, wir Ungewollten. Eine Karikatur von Bestrafung.

Colins Jahrzehnt im Ausland durfte hier und heute nicht existieren, seine Arbeit als Reporter und Kameramann in Tschetschenien, Afghanistan, Irak gab es nicht, seine damaligen Weggefährten waren Chimären und ich Persona non grata. Als rächte sich die eine Epoche seines Lebens an der anderen, aufregenderen, unkontrollierten. Nie zuvor oder danach fühlte ich mich so verleugnet und gedemütigt. Gestrichen, gecancelt. Denn in diesen Kreisen mutierte ich zur Frau mit dem scharlachroten Buchstaben, A wie *adulteress*, Ehebrecherin. Darauf hatte sich eine stockkonservative, ländliche Elite verständigt, alte protestantische Familien und Klerus. Sie waren so heuchlerisch, so selbstherrlich, nahmen jetzt im Tod Colins Leben in Besitz und hatten ihn zuvor allein gelassen. In diesen Stunden habe ich gehasst.

Colin starb, gerade mal 58, in einem sehr großen Landhaus aus dem 17. Jahrhundert, ein Georgian Great House, wie Historiker sagen. Er stürzte nach einem massiven Herzinfarkt frühmorgens auf den Steinboden der Küche. Seine, meine, unsere Freundin Jasmin aus Tschetschenien fand ihn in einer großen Blutlache. Erst am Abend zuvor war sie mit ihrem Sohn Nurdi angekommen, sie hatten sich über ein Jahrzehnt nicht gesehen. Jasmin hatte lange warten müssen, bevor sie als politischer Flüchtling in Frankreich anerkannt war und einen Reisepass besaß. Dies war ihr erster Besuch in Nordirland, längst überfällig und so sehr ersehnt. Wir drei waren einst beste Freunde, Gefährten im Tschetschenienkrieg. Später Nachbarn in Paris, denn sie hatte sich wie beschrieben in Sicherheit bringen müssen vor Islamisten und Verbrecherbanden, die einen Freigeist wie sie lieber tot sahen. Tschetschenien war längst in den Händen eines Mörderpräsidenten, und wo seine Schlägerbanden nicht Angst verbreiteten, taten es versprengte islamistische Killer, und Jasmins Träume von einer freien, demokratischen Republik »Ichkeria«, in der sie beim Rundfunk arbeiten würde – sie waren erstickt vom Sieg eines kriminellen Regimes.

Wir telefonierten, die Kölnerin, die Pariserin, der Brite, und sie schickten gleichzeitig Fotos vom Garten, wie sie dort saßen und Anekdoten von längst vergangenen Abenteuern erzählten. Und wir lachten und weinten am Telefon, weil wir so zufrieden waren, einander zu haben. Auf ewig, ist doch klar. Und darum war dieser Tod am nächsten Tag eigentlich nicht erlaubt.

Am nächsten Morgen starb er also, und Jasmin war allein mit ihrem Sohn und der Leiche in einem großen, kalten Haus und kannte niemanden und sprach kein Englisch und rief mich an. Ich war in einem Konferenzsaal des WDR, mal wieder Strategie, Digitalisierung und Zukunft des WDR und schlechte Luft und große Worte und viele Ichlinge, ich drückte dennoch das Gespräch weg. Zweimal klingelte es, was konnte sie schon um diese Uhrzeit wollen.

Dann eine SMS: »Colin est mort.«

Wie? Tot? Was meint sie, zu viel getrunken? Weg mit dem Handy, ich konzentrierte mich auf die Vorträge.

Die nächste SMS: »Colin est mort. Aide-moi.«

Helfen? Absurder ging es kaum. Während im Saal jemand von der crossmedialen Zukunft und den Herausforderungen für den öffentlich-rechtlichen Rundfunk predigte und mahnte und warnte, hatte ich die liebste Freundin im tiefsten Schock am Telefon und meinen langjährigen Lebensgefährten verloren, 1000 Kilometer entfernt, und musste etwas verstehen und musste etwas tun.

Die Polizei in Londonderry verständigen, die Ex-Freundin Allison, Mutter seiner kleinen Kinder, ausfindig machen, eine Journalistenstiftung in London bitten, auf der Webseite eine Notiz zu posten, diese würde die Branche wahrnehmen. Dann seinen besten Freund Gary in Maine anrufen, den ich bat, zuerst sein Auto anzuhalten. Dann seine Tochter Virginia aus erster Ehe, die ich bat, sich zuerst hinzusetzen, und die mich nur als Hassfigur ihrer Mutter kannte. Tiefschwarze Stunden, in denen man funktioniert und informiert und Telefonnummern recherchiert und nicht weint oder aufschreit oder kotzt.

In Dublin trafen wir uns wenige Wochen später zur Beerdigung, seine Gefährten der anderen Epoche. Jasmin kam wieder aus Paris, Gary flog von den USA herbei, Peter Jouvenal, der berühmte BBC-Kameramann, schaffte es aus Dubai.

Aus Brüssel kam Armin Stauth, mit dem Colin im Irak die legendären *marsh arabs* aufgespürt hatte, die ursprünglichen Bewohner zwischen Euphrat und Tigris. Ich war so dankbar, dass sie mich vor den Verletzungen der kommenden Tage ein wenig schützten.

Als ich Colin im offenen Sarg in der Familienkapelle sah, war ich erstaunt, dann sogar empört, wie klein er wirkte. Zerbrechlich, humorlos, fremd. Als habe der Tod ihn nicht nur an sich reißen, sondern auch stutzen wollen. Die Kapelle im Untergeschoss war feucht und kalt und tröstete so wenig wie die Predigt oder die frommen Lieder. An der Wand hing eine Erinnerungstafel an Rory, seinen in Moskau erschossenen Bruder, meinen Kameramann. Am Anfang und am Ende meiner großen Freude mit Colin Charles Titcombe Peck stand also ein plötzlicher Tod.

»Wer ich bin? Eine alte Freundin.«

Wir lernten uns Anfang der 90er in Moskau kennen, ich war Korrespondentin, er war einer dieser vielen Freelancer-Abenteurer, die den Zusammenbruch der Sowjetunion dokumentierten und von deren – manchmal tollkühnen – Recherchen die großen Fernsehsender profitierten. Eines Tages schlumpfte er ins Moskauer Büro der ARD, abgerissene Barbour-Jacke, schmutzige Stiefel, unverschämtes Grinsen, denn er hatte ein exklusives Video von geheimen russischen Waffenlieferungen an Armenier, die gegen Aserbaidschaner kämpften. Nagorny Karabach war ein kleines Gebiet im Kaukasus, für kurze Zeit von großer politischer Bedeutung und für ein paar Berichte gut. Von solchen Exklusivgeschichten lebten sie, sein älterer Bruder Rory und eine Handvoll weiterer Kameraleute und Fotografen, die sich die Lebensgefahr gut bezahlen ließen. Tausend Dollar am Tag im Kriegsgebiet oder 300 Dollar die Filmminute. Manche waren zuvor bei der Armee gewesen, manche hatten zuvor mit Geheimdiensten, Modefotografie oder NGOs geflirtet. Colin war zuvor Prozessanwalt in London gewesen und unbeirrbarer Abenteurer und dann Journalist.

Wir alle, die Festen und die Freien, die Schreibtischler und Rucksackler vieler Nationalitäten, waren eine kurze Epoche lang Verschworene – denn die Wahrheit und die Komplexität einer neuen Ära im einstigen Imperium mussten erzählt werden. Die Zweiteilung der Welt in Ost und West zerbröckelte, zersprang, zerfiel – aufregender konnte es für Journalisten lange nicht mehr werden. Wir bezeugten, was später Gegenstand der Geschichtsschreibung werden sollte.

August 1991, der erfolglose Putsch der Kommunisten gegen Gorbatschow. Danach taumelten oder kämpften sich die sowjetischen Teilrepubliken in die Unabhängigkeit. Der Kaukasus, der Südrand Russlands, entzündete sich, brach vom Imperium ab. Der Dissident und Schriftsteller Swiad Gamsachurdia wurde Präsident eines freien Georgiens, das dann sofort in ethnische Konflikte zerfiel. Der nächste Präsident hieß Eduard Schewardnadse, den wir Deutschen 1989 als eine Art Friedensopa neben Gorbi hochleben ließen. Der vermochte das Land zu beruhigen, wenn auch nicht gelegentliche Attentatsversuche gegen ihn zu vermeiden. Gut, dass er einen gepanzerten Wagen von der Bundesregierung geschenkt bekommen hatte.

So viele Persönlichkeiten, so viele Geschichten! Ein Traum für Reporter. Was wollte das kleine Volk der Abchasen, das kleine Volk der Osseten? Warum trieben sich tschetschenische Freischärler dort herum? Gleich um die Ecke kämpften die Armenier in der Enklave Nagorny Karabach, und die Aserbaidschaner in der Exklave Nachitschewan. Fast jedes

Tal im Kaukasus schien ein eigenes Schicksal, eine eigene Sprache zu haben. Fünfzig verschiedene Völker/Ethnien/ Minderheiten. Und am Berg Kasbek, 5000 Meter hoch, hing in der Antike Prometheus, der grausam bestraft wurde, weil er gegen den Willen des Göttervaters Zeus den Menschen das Feuer, die Emanzipation gebracht hatte. Adler fraßen ihm die Leber weg, die täglich nachwuchs, damit die Qual nicht aufhörte. Romantisieren war einfach im Kaukasus, denn sowohl Legenden als auch aktuelle Politik stellten im Kern die Frage nach menschlicher Freiheit. Wie viel ist möglich?

Das neue Russland: Die Sogwirkung von Geschichte und Geldmachen war unwiderstehlich. Moskau zog Geschäftsleute, Abenteurer, Neoliberale, Geheimdienstler, Berater an und war – paradox – gleichzeitig dem Hier und Jetzt ergeben und getränkt von Vergangenheit.
Colin und sein Bruder Rory waren meine Freunde, Kollegen. Wie alle nach Jelzins Moskau Geworfene hing man aneinander, wir waren die *expats*, die für ein paar Jahre aus Ausland Heimat machten und tief in Politik, Wirtschaft und Kultur unseres Gastlandes einzutauchen versuchten. Beide Brüder hatten ansteckenden Mut und verbreiteten gute Laune, wenn man sich traf. Ich war selig, mittendrin sein zu dürfen in diesen Jahren voller Aufbrüche, Umbrüche, Zusammenbrüche. Denn ich liebte Moskau, ich bekam Herzklopfen, wenn ich nachts auf dem Roten Platz herumstreifte, für mich der betörendste Ort der Welt. Der Schriftsteller Viktor Jerofejew verglich diesen leicht gewölbten Platz mit einem Mutterbauch, dem Ursprung allen Geschehens – zaristische Massenexekutionen hin, sowjetische Militärparaden her. Es waren die Jahre vor dem Endsieg des Wildost-Kapitalismus und kurz nach dem Verglühen letzter sowjetischer Insignien.

Der Comecon, der Rat für gegenseitige Wirtschaftshilfe der Ostblock-Staaten, löste sich auf. Die strammen Wachen vor Lenins Mausoleum wurden just in diesem Auftakt der Jelzin-Ära abgeschafft. Zum ersten Mal wurden Arbeitslosenzahlen veröffentlicht, die rote Sowjetfahne über dem Kreml wurde eingeholt, im Fernsehen liefen US-Serien wie »Dallas« und nach Zypern und Malta konnte der Tourist des demokratischen Russlands ohne Visum fliegen – Fortschritt! Staatsbetriebe und Wohnungen wurden privatisiert, die Arbeiter und Mieter bekamen Anteilscheine und nannte sich *aktioneri*, um wenig später von ganz Geschickten die Aktien abgeluchst zu bekommen, für wenig Geld oder Plunder. Die Oligarchen betraten die Bühne – Fortschritt! Die junge russische Demokratie war nicht gefestigt, sie taumelte den Erfolgen genauso entgegen wie den Krisen.

Kann ein Beruf von Monat zu Monat glücklicher machen? Ja. Kann Leben sich steigern? Ja. Sechs Jahre im postkommunistischen Russland machten Arbeit zu etwas höchst Sinnvollem, etwas Wunderbarem, gleichzeitig Ehrgeiz und Leichtigkeit. Die gefährliche Extrameile gehen und behaupten, dass alles doch nur Fernsehen ist. Den aufgeblasenen Alphatypen in der Branche eine lange Nase drehen, weil wir dort hingingen, wo es passierte. Alles, um die Story zu bekommen, wie sie sich wirklich abspielte, nicht nur die verdünnte Version, die an Hotelbars und bei Gesprächen mit Presseattachés entstand. Denn wir wussten: Im neuen Russland war alles *smoke and mirrors* – Rauch und Spiegel, magische Illusion. Und nur echte Reporterarbeit, mit den Füßen also, erlaubte einen Blick auf die Wirklichkeit.
Ich erinnere mich an die Tage vor Rorys Tod. Oktober 1993, wir Reporter zeichneten Massenproteste gegen Boris Jelzin

und dessen neoliberalen Wirtschaftskurs auf. Alte Menschen protestierten, weil sie mit dem Verfall des Rubels, mit dem Verlust ihrer sowjetischen Identität haderten. Sie erlebten, wie ihre Ersparnisse wertlos wurden und die Preise für Brot und Wurst nicht mehr fest waren. Sie verstanden nicht, warum Litauen, Georgien oder Usbekistan nun Ausland waren und nicht mehr die gemeinsame Sowjetunion. Andere spürten, dass die kurze Zeit demokratischer Freiheiten zu Ende ging und Jelzin zum Autokraten mutierte. Russland regierte er zunehmend per Dekret, neue Eliten plünderten den gesellschaftlichen Reichtum aus, stopften sich die Taschen voll. Und wieder andere – Nationalisten, Altkommunisten und Faschisten – wollten die westorientierten Kreml-Herren wegputschen.

Oktober 1993: Ein kurzer Bürgerkrieg flackerte, auf wenigen Straßen im Zentrum Moskaus. Rory filmte meine Live-Kommentare für die Nachrichtensendungen, passte auf, dass ich dramatisch und risikofreudig aussah, immer garniert von brennenden Autoreifen, Straßensperren, Barrikaden. Ich war naiv, ich liebte das Adrenalin und die Unentschiedenheit jener Tage. So bildstark. Ohne Zweifel: Die Deutschen daheim interessierten sich für Russland, wir machten relevanten Journalismus, ein gutes Gefühl. Wir produzierten rund um die Uhr. Morgenmagazin, Tagesschau, Sondersendungen und Reportagen ließen Deutschland am Machtkampf zwischen Jelzin und der Opposition fast stündlich teilhaben. Wenn wir nicht auf der Straße waren, hingen wir bis zur Erschöpfung in den Schneideräumen – mehr, mehr, mehr erzählen, erleben, begreifen.

Doch dann verblutete Rory, 36 Jahre alt, in einem Kreuzfeuer von bewaffneten Oppositionellen und den Sicherheitskräften des Innenministeriums. Am Vormittag hatte er sich im

Studio gemeldet, ihn interessierten seit Tagen die Machen-
schaften einiger Offiziere, die Waffen für den Aufstand gegen Jelzin horteten. Sein Bruder Colin und seine Frau Juliet
halfen, Kassetten von den Drehorten ins Studio zu liefern,
alles professionell wie immer. Eher zufällig ging keiner der
Korrespondenten mit, noch wirkte alles wie grobes Muskel-
spiel zwischen den Fronten.

Das letzte Bild von Rory zeigt, wie er auf einem LKW in
Richtung Fernsehzentrum aufbricht, von aufgebrachten
Paramilitärs umringt. Und wenig später dann das Grauen:
Reporter und Zivilisten sterben im Kugelhagel am Fern-
sehzentrum Ostankino. Im Staatsfernsehen zeigt man, wie
Menschen sich zwischen niedrigen Blumenkübeln zu ver-
stecken versuchen. Es gibt keinen Schutz, keine Feuer-
pause. Später sorgt eine Amnestie dafür, dass die genauen
Umstände des Blutbads, bei dem 146 Menschen starben, nie
aufgeklärt wurden.

Vermutlich verstehen es Psychologen besser – Rorys Tod
in meinem geliebten Moskau verknüpfte Colin und mich,
nächtelang sprachen wir darüber, wie weit Journalisten gehen sollen bei der Suche nach Information, welche Verantwortung Redaktionen haben, wie ungesichert Freiberufler
sind. Wir trauerten, wir haderten, wir wüteten in den Monaten danach und wurden ein Paar. Er war gar nicht mein
»Typ«, aber er war neugierig und komisch und ließ sich von
nichts abschrecken außer der Langeweile. Und er wollte wie
ich seine Erlebnisse mit der Welt teilen. Es passte einfach.
Mehr als zehn Jahre lang.

Wenn wieder einmal Vorgesetzte und Kollegen daheim in
Deutschland mir hohle Regeln aufzwangen oder übel nah-
men, dass ich ohne viele Rückfragen und Absprachen den
Sendern wilde Reportagen anbot oder später das Studio un-

konventionell leitete, zeichnete Colin Karikaturen vom widerspenstigen Lamm Sonia, das von diversen Oberhammeln verdroschen und dann vom ritterlichen Schaf Colin Peck gerettet wird: Nimm das, Spießer! Journalismus ist Leben, nicht Vorschriftensammlung!

Und niemand, niemand rezensierte meine Fernsehauftritte so kurz und schön wie er: »You shone like a diamond!« Ja doch, er konnte es viele Jahre gut leiden, wenn ich glänzte. Begleitete mich begeistert zu meiner nächsten Stelle als Studioleiterin in Paris. Und dann nach Köln, wo ich 2002 die Sendung »Monitor« übernahm. Russland war meine Rampe für eine glückliche Karriere. Allmählich wurde ich bekannt.

Wir verbrachten oft Zeit in Nordirland, in Prehen House, hier sah Status freilich anders aus. Seine Mutter Carola plagte mich mit der Frage, ob es nicht Zeit sei, den Fernsehquatsch zu vergessen, umzusiedeln und Schriftstellerin zu werden: »Why don't you give up your silly job and come here and write?« Wie bitte? Der Liebe wegen Journalismus aufgeben, die kleine Prominenz, das zuverlässige Gehalt? Um in einem unheizbaren Haus dem Untergang von antiken Möbeln, Dachziegeln, Fensterläden zuzuschauen?

Carolas Idee von weiblicher Selbstverwirklichung war anders. Sie vertrieb sich die Zeit recht altmodisch mit ausführlichen Korrespondenzen mit Familienmitgliedern und Freunden von Dublin bis New Orleans, von Monaco bis Paris. Ein bisschen Malerei, eine kleine Zucht von furchterregenden Kerry-Blue-Hunden. Sie schrieb mit großer Akribie ein Insiderbuch über die Mitgründerin der Irish Georgian Society, Mariga, geborene Prinzessin von Urach, Großnichte von Kaiserin Sisi, Exzentrikerin, erste Ehefrau von Desmond Guinness aus der Bierdynastie. Mariga hatte mit ihrem

Mann zahlreiche georgianische Bauwerke in Irland vor dem Verfall gerettet, die als Symbole des britischen Kolonialismus vernachlässigt worden waren. Colins Familie gehörte zu den Enthusiasten für alte Architektur und investierte Unsummen, um solche Häuser zu restaurieren. Zunächst Rathbeale Hall bei Dublin, später Prehen House im Norden. Die Häuser waren geldfressende, nie fertig werdende Sisyphosqualen. Colin reparierte, flickte, grub, deckte, malte, sägte, putzte, ergab sich der siechen Schönheit, verzichtete auf jeden Komfort, wozu gab es dicke Pullover und elektrische Heizdecken, und vor den vielen *dinner parties* ging er schon mal Pilze sammeln, die er für sehr teures Geld an lokale Restaurants verkaufte, um sich guten Wein zu leisten. Für uns beide kaufte er eher den Pappkarton-Alkohol. Geldprobleme störten, musste man ertragen, leider. »Never explain, never complain« – nie über Unannehmlichkeiten klagen.

Wenn ich der lokalen Gesellschaft vorgestellt wurde, dann meist nicht als deutsche Fernsehjournalistin *(= silly job)* oder Soziologin M.A., sondern als Enkelin eines serbischen Popen und Sängerin deutschen Liedguts. Zu meinen Aufgaben gehörte das regelmäßige Vorsingen von »Sag mir, wo die Blumen sind« in der großen Bibliothek und zu Weihnachten »Stille Nacht« in der familieneigenen Kapelle vor verzückten, steinalten Protestanten. Mögen sie alle leicht schwerhörig gewesen sein. Und so ungefähr verlief meine Integration, wenn ich ihn schon nicht heiratete.

Mich faszinierte, wie unfertig Nordirland war, Katholik oder Protestant zu sein, lag wie ein Gewicht auf allem Tun. Mal dramatisch schwer und unversöhnlich, mal leicht und lebendig, pragmatisch. Ob jemand von Derry oder Londonderry sprach, legte bereits die Perspektive fest: In Londonderry bekam ich es mit britischen, leicht paranoiden Snobs zu tun, in Derry mit Ex-IRA-Mitgliedern. In deren Stammkneipe machte Colin den Mund möglichst nicht auf, um seinen Oberschichtakzent zu kaschieren. Da saßen dann Männer mit todbleicher Gesichtsfarbe, die viele Jahre im H-Block von Long Kesh abgesessen hatten, dem Hochsicherheitsgefängnis für Paramilitärs beider Seiten, auch wenn katholische Nationalisten bei Weitem überwogen. Politische Gefangene? Kriminelle? Dieselben Fragen, die ich als Studentin hatte. Ihre Frauen hatten harte Lippen und strenge Augen. Sie hielten die Familie und die Große Sache zusammen, während ihre Männer in langen Knastjahren sich weiter für den bewaffneten Widerstand schulten. Irgendwann musste der Norden doch mit der Republik Irland im Süden wieder zusammenkommen? Die tödlichen Jahrzehnte hatten so viel gekostet!

1981 war ich kurz nach dem Studium zum ersten Mal nach Nordirland gereist, politisch interessiert an den *troubles*, wie London die gewalttätigen Auseinandersetzungen zwischen katholischen und protestantischen Paramilitärs und die blutigen Einsätze der britischen Armee vornehm umschrieb. Die Hungerstreiks der IRA-Insassen gingen um die Welt. Sie sahen sich als Kriegsgefangene und weigerten sich, Gefängniskleidung zu tragen und die üblichen Arbeiten zu übernehmen, sie weigerten sich, als gewöhnliche Verbrecher behandelt zu werden. Fotos machte ich von den allgegenwärtigen politischen Wandbildern in der Stadt, die die Gefangenen als moderne Märtyrer porträtierten. Bobby Sands war der Erste, der nach 66 Tagen starb, neun weitere seiner Genossen folgten. Ich lernte beim Fotografieren Siobhan kennen, die mich als Erstes auf der berüchtigten Falls Road im katholischen

Viertel ausfragte, was ich wohl über Bobby Sands wüsste. Ich stotterte mein Zeitungswissen zusammen und bestand die Prüfung.

Siobhan war jung, blond und Überzeugungstäterin. In ihrem Zimmer ein Foto des Papstes, eins von John F. Kennedy und eins, das sie darstellte bei der Beerdigung eines Hungerstreikers, den Sarg mittragend. Sie sammelte Geld, verteilte Flugblätter. Sie machte mich mit Kindern bekannt, die durch britische Gummigeschosse ein Auge verloren hatten. Sie brachte mich zu Gräbern, zu stacheldrahtumzäunten Kneipen, die eher Festungen als Orten der Entspannung glichen. Frauen begegnete ich, die fünf, sechs, sieben Kinder allein großziehen mussten und ihren Männern treu blieben und die Panzerwagen der Briten bespuckten und beschimpften, wenn die ihre Patrouillen durchs Viertel fuhren. An der Eingangstür der Wohnung, in der ich übernachtete, stand ein Baseballschläger, »falls sie kommen«. Drei Tage lang lernte ich TROUBLES mit Großbuchstaben kennen.

Fast 20 Jahre später zeigte mir Colin die Geschichten der Protestanten in Londonderry: ähnliche Wandbilder, ähnliche Armut im Arbeiterviertel, ähnliche Selbst-Verbarrikadierung gegen eine weniger dramatische Zukunft. Und eine britische Oberschicht, die trotz aller Friedensprozesse nach wie vor damit rechnete, dass ihre historischen Häuser nachts in Flammen aufgehen. Wäre ja nicht das erste Mal.

Wer zu wem gehörte, war verblüffend einfach zu sehen: Vor Häusern von Katholiken waren die Bordsteinkanten oft mit den irischen Nationalfarben angemalt, die Protestanten bekundeten im Gegenzug ihre Loyalität zur Queen in Blauweiß-rot. Über katholischen Vierteln wehte schon mal eine Palästinenserfahne, da man sich als unterdrückt und kolonisiert definierte, während Protestanten ihr Durchhalten gegen die kinderreiche Mehrheit ringsum mit dem Davidsstern Israels schmückten. Totems, die ich kaum nachvollziehen konnte.

Und Colin, der in Kneipen seinen britischen Akzent lieber vermied. Also bestellte ich am Tresen – die Deutsche war recht willkommen, und sei es nur, weil Hitler damals den Briten zeigte, wo es langgeht, wie ich zu hören bekam. Der Feind meines Feindes eben. Wenn der Abend gut lief, konnte ich auch Musikwünsche äußern und bekam Folklore satt: »Foggy Dew«, »The Town I loved so well« und viel rebellische Rührseligkeit, die mich glücklich machte und Colin als *blarney,* als Schmus, freundlich ertrug.

Bis die ganz und gar banalen Dynamiken von Klassenzugehörigkeit und Geschlecht begannen, die Liebe zu schreddern. Tochter aus scheckigem Haus vs. Sohn aus alter Familie mit Vorfahren bis zu den Pilgervätern in den USA. Schülerin, die für die Klassenfahrt nach Paris Zuschüsse beantragen musste, vs. Student, der zum 21. Geburtstag von Mummy einen Flug mit der Concorde spendiert bekam. Preisgekrönte ARD-Größe vs. unbekannter Freiberufler, dem Kriege und Abenteuer und Honorare nach vielen Jahren in Moskau und Paris allmählich ausgingen. Er sprach kein Deutsch, er verdiente kaum noch Geld. Er empfand sich immer mehr als Mann-an-ihrer-Seite, als das anonyme »Plus 1« bei Einladungen und Auftritten.

Hatte ich Sensoren für die Erosion seines Selbstwertgefühls? Nein. Als Feministin fand ich es geradezu selbstverständlich, dass Geschlechterrollen mal so und mal so ausfallen, und dachte nicht weiter über männlichen Stolz nach. Und weiblicher Stolz? Ich war das, was ich inzwischen geworden war, aus eigener Kraft. Ohne Privilegien, ohne Protektion. Keine Erbschaft in Sicht, kein Sicherheitsnetz, keine Seilschaft:

»Ich bin ich und kann was, was ist das Problem?« Ein unglaublich sattes, ja, selbstzufriedenes Gefühl, das mich meist zuverlässig trug. Nur eben nicht in der Trauergesellschaft im August 2015 in Nordirland, wo feindselige Menschen in mir eine Art Bodenbakterie sahen.

Er ist tot, und eine Grabrede wurde mir nicht gegönnt, darum einfach hier: Colin war zutiefst interessiert an anderen Menschen, nicht an ihrem Status, ihrer Religion, Hautfarbe oder Nationalität, sondern am Kern ihrer Individualität. Er war gutwillig und sehr lustig. Er liebte es, Menschen zu lieben, sie aufzuziehen, sie stark zu machen. Ich hörte wieder und wieder: Los, trau dich, das wird ein Superspaß. »Go on, I dare you, this will be great fun.« Und dann fuhr ich halt einen schrottreifen LKW über abgeerntete Felder zu einer Kolchose in Russland oder traute mich, ein Wasserflugzeug zu fliegen über die 1001 Seen von Maine in den USA. Oder ich kritisierte im SPIEGEL die Flut von Trallala-Unterhaltungssendungen und die Kürzung der ARD-Politmagazine auf 30 Minuten, ohne vorschriftsmäßig um die Erlaubnis der Pressestelle zu fragen oder mich um beleidigendes Wording zu scheren.

Immer ein Hang zum Unsinn: Bei einem Empfang im Dubliner Chester-Beatty-Museum setzte Colin mich Agnostikerin ausgerechnet neben den Botschafter des Vatikans, mit dem ich nun Konversation über Kirchendokumente und Bibelausgaben zu machen hatte. Bei einem Flug in die USA, für den wir nur Billigtickets hatten, zog er aus der abgerissenen Jacke eine Flasche Champagner, vakuumverpackten geräucherten Lachs und ein Döschen Kaviar, bezirzte die Stewardess, richtiges Geschirr und Gläser zu bringen, und machte dann aus der gesamten Sitzreihe allererste Klasse.

Und in Maine, wo die Familie seit Jahrzehnten ein kleines Ferienhaus am See hatte, beantragte er beim republikanischen Gemeindevorstand, den unbefestigten Anfahrtsweg ausgerechnet »Che-Guevara-Highway« zu nennen. Erfolglos. Obwohl das nun wirklich aufregender klang als »Fire Lane #3«. Auf dieser Feuerwehrzufahrt ins Glück rollen zu können, war wohl sein bestes Geschenk an mich.

Maine – Small Town America

Colin war ein Pass-Amerikaner. Als die Eltern gerade dabei waren, ein altes Ferienhaus der Familie mütterlicherseits zu renovieren, kam er im Krankenhaus von Farmington, Maine, zur Welt, wie wunderbar. Die Vorfahren seiner Mutter gründeten nachweislich im 18. Jahrhundert Siedlungen in Maine, das machte Carola zum Mitglied der patriotischen »Daughters of the American Revolution« und ihn zum kleinen Ami. Er lehrte mich, Maine zu verstehen und zu lieben wie wenige andere Flecken in der Welt. Seit vielen, vielen Jahren besuche ich dieses New England der Pioniere. Jedenfalls meine ich jedes Mal, etwas Unerhörtes und Ungesehenes zu inhalieren. Es ist mehr als Reisen. Es ist so, als wäre diese Gegend ein riesiges Atelier unbegrenzter Möglichkeiten. Erblicken, staunen, aneignen. So geht tiefe Zufriedenheit.

Vertraut bin ich mit den *back roads,* mit den unnummerierten ländlichen Straßen durch die Wälder. Sanft steigen und fallen sie, ab und zu gesäumt von einer roten Scheune, von einem weißen Holzhaus. Auf der Veranda stehen Adirondack-Holzstühle mit den breiten Armlehnen, wo ein Getränk sicher abgestellt werden kann. Vielleicht ist eine Fahne gehisst, das Blau-weiß-rot scheint die kleinen Grasflächen ringsum noch grüner funkeln zu lassen. Seen und

Flüsse haben magische Namen wie Androsoggin, Kennebec, Mattawamkeag. Die Ureinwohner, die Abenaki, nannten einen See in der verballhornten Sprache der weißen Siedler Mooselookmeguntic, da wo Jäger Elche beobachten (und schießen).

Mein eigener kleiner See heißt Clearwater Pond, und das ist nicht gelogen. Er ist sauber und tief, und kalte Quellen unter Wasser lassen unverhofft kleine Blasen steigen. An manchen Sommertagen, wenn Wasser und Luft sich nicht über die Temperatur einigen können, steigen frühmorgens senkrechte Nebelschlieren auf, sie werden *fog devils* genannt und passen zu den unheimlichen Klagerufen der schwarz-weißen Eistaucher, die ihre wolligen Küken auf dem Rücken tragen, wenn sie in Gruppen über den See schwimmen. Gefährliche rote Augen haben die erwachsenen Tiere und einen tödlich spitzen Schnabel. Damit können sie unter Wasser jagend auch große Fische durchbohren. Meistens sind sie aber zufrieden mit den vielen Sonnenbarschen. Auch Kinder fangen die *sun fish* gern, weil es so leicht ist, sie zu übertölpeln. Zuverlässig beißen sie bei jedem Köder zu, und dann muss man sie halt wieder ins Wasser werfen, weil sie viel zu viele Gräten haben und nicht schmecken und am nächsten Tag ja auch wieder geangelt werden muss, nicht wahr? Manchmal keckern die Eistaucher wie irre, ein schrilles Lachen, weswegen sie folgerichtig *loons* genannt werden.

Bis zu den Höhen ringsum hören wir die *loons*. Ein Hügel heißt selbstbewusst Pico Peak, er ist nicht besonders hoch, aber er erlaubt ganz gute Landschaftsfotografie. Um dorthin zu kommen, müssen wir allerdings durch einen privaten Wald wandern, und das ist in den USA nirgendwo eine selbstverständliche Übung. »Keep out! Private property! Keep off!« Auf den Verbotsschildern malen die Besitzer gern ein Gewehr oder zwei, damit es wirklich jeder kapiert. Der unbekannte Besitzer dieses Hügels warnt ebenfalls und droht auf großen braunen Tafeln mit Gefängnis wegen Hausfriedensbruch. Einerseits. Andererseits steht seine Telefonnummer da, und wer anruft, ist hochwillkommen. Und weitere Tafeln laden ein, naiv bemalt mit Elchen und Schmetterlingen und Sprüchen des großen Naturforschers John Muir, der im 19. Jahrhundert so etwas wie ein Öko-Bewegter war: »Storms, thunderclouds, winds in the woods were welcome as friends. May you live all the days of your life.« Genau dieses doppelt intensive Leben in den Wäldern, auch mit Donner und Wind, ist Maine.

Nicht alles ist Idylle und Fotomotiv, natürlich nicht. Wenn ich die *back roads* abfahre, sehe ich Wald und Armut in trauriger Umarmung. Gerade hier an den Kreuzungen stehen, wie hingeworfen und abgeschrieben, alte Trailer, verrottende Holzhäuser, kaputtes Plastikspielzeug, rostende Autos. Die Menschen (oder ihre Schatten, denn sie halten sich fern) stehen unentschlossen dazwischen, als ob sie selbst beschädigte Ware seien. Der Weiler Skunk Alley zum Beispiel galt einmal als die ärmste Siedlung in Neu-England und schaffte es in die New York Times: Hier in der Stinktier-Allee ist der amerikanische Traum tot. Waren die Namensgeber bösartig oder realistisch? Und wer noch tiefer in die Einsamkeit dringt, wird die Crystal-Meth-Küchen finden und Menschen, die sich selbst als *white trash* verachten, von ihren Drogengeschäften leben und mit ihnen zugrunde gehen.

Maine, so groß wie Österreich und etwa eine Million Einwohner, Wälder ohne Ende. Auf den Landkarten fällt auf, dass fast die Hälfte des Staates als *unorganised territories* bezeichnet werden, darin *unorganised townships*. Kaum besiedelte Flächen sind das, ohne lokale Verwaltung. Keine zehntausend wohnen ganzjährig in diesen Wildnissen – und sie müssen keine Steuern bezahlen. Manche leben hier, weil sie den Staat und seine Behörden hassen.

Bei einer Fahrt in diese *territories* lernte ich einen Einsiedler kennen, als ich gerade ein paar Waschbären vor einer Blockhütte fotografierte. Sein Haus hatte der Trapper selbst gebaut, er lebte von seinen Fallen, ein bisschen Jagd. Etwa 80 war er, seine Frau war vor Jahren weggelaufen, als sie beim Waschen am Bach von einem Bären bedroht wurde. Er hatte den Eindringling zwar sofort und gekonnt erschossen und ordentlich ausgestopft und in die Stube gestellt – aber der Frau war endgültig alles zu viel. So lebte er fortan mit den zahmen Waschbären und stapelte die Leere in seiner Hütte mit Zeitschriften zu, die er gelegentlich aus den Altpapiercontainern in den »richtigen« *townships* fischte. Die ältesten Zeitungen waren noch aus den 60er-Jahren. Sie las er gern, Veränderungen in den Weltläufen kamen eh nie hier an.

Mir gefallen diese Sonderlinge und Aussteiger sehr, sie setzen den Siedler-Mythos fort, für den ich anfällig bin. Zu den ersten Siedlern gehörte die Familie Titcomb, mit deren Nachfahren Colin ich nun liiert war. Glücklich waren die Pioniere, die Land am Sandy River bebauten. Straßen und Berge sind nach ihnen benannt, in den Geschichtsbüchern sind ihre Mühen und Abenteuer festgehalten. Die späteren Siedler, insbesondere die Veteranen aus dem Bürgerkrieg gegen die Sklavenhalter der Südstaaten, bekamen dagegen nichts geschenkt. Sie waren die einfachen Soldaten, arm geboren und arm geblieben. Ihnen wurde nur unwirtliches Land zugesprochen, für sie blieb der unendliche Wald. Um ihre kleinen Schafsfarmen oder Mühlen aufzubauen, mussten sie in den kurzen Sommermonaten die Hügel roden und die Blockhütten winterfest machen gegen eisige Temperaturen und meterhohen Schnee von Oktober bis Mai. New Jerusalem und Hope hießen ihre Weiler. Lange überlebten sie nicht. Ihr »amerikanischer Traum« liegt auf kleinen Friedhöfen mitten in der Wildnis, denn der Wald holte sich das Land zurück, als die Menschen aufgaben.

Unverhofft finde ich einen solchen Friedhof, der nirgends eingezeichnet ist. Auf den Grabsteinen stehen Namen von Kindern, die nicht älter als acht wurden. Auf manchen fünf Namen ein und derselben Familie, die in kurzem Abstand an einer Seuche gestorben waren. Ein anderer nennt einen in den Südstaaten gefallenen Soldaten der Union, dessen Überreste seine Familie hierherschaffte, wie anstrengend diese Aufgabe wohl war. Der Friedhof ist überwuchert, manche der etwa 30 Grabsteine sind umgefallen oder kaum lesbar. Doch um jeden 4. Juli herum machen sich Menschen aus dem Örtchen Industry unten am See auf den beschwerlichen Weg durch die Einöde und stellen kleine Flaggen auf, *stars and stripes,* um längst verstorbene Pioniere zu ehren.

Wenige Orte auf der Welt tun so gut wie Industry am Clearwater Pond. Viele Sommer habe ich dort diese gewinnende Mischung aus Gemeinsinn und Individualismus erleben dürfen. Und habe Amerikaner, genauer Yankees, lieben gelernt.

Wie Paul und seine Frau Robin. Sie lehrten viele Jahre an einem privaten College Geschichte. Gute Jobs, der Arbeitgeber zahlte für ihre Krankenversicherung und stellte Zimmer auf dem Campus, wenn die Straßen im Winter einmal mehr von Schneemassen blockiert waren. Und dennoch: Irgendwann waren sie den Trott mit unwilligen Schülern und gekränkten Eltern leid. So leid, zum zigsten Mal den

Unterschied zwischen Präsident und König, zwischen Demokratie und Diktatur erklären zu müssen und in ratlose Augen zu schauen. Sie kündigten und machten das, was ich in Deutschland vermisse: Sie erfanden sich neu, volles Risiko. Weil man es kann. Weil es in Maine nicht unehrenhaft ist, die Arbeitsstelle, den Status, die Karriere freiwillig zu ändern. Weil die Nachbarn und Verwandten nicht den Kopf schütteln. Weil Fremdbestimmtheit eine Sünde wider die Freiheit ist. Natürlich ging es nicht mit aufgeblähten Ausführungen über den amerikanischen Individualismus einher, es reichte beiden, dass sich die Entscheidung richtig anfühlte. Robin scheiterte zunächst mit der Idee, in Farmington einen Wollladen aufzumachen.

»Ist doch eine Studentenstadt, und Stricken und Selbermachen sind wieder völlig beliebt bei den Jungen …«

Das sahen die Banken nicht so und vergaben keinen Kredit. Dann ein Job, den die deutsche Freundin erstaunlich findet: Kundenbetreuerin im Callcenter von LL. Beans, der großen Outdoorfirma in Maine. Frau Geschichtslehrerin am Telefon, und niemand sprach vom sozialen Abstieg, warum auch.

»Sie geben mir eine gute Krankenversicherung und vor allem, ich rede am Telefon mit Leuten aus ganz Amerika, und nicht nur über Schuhgrößen oder Retouren. Die erzählen von ihrem Wohnort, von den Problemen, von ihren Träumen. Wir unterhalten uns über den Klimawandel in Kalifornien und Maine. Und manchmal bin ich Kummerkasten. Ich weiß besser denn je, wie wir Amerikaner ticken.«

Paul baut Kanus oder renoviert alte Holzboote, zum Beispiel die Rangeleys, benannt nach einem großen See in der Nähe, der ab Mitte des 19. Jahrhunderts Urlaubsort für sehr reiche New Yorker und Bostonians war. Sie gingen dort angeln oder auf Entdeckungsreise. In den robusten, schnellen Ruderbooten war Platz für zwei Gäste und einen lokalen Guide und jede Menge Lachs oder Forellen. Charlie Barrett, so hieß ein berühmter Bootsbauer der Gegend, und oh, wie groß war Pauls Aufregung, als Colin und ich ihm einen vergammelten original Barrett im Schuppen zeigten. Einen Sommer lang trugen wir die orange Farbe ab, bis das Zedernholz vom Anstrich befreit war und wieder zu leuchten begann ...

Maine ist, wenn die eine Hauptstraße durch einen Ort Broadway heißt und die andere Main Street. Die Rasen vor den Häusern reichen an den Bürgersteig, keine Zäune stören den Blick. Sogar die Friedhöfe sind nicht eingehegt, damit alle alles mitbekommen. Zum Einkaufen oder tanken fahre ich 15 kurvige Kilometer nach Farmington am Sandy River, 7700 Einwohner, ein paar Kirchen und Geschäfte, ein großes Kino, eine Zweigstelle der Universität von Maine. Small Town America, wie es Sinclair Lewis in seinen Romanen beschrieb. Geschäftig, in Maßen christlich, nicht allzu aufgeregt über den Zustand der Welt. Die meisten Menschen hier sind herzliche, materialistische Prototypen einer amerikanischen Mittelschicht – nach ihrer Blüte in den 60ern. Ein kleiner Deal hier, eine Dosis Anpassung da, Ehebruch und Joints in entschuldbarem Umfang. Politisch sanfte Republikaner regieren meistens, und hier und da fordern linke Demokraten wie Paul und Robin eine Krankenversicherung für alle, was gemeinhin als kommunistisch gilt.

Maine ist, wenn an einem Montagabend in der Ortsmitte und bei jedem Wetter Märsche, Polkas und Walzer tönen und trotz mangelnder Virtuosität des kleinen Orchesters das Publikum wärmen und erfreuen.

Maine ist, sich einen Klappstuhl zu holen und ihn am hölzernen Pavillon aus dem Jahr 1926 aufzustellen oder so dicht wie möglich daran zu parken, die Autofenster zu öffnen und nach jedem Stück laut zu hupen oder zu klatschen.

Maine ist, wenn jeder bei der Old Crow Indian Band mitspielen darf, denn Notenkenntnisse werden nicht geprüft. Dass das beschränkte Repertoire allen bekannt ist – selbstverständlich. Mein Freund Paul spielt Querflöte, und der Obstbauer Stanley dirigiert. Der Immobilienmakler kann sich eine Tuba leisten, wenn auch nur mäßig spielen, und die Frauen aus der insolventen Schuhfabrik verantworten Pauke, Tamburin, Trommel.

»Wir machen uns nicht vor, große Musik abzuliefern, und manche vergessen sogar, ihr Instrument zu stimmen. Und dann kichern sie, wenn die Hörner loslegen. Aber die Leute kennen jeden Marsch, deswegen spielen wir so viele. Sie wollen nicht eine Sinfonie, sie wollen hören, wie die Krähen losscheppern …«

Rückständig – werten die einen. Heile Welt – die anderen. Das Freiwilligenorchester geht auf eine Tradition aus dem Bürgerkrieg zwischen Norden und Süden zurück, jede Yankee-Gemeinde hatte eine Blaskapelle, um patriotischen Schwung aufrechtzuerhalten. Und vor vielen Jahrzehnten bereits hatten sich auch im Städtchen Farmington Menschen zum öffentlichen Umtata verabredet.

Old Crow, alte Krähe, so hieß ein Whisky aus der Region, und einige Spieler schmücken sich mit Adlerfedern, um an die Abenaki zu erinnern, die Ureinwohner des Nordostens, auch wenn die Geste inzwischen umstritten ist. Schwarze oder *hispanics* suche ich vergebens. Im Hinterland sind fast alle weiß.

Maine hat praktische, unsentimentale Menschen hervorgebracht oder angezogen. Am Nachmittag des 5. August 2003 lernte ich, was es heißt, stoisch zu werden. Ein Zwischenfall, der fortan den Freunden und Bekannten als heitere Anekdote diente: *how to break bones in Maine.*

Irgendjemand rief das kleine Holzhaus am See an. Bis heute rätsele ich, wessen Klingelton mich aus der Hängematte vertrieb, mich Richtung Veranda hetzte. Das Gras war wie Haferschleim nach zwei Wochen Nieselregen und fauliger Wärme und der Fels dazwischen gnadenlos hart. Ich rutschte aus und hörte ein eigenartiges Schrmmmpffff. Stechende Schmerzen, ja doch, unerträglich, peinigend, grässlich. Lähmend sowieso. Ich wusste sofort: das rechte Bein war nicht mehr so, wie es sein soll.

Eigentlich ist Clearwater Pond ein gefälliger Rahmen für einen Knochenbruch. Colins Haus ist etwa 100 Jahre alt, also nach US-Maßstäben antik. Es steht auf einem Felsvorsprung direkt am Wasser, weißgestrichenes Holz, zweistöckig, typisch Neuengland. Camp nennen die Amerikaner solche Ferienhäuser, und sie sind Rückzugsorte zwischen Jagdhütte ohne fließendes Wasser und Strom und millionenschweren Palästen mit eigenem Hubschrauberlandeplatz. Sie liegen meistens an einem See, in einem undurchdringlichen Wald, an einem Fluss oder an Landstraßen. Die Präsidentenfamilie Bush hat ein berühmtes Camp riesigen Ausmaßes in Kennebunkport an der Atlantikküste.

Camp bedeutet endlose Sommertage, wie in der Kindheit, wenn man innerhalb von 24 Stunden ein Buch ausliest und zärtlich Leinöl in das Kanupaddel einarbeitet, Maiskolben mit schmelzender Butter knabbert, einen Fisch fängt und ihn grillt. Camp bedeutet im Naturkundebuch nachzuschauen, ob die kleine Schildkröte mit rotgelben Farbstrichen auf dem Bauchpanzer, die sich morgens am Ufer sonnt, nicht als längst ausgestorben gilt. Oder Fotos zu studieren, um sicherzugehen, dass die gesammelten Pilze einen nicht umbringen. Camp bedeutet, sich für verschiedene Moos- und Flechtensorten brennender zu interessieren als für die Nachrichten im Radio.

Da lag ich mit Moos und Flechten auf Augenhöhe, aber mir war nicht nach Botanik. Das Telefon hörte auf zu klingeln, und es fiel unangenehm auf, dass niemand in der Nähe war. Clearwater Pond ist kein Hotspot des Tourismus. Kein Schwimmer, kein Angler, kein Ruderer, die Nachbarn zu weit entfernt. Also Selbsthilfe.

Seit Kindheit immer zu Kinobildern bereit: In meinem Schmerznebel tauchte Demi Moore auf, die im Film »G.I. Jane« unmögliche, aber Respekt einflößende Liegestütze auf einem Arm hinbekam und mit einem 40-Kilo-Pack und Gewehr durch Schlamm robbte, trotz aller chauvinistischen Intrigen ihrer Kameraden. Ja doch, 20 Meter rutschen wie Demi Moore und dann selbst den Rettungsdienst anrufen. Cool.

Nach einem Meter fiel ich in Ohnmacht, danach weinte ich, danach winselte ich um menschliche Anteilnahme. Stattdessen paddelte ein Junge vorbei, der schon viel zu viele Hamburger und Chips in seinem Leben verdrückt hatte und nun im Kajak klemmte. »Help« – fiepste ich wenig überzeugend. Er schaute mich vom Wasser her völlig ausdruckslos an. »Hilfe – du musst 911 anrufen, ich bin verletzt.« Er paddelte ein paar Stiche weiter weg. Wahrscheinlich hatten seine Eltern ihn gut aufgeklärt über weibliche Serienkiller und ihre gemeinen Tricks, während sie ihn mit Hamburgern mästeten.

»Ich darf nicht zu Fremden, das haben meine Eltern mir verboten.«

»Aber ich bin verletzt, ich brauche den Rettungsdienst, ich bin alleine.«

»Kannst du nicht jemand anders fragen?«

»ES IST NIEMAND DA!!!«

Der kindgewordene Mops dachte sorgfältig nach und brachte einen Plan hervor: »Ich frage meine Mom!« Und paddelte davon.

In einem komatösen Schwindel fragte ich mich, wo diese Mom wohl wohnte, und war dann weg und wachte wieder auf, als eine echte amerikanische Mom und ein Dutzend Menschen um mich standen und mir rieten durchzuhalten. Gleich zwei Krankenwagen wollten mich retten zu einem Preis zwischen 1000 und 2000 Dollar. Die vielen Profis konkurrierten um diesen Einsatz und waren sich nicht einig, wie sie mich auf eine Trage hieven sollten, weil ich so schrie. Mom deckte mich immerhin zu, gegen Kälteschock. Mein Freund Colin kam vom Angeln zurück, ihm wurde beim Anblick meines Beins übel, und er riet das einzig Richtige: »Sie braucht Schmerzmittel, bevor sie transportiert werden kann.«

Wahrscheinlich war es eine Morphiumspritze, jedenfalls wachte ich erst im Krankenhaus wieder auf. Ein winziges Einbettzimmer mit einem Fernseher ungefähr ein Meter von meinem Gesicht entfernt. Die Krankenschwestern lösten sich ab: »Hi, ich bin Gayle/Donna/Lori/Marty, wie geht es dir, Honey, und bist du krankenversichert?«

Ein Beinbruch kann eine amerikanische Familie in eine finanzielle Katastrophe stürzen. Denn Millionen haben nach wie vor keine Krankenversicherung. Insbesondere Menschen in Niedriglohngruppen, deren Gehalt auf Miete, Lebensmittel und Benzin für die Fahrt zur Arbeit draufgeht, haben nicht jene 1100 Dollar monatlich, die ihre Familie absichern würden. Arbeitgeber können, müssen aber nicht ihre Angestellten versichern, und wer arbeitslos wird, verliert ganz schnell die Police.

Was mich zutiefst empört, ist für meine Freunde Alltag: Wer genug verdient, um sich selbst direkt zu versichern, muss sich einer Gesundheitsprüfung unterziehen. Einen Risikopatienten mit Vorerkrankungen mögen die Versicherungen nicht. Wer Arthritis oder Herzbeschwerden, Übergewicht oder Hautkrankheiten hat, kann als nicht versicherbar abgewiesen werden. Nur die ganz Armen und die ganz Alten haben durch staatliche Programme wie Medicare und Medicaid Anspruch auf eine Grundversorgung.

Meinen deutschen, gut versicherten Augen fallen auf manchen Spaziergängen durch Farmington handgeschriebene Zettel auf den Fensterscheiben der Geschäfte auf. Da bittet jemand um Hilfe/Spenden/Handwerksleistungen für eine krank gewordene Nachbarin. In etwa: »Dorothy ist alleinstehend mit zwei Kindern und hat ihren Job verloren, nun hat sie Krebs und kann nicht mehr den Garten bewirtschaften und Holz hacken. Wir veranstalten nächstes Wochenende ein Barbecue, um Geld zu beschaffen. Wer hilft mit?«

Ein Gemeinsinn, der mir sehr gut gefällt und doch viel zu wenig hilft in einem Land, in dem man besser nicht krank werden, sich erst recht nicht die Knochen brechen sollte.

Dr. C. ist mein operierender Orthopäde. Dr. C. ist fettleibig und bewegt sich mit der Gravitas eines Königs von Tonga. Er ist von Florida nach Maine gezogen, weil Maine weniger Kriminelle habe, meint er, und mehr Knochenbrüche. Nicht weit entfernt sorgt ein großes Skigebiet für sein sehr erfreuliches Auskommen. Ich erkläre den Krankenschwestern Gayle/

Donna/Lori/Marty, dass meine deutsche Krankenversicherung ungefähr Fünf-Sterne-Qualität hat, und reiche ihnen die Chipkarte. Sie sind beruhigt, als sie die Webseite finden und einen guten/teuren Eindruck kriegen, auch wenn sie kein Wort Deutsch verstehen. Und ich bin beruhigt, dass ich nicht sofort einen Kredit aufnehmen muss. Die Schlussrechnung wird übrigens bei 23.000 Dollar liegen.

Mein Röntgenbild ist von großer Dramatik. Tibula und Fibula sind gebrochen und angeknackst. Dr. C. wird einen Marknagel von etwa 30 cm Länge ins Bein insertieren und ein paar Schrauben drumherum.

»... damit du um Weihnachten herum wieder joggen kannst.«

»... Gips?«

»Nein, nein, zu altmodisch.«

Nichts für meine Sorte Bruch. Als ich aus der Narkose aufwache, ist mein Bein angeschwollen und vielfarbig und sieht aus wie ein toter Wal, der angeschwemmt wurde und nutzlos im seichten Wasser hin- und herschaukelt. Außerdem erfahre ich, dass Dr. C. während des Einbauens diverser Schrauben einen dritten Bruch am Fußgelenk geortet hat. War vorher nicht zu sehen, sagt Gayle/Donna/Lori/Marty. Es ist halt ein kleines Krankenhaus.

Ich werde entlassen mit einem handgeschriebenen Attest für Versicherung und den WDR – Dr. C. zieht gerade um und hat niemanden fürs Bürokratische – und mit einem Rezept für ein sehr starkes Schmerzmittel, Oxycodon. Keinerlei Aufklärung oder Warnung, was das wohl für ein Zeug ist. Meine Tabletten heißen im Volksmund *hillbilly heroin* und machen sehr entspannt und werden auf dem Schwarzmarkt für 20 Dollar pro Tablette verkauft.

»Erzähl nicht herum, dass du die nimmst, sonst brechen sämtliche Junkies von Farmington bei dir ein ...«, raten

Robin und Paul. Ich besitze 40 Stück und ein Rezept für weitere und nehme sie anfangs wie Aspirin ein, viel hilft viel. Das ist grundverkehrt, schon nach ein paar Tagen bin ich abhängig, bestgelaunt und ziemlich nett zu allen Leuten. In der zweiten Woche weine ich und möchte vor Kummer sterben. Ich mache alle Erfahrungen eines Entzugs und lerne, dass Oxycodon ohne große Umstände verschrieben wird, sogar gegen Zahnschmerzen, und gerade bei armen Weißen zu einer Suchtepidemie geführt hat.

Und dann abwarten und genesen auf der Veranda – mit Blick auf Clearwater und meinem verwaisten Kanu, 18 Fuß lang, aus Ahorn-, Zedern- und Birkenholz. Das edelste Holzkanu weit und breit, 20 Jahre alt, von einem *ranger* abgekauft, der sich gerade scheiden ließ und alles zu Geld machen musste. Seine Boote, sein Camp, seine Angelausrüstung, seine Skier. Es war eine eher schlechte Scheidung für ihn. Die amerikanischen Freunde besorgen mir scheußliche Secondhand-Krücken und eine Bettpfanne sowie einen Rollstuhl für Marathonstrecken über 20 Meter. »Alles zusammen beim Trödler für 50 Dollar, wozu Geld ausgeben?« So ticken wahre Yankees.

Gebrochene Knochen in Maine – da ist es ein Festtag, als ich in ein Auto gehievt werden kann (das Bein ist nur noch hier und da gelb-grün gescheckt und nur noch doppelt so dick wie normal) und wir ein *diner* besuchen. Das in Farmington ist eine lang gezogene Aluminiumröhre mit Sitzplätzen für etwa 60 Leute. Mürrische, unterbezahlte Teenager servieren fettiges, salziges, undefinierbares Zeug, und zwar viel davon, und lärmende Holzfäller und LKW-Fahrer hauen sich für kleines Geld die Kalorien rein. (Und ja, ich esse weiterhin gern *pancakes* mit viel *maple sirup* und *bacon,* obwohl sogar Maine von Vegetariern, Veganern, Fruktariern infiltriert wird.)

Im Diner kann ich endlich stolz und schön mit den Krücken humpeln und ohne Hilfe meinen Platz einnehmen. Vom Nachbartisch schwingt ein Riesenkerl mit Pranken wie Bratpfannen herbei. Sein verwaschenes T-Shirt kann seine Massen kaum verdecken.

»Hi! Ich bin der Bacon Man, der Speck-Mann«, brüllt er heiter los. Und mit Blick auf mein verformtes Bein: »Kenn ich, hab das alles hinter mir, Bein heute noch steif, nie wieder richtig geworden ...«

Das ist nicht so schön, und mit großem Kummer im Herzen stelle ich mich vor und erzähle die Sache mit der Hängematte und dem Telefonat, zu dem sich bis heute niemand bekennt, und mit der zunächst unentdeckten dritten Bruchstelle und dem Metallstab im Knochen.

»Das ist gar nichts«, brüllt Bacon Man weiter. Seine Frau sieht aus wie Joan Baez und ist etwas dickleibig und superfreundlich. Sie strahlt uns an und zeigt dabei ihre nicht so vollständigen Zähne.

»War zum Jagen in Louisiana unterwegs und hatte einen Vogel angeschossen, aber der landete in einem Baum, ganz oben ...«

Bacon Man stellte sich also als der König der Knochenbrüche heraus. (Ich mag seitdem kaum noch meine magere Geschichte vom dicken Jungen und *hillbilly heroin* erzählen.) Er kletterte nämlich auf den Baum, um seine Jagdbeute zu holen, der Baum brach an entscheidender Stelle ab. Bacon Man brach beide Beine.

Natürlich war er allein unterwegs und fern jeder Hilfe! Natürlich blutete er! Natürlich dauerte es über 24 Stunden, bevor man ihn vermisste und suchen ging! Stürzen, verbluten, auskühlen – es hätte für dreimal Ableben gereicht.

Das ganze Diner hängt an seinen Lippen. Dann krempelt

er auch noch die Hosenbeine hoch. Das ganze Diner starrt mit seligem Erschauern auf seine Narben, die mutierten Regenwürmern gleichen. »*Oh my land!*«, höre ich es ringsum flüstern, der ultimative Ausruf eines traditionsbewussten Mainers. Stärker noch als jedes *what the fuck.*

Seit vier Jahren hat er mit dem wilden Leben aufgehört – seine Lady strahlt ihn noch mehr an – und ist nicht mehr Holzfäller und Jäger, sondern Großeinkäufer für allerlei Fleisch. Sich neu erfinden, aber ja. Er reicht mir und meinen Freunden seine Visitenkarte. Falls wir mal an größeren Mengen Bison interessiert sein sollten.

Der Sommer ist fast vorbei, die Blätter verfärben sich. Bald werden die *leaf peeper,* die Herbsttouristen, kommen, wegen des sich so schön verfärbenden Laubs: Rot- und Zuckerahorn, Birken, Ulmen, Weißeschen, Pappeln, Buchen, dazwischen wie blaugrüne Ausrufezeichen Fichten, Rottannen, Zedern – sie werden mit ihrem Farbrausch betören. Rotefahnenrot, kardinalsrot, ziegelrot, korallenrot, currygelb, apricot, golden, orange … Ich erinnere, dass ich immer wieder ein einzelnes Blatt aufhebe, seine Farbgebung nicht in Worte fassen kann, es auf ewig aufbewahren möchte, und dann verliert es sein Chlorophyll, seinen Zauber und wird zum trockenen Gewebe, tot, vorbei.

Staunen – deswegen fährt man nach Maine. Offen sein, hinschauen, nachdenken und noch einmal staunen über die Schöpfung. Paddeln, Fischen. Blaubeeren und Pilze sammeln. Zelten und Feuer machen. Wandern auf der Mutter aller Wanderwege, dem Appalachian Trail. Über 2000 Meilen lang, zwischen Georgia und Maine.

Staunen, hinschauen, wieder und wieder. Der Appalachian Trail macht aus einer unsportlichen Großstädterin wie mir für ein paar Stunden eine Amazone. Und umgekehrt: Manche Wanderer geben hasenherzig nach 50 Kilometern auf und suchen erschöpft Asyl im nächsten McDonald's, weil sie die Tütensuppen satt sind und nicht mehr von Mückenschwärmen zerfleischt werden wollen und nicht einsehen, warum nach dem anstrengenden Berg schon wieder der nächste kommt.

Appalachian Trail – schon beim lauten Aussprechen bekomme ich straffe Muskeln und einen Adlerblick. Ausgerechnet in Maine, so sagen die Eingeweihten, ist der Weg am schwierigsten, am einsamsten und gefährlichsten. In einem Abschnitt geht es 100 Kilometer durch unbewohnte Wildnis. Ein Berg nach dem anderen, Sümpfe, Flüsse. Schnelle Wetterwechsel von Sommertag bis Eissturm. »Du musst nur ein paar Minuten warten, wenn dir das Wetter in Maine nicht gefällt«, sagen die Hartgesottenen. Oder auch: »Es gibt zwei Saisons – Winter und Juli.« Um es richtig interessant zu machen, gibt es eben auch Schwarzbären.

Die suchen ab und zu die Höhen um meinen kleinen See auf. Da erblicke ich eine Gruppe von gelben Pilzen, *pied-demouton* oder Pfifferlinge, sehr gut mit Speck und Zwiebeln, und dann, weniger erfreulich, in schräger Linie den Abdruck von Tatzen. Oder einen imposanten Kackhaufen. Bärenhaufen erkennt man an Beerenresten, Pflanzenfasern etc. Das täuscht, sie sind dennoch keine Veganer.

Es heißt: Bären sind schüchtern und laufen weg, wenn sich Wanderer nähern. Aber auch: Bären bekommen schlechte Laune, wenn Zweibeiner durch ihr Revier streifen. Es heißt: bloß nicht weglaufen, wenn der Bär kommt. Aber auch: bloß nicht totstellen, wenn er fast da ist. Es heißt: Lärm machen. Aber auch: bloß keine plötzlichen Geräusche machen. Es heißt: den Lebensmittelvorrat weit weg vom Zelt aufhängen. Aber auch: Bären wissen, dass sie ein Leckerli auf zwei Beinen kosten können, wenn sie so ein Zelt aufpulen. Zugegeben, ich habe nie einen gesehen, und die kratzenden Geräusche in der Nacht genau neben unserem Camp sind wahrscheinlich von einem *racoon,* der im Müll herumwühlt, und ich bin nur hysterisch, weil die Türen zum Haus so schlecht schließen und die köstlichen *peanut butter cups* direkt auf meinem Nachttisch liegen.

Zur wilden und wirklich schönen Küste Maines fahre ich selten, wohl unbewusst habe ich meine Seele in See und Wald geankert. Manchmal kommt aber die Küste zu mir. John ist *lobster fisher* wie Vater und Großvater und spricht vielleicht hundert Worte in der Woche, trinkt und kifft umso mehr. Immer häufiger machen ihm die *red tides,* rote Algenteppiche, Probleme. Die winzigen Organismen blühen plötzlich massenhaft auf, weil das Meereswasser in manchen Saisons zu warm, zu verschmutzt ist. Sie machen Fische, Austern und andere Lebewesen krank. Wenn ein *red tide* ausbricht, müssen auch die berühmten Hummer, die *Maine lobster,* auf Gifte untersucht werden, bevor sie auf den Markt dürfen, für John ein großer Verdienstverlust.

Er wohnt an der Küste, gilt als Menschenfeind und hat es doch im Hinterland zu großer Beliebtheit gebracht, denn er ist Bandmitglied beim Country Choir. Warum einer, der aus kaltem Wasser Körbe herausholt, nie redet, andere Leute nicht besonders leiden kann, der beste Banjo-Spieler der Welt ist? So ist es halt hier.

Der Frontmann der Band ist David, der vor ein paar Jahrzehnten mit seiner Frau Patti nach Maine gezogen ist, das komplette Aussteigerprogramm im Kopf. Die bürgerlichen Berufe aufgegeben, Blockhütte im Nirgendwo-Wald gebaut, Ahornsirup hergestellt, Dächer gegen Geld oder einen Pick-up repariert. Später, als die Kinder kamen, zogen sie nach Farmington. Erträglich war der Wiedereinstieg in die Zivilisation nur, weil er Musik macht. Und wie. Der raueste Countrysänger weit und breit, der alle plattmacht mit seiner eigenartigen *Heavy-country*-Musik auf den Stahlsaiten seiner Gitarre:

»Aye, aye, aye, Katie, shades of red and blue, whatever became of the Navajo rug and you … «

Wir grölen zusammen »Way Over Yonder in the Mirror Key«, weniger lieblich als die Version von Billy Bragg. Und er stellt mir die wunderbaren Songs von Townes van Zandt vor, »Pancho and Lefty«. Da kommt auch Bob Dylan nicht mit.

David verdankte ich das seltsamste Musikfestival je: In East Benton auf der Farm der Familie Littlefield wetteiferten einmal jährlich die besten Bluegrass- und Countrymusiker. Junge Mädchen mit Zopfen und alte Männer in Latzhosen standen auf der Bühne und ließen die Geigen singen. Unten übten Kinder *set dancing*, und ich fühlte mich ins 19. Jahrhundert versetzt. Zum East Benton Annual Fiddle Contest and Convention kamen lokale Stars wie Jewel Clark, die Jodel-Königin von Maine.

»Yodeling is like laughing to music …«

Einverstanden, denn wie sonst kann man auf diese Jodelei antworten als mit einem Lachen?

Wenn also die Tochter von Yodeling Slim Clark, eines berühmten Veteranen der Cowboy-Musik, loslegte, schlugen sich Professorinnen und Chirurgen, Farmer und Fabrikarbeiter, Kinder und Greise, sehr arme und sehr reiche Mainer im Takt auf die Schenkel und versuchten, den Refrain mitzutirilieren. Um die 3000 Menschen kamen in die Senke in den Feldern, es hing eine dicke Marihuana-Wolke darüber, eigentlich verboten, aber an diesem Juli-Tag nicht geahndet: May you live all the days of your life.

Fa-fe-fi-fo-fu – Gesangsstunden bei Teresa

S ingen ist kontrolliertes Schreien. Das scheint mir eine gute Erklärung zu sein, weswegen sich beim Singen, nach dem Singen ein Wohlgefühl einstellt. Lächeln, entspannen und sich wieder aufrichten, das passiert dabei. Als Kind sang ich im Schulchor, die Herner Familie musizierte viel, die Lieder wurden dabei »geschmettert«, Lautstärke war wichtig. Als Studentin verging kein Tag ohne Singen bei den *groovy* (heute: chilligen) Abenden in der WG oder Kabarettgruppe. Und später trug ich »Hurt« von Johnny Cash zur Gitarre vor. Eine laute Stimme im Alto, die Töne treffend, kein besonderer Schmelz. Was mich dann Anfang 50 auf die Idee brachte, Gesangsunterricht zu nehmen, wenigstens die Weihnachtslieder sollten perfekt gelingen.

Das Schicksal ließ mich Teresa Ringholz finden. Eine amerikanische Operndiva in Köln. Sie lebte vor mir in meiner jetzigen Wohnung. Wo ihr Konzertflügel stand, sitzen wir nun am großen Esstisch. Statt ihrer Regalwand voller Noten und Musikbücher birgt unser alter Schrank allerlei Mäntel und Sportjacken. Als ich sie zum ersten Mal besuchte, wies sie auf den Parkettboden hin, »… habe ich mit der Gage für die soundso Oper bezahlt …«, und die weiße, amerikanische Küche verdankte sie einer anderen guten Aufführung. Doch die Zeiten für freiberufliche Kulturschaffende begannen schwieriger zu werden, und Teresa musste unterrichten, um klarzukommen.

Es stellte sich heraus, dass sie in Alfred Schnittkes Oper »Leben mit einem Idioten« die Ehefrau gesungen hatte. Mstislaw Rostropowitsch dirigierte die Uraufführung in Amsterdam. Mit einem Libretto des russischen Schriftstellers Viktor Jerofejew. Magie! Ich liebte Schnittke, hatte einige Filmporträts während meiner Moskauer Zeit mit seiner Musik untermalt, aufrüttelnd, nicht alltäglich. Der Schriftsteller Viktor Jerofejew wiederum war ein Freund und Wegweiser der ersten Jahre dort, immer wieder erklärte er mir gut gelaunt die Paradoxien der russischen Gesellschaft. Den großen Cellisten Rostropowitsch erlebte ich 1993, als er Tschaikowskis »1812«-Ouvertüre auf dem Roten Platz in Moskau aufführte. Wir jubelten nicht nur der Musik zu, die den Sieg der Russen über Napoleons Armee beschrieb, wir waren ergriffen von der Idee der Freiheit, die diese Ouvertüre laut herausdonnerte.

Und nun stand da eine kleine, hübsche, kraftvolle Amerikanerin, die alles verstand, was ich eifrig erzählte, und sie versprach, aus meiner Durchschnittsstimme etwas zu machen. Nach drei Sitzungen mit Folksongs wurde ihr schrecklich langweilig: »Sonia, wir probieren mal italienische *arietta* von Scarlatti und anderen. Spätes 17. und frühes 18. Jahrhundert.« Sie war Amerikanerin, sie hatte also keine Scheu, mich neu zu erfinden, sie sagte »Yes, we can« zu mir. Und es fingen herrliche Stimmübungen an. Die Tonleiter rauf und runter mit fa-fe-fi-fo-fu, um den Mund geschmeidig zu machen. Silben mit K schoben den Kiefer nach vorn, rrrrrrr von oben nach unten klärte den Schlund, der es nötig hatte. Wir übten »Sebben crudele« von Caldara, und das berührende »Amarilli, mia bella« von Caccini. Sie war so ermutigend, lachte meine Fehler weg, und ich sah – wie immer optimistisch –

Wunderschönes am Horizont, auch wenn ich bei Mozarts »Ave verum« am Ende immer Atemnot hatte und falsche Pausen machte.

»If music be the food of love, play on.« William Shakespeare kannte den Rausch, in den die Musik Frischverliebte stürzt. Jeder Mensch hat ein Lied fürs Leben, eine ganz persönliche, unsterbliche Melodie, ob Arie, Schlager oder Volkslied. Mein erster Ehemann John brachte die vierzigstimmige (!) Motette »Spem in alium« von Thomas Tallis aus dem 16. Jahrhundert in unsere Beziehung sowie »Love will tear us apart« von Joy Division aus dem 20. Jahrhundert. Intensität zählte, nicht Kategorie. Mit meiner Freundin Petra verband mich der Countertenor Klaus Nomi, dessen »Cold Song« von Henry Purcell wir für dramatische Szenen in Filmen verwendeten und dessen frühen Tod wir betrauerten. Meine Mutter und ich sangen zweistimmig das Volkslied vom Aufstand der Schotten gegen die englische Übermacht: »Skye Boat Song«. Zu einem Liebeslied, dessen Titel ich nicht verrate, tanzte ich mit meinem jetzigen Mann wieder und wieder, und wir verstummten glücklich erschüttert nebeneinander bei Mozarts »Requiem«.

Ich besitze noch eine CD von diesen Gesangsstunden mit Teresa, darauf hatte ich mit Bleistift »Quietsch« geschrieben, und ich traue mich heute nicht, sie abzuspielen, weil Quietsch vermutlich die Situation korrekt beschrieb. Leider beschleicht mich außerdem die Ahnung, dass Freundinnen und Freunde, denen ich die neuen Errungenschaften vorträllerte, viel zu gnädig mit Komplimenten umgingen. Aber Teresa schraubte meinen Stimmumfang tatsächlich nach oben, ich trainierte die Punk-Schreierin in mir ab und wurde so etwas wie ein Mezzosoprano und sang lange Zeit in einem Kirchenchor mit, Bach und Bruckner.

Teresa versuchte es noch lange in Deutschland, das sie sehr liebte und das doch so wenig Geld für den Kulturbetrieb ausgab, und zog dann in ihre Heimat USA zurück. Die Engagements waren einfach nicht zahlreich genug, und für Auftritte auf Kreuzfahrtschiffen war sie sich zu schade.

Als ich vor Kurzem recherchierte, wo meine so fröhliche und motivierende Diva wohl geblieben war, fand ich sie an der University of Rochester, inzwischen Professorin. Sie schrieb, dass sie geweint hätte beim Lesen der Mail und dass sie ihr Sehnsuchtsland der schönen Töne so vermisse. Und dass Deutschland nun in der Coronakrise so fehlbar und so erwachsen geworden war wie andere Länder auch. Wenn ich Lust hätte, würde sie mir Unterricht geben, auf Zoom.

Achterbahn I – das Leben in der Anstalt

Wo ich in der Nacht vom 4. November 2008 war? An der 125. Straße in New York. Wo Menschen staunten, lachten, weinten, weil einer von ihnen gerade zum Präsidenten der Vereinigten Staaten von Amerika gewählt worden war, Barack Obama. Für die Schwarzen in Harlem hatte er den Sieg geholt, der sie beseelte. Und ich durfte erleben, wie Politik sie glücklich machte. Ich war, wie ich damals in allen Sendungen wiederholte, am einzigen, am richtigen, am besten Ort einer gewaltfreien Revolution. Und ich weinte und lachte und staunte mit Harlem.

Ungeplant war dieser Dreh, denn die Wahlberichterstattung fand vor allem in Washington statt, die Themen waren bereits festgelegt für Tagesschau, Tagesthemen und Sondersendungen. Für mein Empfinden kamen die schwarzen Communitys viel zu wenig im Programm vor, und so machte ich mich unaufgefordert mit dem Team nach Harlem auf, ob Sieg oder Niederlage, das Wahlergebnis konnte nur elektrisieren.

Wir standen in der Nähe des berühmten Apollo Theatre, von hier aus hatte der Jazz der Schwarzen die Welt erobert, auch schwarze Sportler hatten es immer wieder nach ganz oben geschafft. Doch nun war Barack Obama der wichtigste Politiker der Welt geworden, die USA hatten den ersten schwarzen Präsidenten gewählt. Es war sehr einfach, mit den begeisterten Menschen um mich herum ins Gespräch zu kommen. 400 Jahre Kränkung und Unterdrückung – sie sprudelten vor Hoffnungen und Erwartungen:

»Was Obama für uns Schwarze tun soll? Na, er tut es doch schon. Er bringt die Menschen zusammen, egal welches Alter, Geschlecht, welche Hautfarbe. Er einigt uns. Und so muss das Leben sein – ein Ganzes.«

»Er soll den Krieg in Afghanistan beenden, die Krankenversicherung für alle einrichten und Jobs besorgen. Viele Jobs. Wir brauchen nämlich immer noch zwei oder drei, um hier zu überleben.«

»Mein Land wird endlich zu meinem Land.«

Mit einem in der Menge werde ich mich anfreunden, Orrin Coward. Er ist 30 Jahre alt, arbeitet für eine Versicherung an der Wall Street, ist Basketballtrainer und Model für französischen Cognac, wenig später werden mir die coolen Werbeplakate mit seinem markanten Gesicht in der U-Bahn auffallen. Drei Jobs, damit er sich ein Mittelschichtsleben aufbauen und irgendwann aus dem Kleine-Leute-Viertel in Crown Heights nach Harlem umziehen kann, wo inzwischen schön renovierte *Brownstone*-Häuser den schwarzen Erfolg sichtbar machen. Orrin ist ehrgeizig, seine Tochter Alexa soll einmal in so einer Stadtvilla leben können:

»Es gibt jetzt für uns Schwarze keine Ausrede mehr. Wenn ich hart arbeite, kommt keiner an mir vorbei. Eben weil ich der Richtige bin. Meine Hautfarbe? Ich gebe mein Bestes, das ist das Einzige, das wirklich zählt.«

»Und Obama?«

»Die Erwartungen werden zu groß sein. Aber es ist gigantisch, dass er es geschafft hat. *Mission accomplished* – Mission erfüllt.«

Acht Jahre und manche E-Mails später wird er eine andere, enttäuschte Sicht auf den ersten schwarzen Präsidenten haben. Geschichte geht in Menschen auf und umgekehrt, für solche Momente lebte und arbeitete ich gern. Ein Kollege, der verstorbene Thomas Leif, formulierte den Dreiklang gelungenen Reporterlebens perfekt: Detektiv, Augenzeuge, Humanist sein.

Wenige Monate zuvor ließ die Finanzkrise die Wall Street taumeln, und weltweit zitterten die Börsen. Die Berichterstattung über die untergehende Lehman Bank passte zu meiner Vorliebe für Umbrüche, es war eine Zeit, in der Millionen ins Grübeln gerieten wegen gebrochener Glücksversprechen des Kapitalismus. Ein Eigenheim zu besitzen, war doch Teil des amerikanischen Traums, eine unerschütterliche Sehnsucht auch der unteren Schichten. Nun wurde der *American dream* grausam zertrümmert durch Zahlenbewegungen, die kaum nachvollziehbar waren, Abstraktionen von Abstraktionen, und die konkretes Leid auslösten. Ich versuchte zu erklären, wie eine gewaltige Immobilienblase entstanden war, weil Banken Millionen Menschen ohne sichere Jobs oder eigenes Vermögen Kredite für den Hauskauf aufgedrängt hatten. Immobilienpreise, so die große Lüge, würden nur den Weg nach oben kennen, nein, keinerlei Risiko, der Wert des eigenen Hauses würde stets den Kredit übersteigen. Doch dann wurden diese *subprime*-Kredite in Schattenbanken verschoben, zu neuen, hochspekulativen Anlage-Paketen geschnürt, die keiner Prüfung unterzogen wurden und toxisch das Vertrauen in den Finanzkapitalismus zersetzten. Ich sah die Broker, die Angestellten aus dem Gebäude der Lehman Brothers herauströpfeln, einer nach dem anderen, mit gesenktem Kopf und einem erbärmlichen Pappkarton persönlicher Gegenstände und dem rosa Zettel der Kündigung. Sie waren nicht mehr die ganz großen Gewinner, die »masters of the universe«, sondern arbeitslos, illusionslos und manchmal auch über Nacht mittellos. Ich sah die tausendfachen Schilder *for sale* an Reihenhäusern stehen und die Bewohner, oft genug Schwarze und Latinos, von Polizisten herausbegleitet, weil sie die Kreditraten nicht zahlen konnten und ihr Heim wertlos geworden war. Und ich beobachtete einen Wahlkämpfer aus Chicago, Barack Obama, der sich anschickte, den amerikanischen Traum Monate später wieder zu erwecken. Diese sinnvolle Arbeit in New York trieb mich an.

Drei Monate vorher war alles anders. Ich litt nach sechs Jahren »Monitor« und Dauerbeschuss mit den Schlechtigkeiten der Welt an Unterforderung und Erschöpfung gleichzeitig. Alles schien sich zu wiederholen, die Korruptionsfälle, Lügen, Beschwichtigungen, Menschenrechtsverletzungen, Umweltskandale. Der Machtmissbrauch von großen und kleinen Playern. Der Zynismus vieler Medien. Empörung wird aber schal, wenn sie inflationär ausrückt. Immerzu mahnen und warnen nutzt sich ab. Mein Chef Jörg Schönenborn sah die Motivationskrise und sorgte mit einer freundlichen Maßnahme für Heilung: ein paar Monate in New York, ein *»working sabbatical«,* um die US-Berichterstattung in der Wahlkampfzeit anzureichern mit eigenen Themen. Sehr viel Freiheit also, und auch Vertrauen, dass ich nicht müßig spazieren gehe.

Im Jahr zuvor war ich oft niedergeschlagen gewesen, hatte mit der Anstalt gehadert, ohnehin eine so unglückselige Vokabel. Meine Blödeleien funktionierten nicht mehr, es war, als ob sich eine schwere, feuchte Wolldecke über mich herabgesenkt hätte, ich atmete flach, die Knochen waren bleischwer. Nur die tägliche Routine verdeckte mein Tief vor anderen. Woche für Woche dieselben Flurgespräche und Reflexe: »Und? Gestern Tatort/Hartaberfair/AnneWill/ Brennpunkt gesehen?« »Ja/nein/konnte nicht/nur den Anfang/nur das Ende/bin dabei eingeschlafen/war ganz gut/ wie war die Quote?«

»Monitor« hieß, auf die Defizite menschlichen Zusammenlebens hinzuweisen, die Antennen für das Negative aufzustellen. Die Welt schien monströs zu sein, voller mieser Typen. Wie sehr das zermürbte! Auch die beste Position mit dem besten Team und dem besten Sender schützte nicht. Ich erinnere, wie ungern ich morgens die Postordner öffnete und abends auf den Bildschirm schaute. Da wurden Menschen unter Mindestlohn schändlich ausgebeutet. Politiker und Politikerinnen vergaßen, was sie gestern versprochen hatten, und versprachen nun das Gegenteil. Kinder arbeiteten für ein paar Cents auf giftigen Plantagen. Lobbyisten zogen Parlamentarier über den Tisch oder kauften Aufmerksamkeit. Politiker wechselten in die Chefetagen von Konzernen. Demonstranten landeten in Folterkellern. Rentnerinnen verkümmerten in Pflegeheimen. Kindergärtnerinnen verdienten zu wenig. Kohle und Braunkohle durften weiter das Klima zerstören, wozu an kommende Generationen denken, noch lange hin, oder? Und wer versuchte, eine Gewalttat zu verhindern, wurde selbst Opfer tödlicher Gewalt, wie Dominik Brunner im S-Bahnhof Solln.

Den Schreibtisch besetzte das papiergewordene Elend der Welt. In einer Projektbeschreibung zur Todesstrafe im Iran machte ein Satz auf sich aufmerksam, wie mit Säure geschrieben: »Die 16-Jährige wurde vor zwei Jahren öffentlich gehenkt – wegen Verbrechen gegen die Sittlichkeit.« Eine

16-Jährige? Mithilfe eines Krans in die Höhe gewuchtet und hingerichtet, vor einer – überwiegend männlichen – Menschenmenge. Im Namen Gottes.

Todesstrafe – da ist doch schon alles gesagt? Nein, ich bin die Frontfrau von »Monitor«, Resignation nicht erlaubt, und ich verdamme mich dazu, wieder und wieder das Publikum auf eine Ungeheuerlichkeit hinzuweisen, das geht in die Seele. Entscheidung mit einem Seufzer: Auch wenn niemand solche Dokus sehen mag – wir müssen senden. Quote hin oder her.

Eine solche Ungeheuerlichkeit war auch der Tod eines Asylbewerbers in einer Dessauer Polizeizelle. Oury Jalloh aus Sierra Leone war bei lebendigem Leibe in einer deutschen Polizeiwache verbrannt, nachdem ihn Polizisten wegen Randalierens festgenommen hatten. Verbrannt. Bei lebendigem Leibe. In einer gefliesten Zelle. An eine Matratze gefesselt. In Deutschland, 2005. Selten hatte mich etwas derart erschüttert, meine Fantasie konnte ich nicht abschalten. Wir berichteten über den Fall, den möglichen Hergang. Wir fragten nach der Aufsicht – warum kam niemand, als er sich schreiend in Todesqualen wand? Oury Jalloh wurde für mich zum Prüfstein für Rassismus, für einen gefährlichen Korpsgeist innerhalb der Polizei, aber auch für nachhaltigen Journalismus, der nicht schnell abhakt und zum nächsten Thema rast. Wir studierten Brandgutachten, fanden andere, ungeklärte Todesfälle in derselben Polizeiwache, hörten Telefonprotokolle, befragten Jallohs Freunde. In forensischen Gutachten war von schweren Misshandlungen die Rede.

Nein, Oury Jalloh war nicht ein netter, bescheidener Asylbewerber, kein Opfer erster Klasse sozusagen. Sondern er hatte mit Drogen gehandelt, bei den Behörden wegen seines Geburtsjahres gelogen, war szenebekannt. Aber darauf stand wahrlich nicht die Todesstrafe durch Verbrennen. Wir hakten bei »Monitor« kontinuierlich nach, es entstanden mehrere 45-minütige Dokus, und in Deutschland wurde dieser eine tote Asylbewerber zum Symbol für verweigerte Interviews, für schlampige Ermittlungen, für das Versagen von Rechtsstaatlichkeit. Eine antirassistische Bewegung entstand, bis heute sind die Unterstützer überzeugt: Es war Mord. Und weil nie abschließend geklärt wurde, was in dieser Zelle genau geschah, bin ich überzeugt, dass dies einer der größten Justizskandale Deutschlands war, und ich bin stolz, dass »Monitor« und später die Doku-Autoren nicht aufgaben, Fragen zu stellen, die vielen nicht gefielen. Für mich die Legitimation, sich solche Magazine zu leisten.

Ein Strom an bedrückenden Themen floss bis in meine Träume nachts. Die Briefe, die digitalen Posts, die Verfügungen von oben, die Meldungen stellten sich wie feindliche Krieger auf. Ihr Schlachtruf: mach hin! Intendanz, Publikumsstelle, Chefredaktion, Abteilungsleitung wiesen an, Zuschauerbriefe, »auch kritische«, zu beantworten. Da musste ich tatsächlich zurückschreiben, dass mein Team sein Bestes gibt, dass »Monitor« nun mal nicht für *good news* oder das positive Profil vom politischen Personal zuständig ist, sondern leider, leider von der DNA her kritisch sein muss. Oder auch: gewohnheitsmäßige Miesmacher.

Ein Blick zurück auf Januar 2002, den Anfang. »Monitor« also. Die Nachfolgerin von Klaus Bednarz und anderer legendärer Bildschirmgesichter. Die erste Frau an dieser Stelle, Leiterin der Redaktion und Frontfigur. Ich mag den fahlen Begriff Moderatorin nicht besonders. Zu viele Selbstdarsteller, Ex-Freundinnen von B-Prominenten oder Sportlern, verhinderte Regierungssprecherinnen, gut angezogene

Mikrofon-Halter nennen sich so. Der englische Begriff »host« oder »anchor«, Gastgeberin oder Anker, kommt der Sache näher.

Natürlich murmelten viele Anfang 2002 – halb gratulierend, halb zweifelnd –, dass ich fortan in sehr große Fußstapfen trete. In jedem Interview, bei jeder Vorstellung lernte ich, dass ich ein bedeutungsschweres, fast drei Jahrzehnte altes Erbe antrete. Casdorff! Ruge! Bednarz! Giganten, mindestens, und ich hörte fast, wie Hacken zusammenschlugen. Nun wäre eine gewisse deutsche Ernsthaftigkeit sicherlich angebracht. Darüber hatte ich nicht nachgedacht am Ende meines Auslandsjahrzehnts, denn ich hatte kaum deutsche Programme gesehen und wusste wenig über die Aura der Politmagazine im deutschen Fernsehen und das Gewicht der Moderatoren. Anscheinend kannte jede und jeder die Sendung und verband damit den legendären Kotz-Würg-Beitrag: Würmer in Nordseefischen. Auf Leuchttischen wurde sichtbar, wie viele Parasiten im frischen Fang steckten. Die fiese Enthüllung regte Konsumenten und die vom Bankrott bedrohte deutsche Fischindustrie auf, mich wunderte sie weniger.

Zweifellos waren öffentlich-rechtliche Politmagazine Visitenkarten eines unabhängigen, kritischen Journalismus und hatten keine Angst, Skandale und Machtmissbrauch zu zeigen, da wollte ich gern mitmischen. Es war nach Moskau und Paris an der Zeit, in die deutsche Politik einzusteigen. Also freute ich mich über den neuen Posten und eine eingeschworene Redaktion und dachte nicht weiter über große Fußstapfen nach oder wie ich etwa auratischer werde, und trank stattdessen bei der Arbeit zu viel Cola aus der Dose und aß ungesundes Schnellzeug am Schreibtisch, was mir humorfreie Bemerkungen eintrug.

Außerdem belohnte ich mich für die kommenden Herausforderungen. Ein preisgekrönter Goldschmied aus Aachen, Robert Arenz, blätterte mit mir alte Museumskataloge durch und fand Abbildungen von antikem Goldschmuck aus Baktrien in Nordafghanistan. Genau. Alexander der Große und seine Braut Roxane. Robert formte einen schweren, archaisch anmutenden Ring für den kleinen Finger, den ich bis heute trage. Der andere Belohnungsring kam viele Jahre zuvor zustande, als ich in Moskau die erste Studioleiterin wurde. Bei einem Besuch in New York trödelte ich auf den Straßen herum und sah … Tiffany & Co. Wie Audrey Hepburn riss ich die Augen auf, ein Geschenk an mich selbst, das musste sein. Ich ging hinein, gierte, staunte und hatte keine Idee, was ich wollen sollte. Für achtzig Dollar kaufte ich nach langem Grübeln eine schlichte Silberklemme für die vielen russischen Banknoten. Mit der kleinen, türkisfarbenen Schachtel ging ich hinaus, um nach fünf Minuten empört über meine weibliche Hasenherzigkeit wieder hineinzumarschieren. Den besten Auslandsposten der ARD hatte ich nun, in meinem geliebten Moskau – und dann nur eine dämliche Banknotenklemme? An der Glastheke mit Kreationen von Jean Schlumberger blieb ich hängen, wahres *blingbling*. Einen solchen wunderschönen, edelsteinverzierten Ring hatte ich in Moskau bei Irma Ruge bewundert, als Trauzeugin bei der Hochzeit mit Gerd. Vielleicht war es eine vage Dankbarkeit an die beiden, weil sie wundervoll und lustig mit der Berufsanfängerin umgegangen waren, jedenfalls kaufte ich eine Variante für 2000 Dollar, was damals viel, viel Geld war, und suhlte mich in Aufstiegsgefühlen. Der feine Schlumberger lebt seitdem auf meinem Finger, neben der dicken Roxane. Moskau und »Monitor« in Gold gegossen. Prägend für die Tochter aus scheckigen Verhältnissen.

Ich experimentierte gern mit dem Fernsehdinosaurier »Monitor«, Flügel sollte er haben. Die Recherchen im Ausland nahmen zu, weil so viele Themen längst »globalisiert« erklärt werden mussten. Arbeitsplätze in Deutschland wanderten nach Polen, später nach Bulgarien oder Rumänien, dann in die Ukraine ab – eine Kette sinkender Stundenlöhne. T-Shirts in Kölner Billigtextilshops wurden in Bangladesch unter miserablen Bedingungen genäht, nur dort fanden wir Beweise. Manchmal musste ich einfach selber Filme machen, die ich nirgendwo sonst fand. Wollte Diskussionen anstoßen, ergebnisoffen und überraschend zu Fragen über den Tag hinaus: Was ist links? / Kommt das Ende der Arbeitsgesellschaft? / Was ist digitale Identität? / Geht es ohne wirtschaftliches Wachstum? Die Filme, die ich etwas großspurig als Essays bezeichnete, ließen mich wieder eintauchen in Bildsprache, zehn, 15 Minuten lang – diese Entschleunigung war unüblich, tat gut. Als aber die Sendungslänge aller Politmagazine von 45 auf 30 Minuten gekürzt wurde, gegen unseren monatelangen Widerstand, gegen den Protest der Zuschauer, gegen meine intern und extern vorgetragenen Argumente, war es aus mit Schöngeistigem. Keine Zeit, kein Platz.

Privatleben? Fand wenig statt. Ich lebte wie ein Single, alles drehte sich um die Arbeit, 50-Stunden-Wochen trieben mich vorwärts, und sie machten das Alleinsein unfühlbar. Manchmal lud ich die »Bande«, wie schon Bednarz das »Monitor«-Team genannt hatte, zu mir ein, wie feierten heftig und lang, tanzten, tranken. Ich besitze noch ein Foto von einer dieser Sommernächte, als ich zur E-Gitarre griff und den alten Tanzhit »Aisha« laut mitspielte, x-mal hintereinander, bis die netten Nachbarn von gegenüber um Mitternacht anriefen und sich über die Monotonie beschwerten. Guter Hinweis, inzwischen hatten meine Finger die Gitarre mit Blut bespritzt. »Forever young«? Ein Foto hält die Pose fest. Ein paar Jahre erlaubte ich mir ewige Jugend, ein paar Jahre Partys mit »Rebel Yell« von Billy Idol und »Passenger« von Iggy Pop, wozu man abtanzen konnte bis zum Morgen, doch irgendwann verstand ich, dass meine Rolle eine andere sein musste, ich war nicht mehr eine von der »Bande«. Zu wahr, um schön zu sein: Je höher man aufsteigt, desto schwieriger wird es mit den Kolleginnen und Kollegen, mit denen man ein Projekt anfing. Ich wurde skeptisch, wenn jemand mich lobte oder zu meinen Witzen lachte. Was wollte der wohl von mir? Warum brachte die mir Kuchen mit? Als Chefredakteurin musste ich später regelrecht ankämpfen gegen diesen Reflex, überall Opportunisten und Schmeichlerinnen zu sehen, nicht einfach.

Bevor es weitergeht – ein Intermezzo. Dank meiner Bildschirm-Prominenz bekam ich oft Anfragen, dieses und jenes zu tun, das im weitesten Sinn Moderation bedeutete. Die Einladung, auf einem Luxusschiff meine Moskauer Erlebnisse vorzutragen (gegen eine Außensuite zu zweit plus 5000 Euro Taschengeld, wahlweise Hamburg–New York oder San Francisco–Hawaii), sozusagen als intellektuelle Animateurin, dieses Schmankerl lehnte ich ab, was sonst. Und Reklame zu machen für ein neues Spielcasino im Südwesten war auch vulgär. Sie stellten sich einen russischen Abend vor mit Anleihen bei Puschkin, ich sollte mich auch entsprechend kostümieren. Aber dann kamen die Köpfe des Kölner Literaturfestivals lit.COLOGNE auf die erstklassige Idee, Patti Smith und ihr glänzend geschriebenes Buch »Just Kids« von mir vorstellen zu lassen. Meine Göttin stieg zur Erde hinab. Zu mir!

Göttin? Patti Smith war in meine Jugend hineinexplodiert und hatte die Ordnung erschüttert. Punk? Rock? Poesie? Sie war »das magere Mädchen« von 1975. Sie war der Sound eines rohen, glücklichen Aufbruchs. Ihre Empfehlung für ein selbstbestimmtes Leben:

»Eine Mauer durchstoßen? Es gibt Millionen, die wir durchstoßen müssen. Den siebten Himmel erreichen? Ich will in den achten. Ich will jenseits von jenseits gehen.«

Ich sang damals »Gloria« laut mit und trug weiße Männerhemden zu schmalen Hosen und Stiefeln und war begeistert, wenn sie auf Konzerten nach aufdringlichen Paparazzi am Bühnenrand trat. Ihr Sprechgesang provozierte. Eins der härtesten, besten Lieder aus den Anfängen hieß »Rock'n'Roll Nigger« und war damals auch schon politisch völlig unkorrekt. Auch damals benutzte kein aufgeklärter Mensch das rassistische N-Wort. Sie nahm es für sich in Beschlag und haute es dem Publikum um die Ohren: »Jimi Hendrix was a nigger. Jesus Christ and Grandma too. Jackson Pollock was a nigger. Nigger, nigger, nigger!« Der legendäre Gitarrist, der Erlöser der Menschheit, ihre eigene, unangepasste Großmutter, der Avantgardekünstler – Fixsterne im Kosmos der Patricia Lee Smith. Und so nahm sie eine besudelte Vokabel als Auszeichnung für ein kompromissloses Leben.

So gern hätte ich sie damals persönlich kennengelernt ... Doch dann passierte genau dies, als ich fast 60 war. Das Publikum im Kölner Tanzbrunnen sah ein seltsames Paar auf der Bühne: sie ganz Rockstar und Rampensau und Lederstiefel, ich im Etuikleid, hohen Schuhen mit passender Handtasche, ein bisschen gestylte TV-Tusse. So sichtbar war ich nicht mehr »Rebel Rebel« und starrte sie unsicher an, diese Wilde mit grauer, langer Mähne. Sie zog die Stiefel aus und rotzte auf den Boden, ich sortierte mit großem Ernst meine Fragen zur Autobiografie, woher, was, wie, warum. Auch noch mit britischem Akzent.

Doch sie taute auf, und ich vergaß, investigative Journalistin zu sein, und genoss das Gespräch mit meiner Heldin. Wir grinsten einander an und waren zufrieden, und ich glaube, das Publikum auch. Alle sahen und hörten, dass aus einer Rock-Ikone eine große Schriftstellerin geworden war. Dann sang sie, *a cappella*, ihr erfolgreichstes Lied »Because the Night«. Ich erinnere, dass die inzwischen faltigen und grauhaarigen Zuhörerinnen und Zuhörer nostalgisch lächelten und die Hälfte feuchte Augen bekam. Da funkelte doch ein bisschen *forever young* bei allen.

Achterbahn II – Gefühl und Härte

Ein Publikum gewinnen? Niemand kennt das Rezept. Die Quotendiskussion der öffentlich-rechtlichen Sender der Nullerjahre ist manchmal geradezu närrisch und drückt auf alles Nachdenken und Tun. In Minutenschritten wird die Quote gemessen. Ja, man kann an Kurven, Einstiegs- und Ausstiegspunkten sehen, ob ein Thema interessiert, polarisiert. Ob die Menschen während einer Moderation schnell ins andere Programm umschalten, sehr ernüchternd! Jede Magazin-Macherin freut sich über viel Publikum, Millionen, was sonst. Aber viel zu viele andere Faktoren mischen sich in einen Erfolg ein: das Gegenprogramm, der Sendungsbeginn, die Jahreszeit. Die Quote gängelt und lenkt ab, glaube ich fest und sage es auch laut genug. Zu oft haben wir richtig gut gearbeitet und dennoch weniger Publikum packen können. Da ist eine »Monitor«-Ausgabe mittelmäßig und dennoch bleiben Millionen dabei. Was folgt daraus? Mich nervt, dass ich wieder und wieder den journalistischen Wert von öffent- lich-rechtlichen Politikmagazinen erklären muss. Sie sind nun mal Hybride: Ihre Themen sind meist zu vielschichtig, um in einer Nachrichtensendung aufgearbeitet zu werden. Und zu aktuell, um auf die lange Entstehung einer Doku zu warten. In Artikeln und Auftritten zoffe ich mich also mit allen, die den Politmagazinen Quotenvorgaben machen oder sie gar kürzen wollen. Ich lästere gegen ARD-Unterhaltungssendungen, nenne sie Trallala und mache mir echte Feinde. Berufe mich auf das Privileg der Öffentlich-Rechtlichen, von Beiträgen finanziert zu werden, d.h. wirtschaftlich unabhängig zu sein und nicht auf Quote schielen zu müssen. Mich ärgern auch Kritiker, die uns unterstellen, schulmeisterlich oder elitär zu sein. Der »erhobene Zeigefinger« ist ihr bescheuertes, falsches Bild von »Monitor«, und ich schreibe folgendes Credo für Vorträge und Medienseiten:

»Liebe Zuschauerinnen und Beitragszahler, Kritikerinnen und Hierarchen, glauben Sie mir, ich hege und pflege die Skepsis gegen alle … ismen. Nein zu Oberlehrern, Ideologien sind überholt, Werte aber nicht. Ich habe sture, aber nicht einbetonierte Vorstellungen von Anstand, Fairness und Solidarität, bei uns zu Hause und weltweit. Ich will eine Gesellschaft, die allen Menschen, unabhängig von ihrer Herkunft, Hautfarbe, Schicht, ihrem Geschlecht oder Bildungsstand, ein würdiges Leben ermöglicht.

Mir sind auch altmodische Wahrheitssucher, und tja, Miesmacher und Kritikerinnen lieber als leichte Kaliber, die nichts umtreibt außer Karriere und Kontostand. Leute, die sich zu viel mit der angenehmen Seite des Berufes identifizieren, die nie anecken und schnell nach oben wollen. Ich bewundere unabhängige Köpfe, es gibt keinen interessanteren Platz als den des Störenfrieds.

PS: Ich finde mein Team wunderbar und hochmotiviert und verstehe, dass sie manchmal Fehler machen. Sie haben Krach im Privatleben, weil wieder einmal ein Wochenende oder ein Abend wegen der Sendung kaputt gemacht wird. Sie haben Krach mit mir, weil wir sparensparensparen müssen, aber guter Journalismus kostet. Sie haben Krach mit dem Justiziariat, weil sie sagen wollen, dass ein Schurke ein Schurke ist, es aber nicht mehr so einfach dürfen. Sie kämpfen mit ihren Filmen dafür, dass die Dinge etwas besser werden. Sie gehen die Extrameile, und das ist es, was zählt.«

»Monitor« war also politisches, professionelles, menschliches Achterbahnfahren. Viele Feinde, die in der Redaktion tiefrote Linksradikale vermuteten. Viele Fans, die die Enthüllungen schätzten, manchmal bejubelten. Viele Kollegen und Vorgesetzte, die misstrauisch gegen unser Kollektiv-Auftreten waren, denn wir benahmen uns im Sender tatsächlich wie eine Mischung aus Wohngemeinschaft und Basisgruppe. Viele Mitarbeiterinnen und Kollegen, die meine Witzeleien über ihre fehlende Lässigkeit nicht unbedingt nachvollzogen. Doch die Redaktion und mich einte – die altmodische Beschreibung passt – die Kraft der Empörung. Wir wollten, dass Politik, Wirtschaft, Gesellschaft sich nach ihren Worten und Taten befragen lassen. Die Mächtigen sollten sich zu ihren Handlungen und Entscheidungen äußern, sich zu ihren Statements von vorgestern erklären. Investigativer Journalismus: Warum wurde die Riester-Rente so durchgepeitscht von der Regierung Schröder, wer verdiente daran? Korruption bei der FIFA, bei der Stadt Köln, Privatisierung von kommunalem Eigentum – wer wusste was wann und wem nützte es? Hartz IV, Steuerhinterzieher, Feinstaub – alles, alles konnte analysiert und eingeordnet werden, kein Thema war tabu.

Für wen setzte ich diese umständliche, kleinteilige, kostspielige Maschinerie in Gang, an deren Fließbandende ein Produkt ins Programmkörbchen fiel und hoffentlich von vielen konsumiert wurde? Wer war mit mir im Dialog? DER ZUSCHAUER. Die Leitlinien des Senders waren eindeutig: Der Zuschauer hat im Zweifel recht. Der Zuschauer will auf Augenhöhe angesprochen werden. Der Zuschauer sichert meinen Arbeitsplatz.

Die Briefe und Mails des Zuschauers stimmten aber nicht hoffnungsvoll. Beschwerden über die Themen. Beschwerden über unsere Einschätzungen. Beschwerden über die Moderatorin, hinter der gewiss BND, Mossad und CIA gleichzeitig stünden. Oder war sie von den Grünen bezahlt?

Beleidigungen und Verschwörungswahn nahmen an Wucht zu, und gern hätte ich so geantwortet: »Verschonen Sie mich mit Ihrer Mäkelei, Sie hassen Journalisten als Klugscheißer, dann schalten Sie doch weg, es gibt genug anderes. Gucken Sie doch irgendeine Call-in-Sendung und raten eine Automarke, die mit O beginnt. Oder suchen Sie politisches Asyl im Internet, da sind Konspirationsopfer und -täter zu Hause.«

Ja doch, meine inneren Wutausbrüche gingen vorbei, ich antwortete möglichst höflich. Aber schon lange vor Twitter und Facebook keimte eine Bösartigkeit, die Dialog nicht erlaubte und fassungslos machte. Verhöhnen, falsch zitieren, drohen. Manche Hassbotschaften an die »Serbin«, an die »Hure« ließen mich erschauern: »Du wirst ganz langsam verrecken« – wie ausgekotzt die vielen Ausrufezeichen und roten Hervorhebungen. Mehrfach wurde mir ein langsamer Gifttod angedroht, eine in der Bahn oder beim Bäcker verabreichte Spritze. Ein paar Wochen lang schaute ich tatsächlich über die Schulter nach hinten. Kühl bleiben war nicht so simpel, offensichtlich waren es Sexismus und Ausländerhass, die den Mann aufrührten. Ich machte eine Anzeige, das Verfahren wurde eingestellt, der Täter konnte nicht ermittelt werden. Von Polizisten und *Hate*-Experten hörte ich nur, dass da jemand wohl serbenfeindlich sei. Hm.

Es war aber auch der ZUSCHAUER, der uns stärkte und motivierte. Der Aktenordner mit den Pöbelzuschriften war zur Hälfte auch mit freundlichen Reaktionen gefüllt. Insbesondere, als wir in einigen Folgen darstellten, wie von der Wirtschaft bezahlte Lobbyisten wie selbstverständlich in Ministerien eigene Büros und Telefonnummern bekamen und dort als Externe an Gesetzesvorlagen mitarbeiteten. Sprich: die Interessen ihrer Arbeitgeber im Copy-paste-Verfahren in den Bundestag brachten. »Wenig Schiss, aber mit viel Biss und ein Halleluja auf alle Obrigkeiten«, schrieb ein Zuschauer. So sollte es sein. Und: »Finde es traurig, dass Ihnen und Ihren ernst zu nehmenden Kollegen unattraktive Sendeplätze wie auch zu kurze Sendezeiten zur Verfügung gestellt werden.«

Auf Interviewwünsche reagierten Politiker oder Firmenchefs meist unwillig. Es war, als ob wir einem Kampfhund den entzündeten Backenzahn ohne Betäubung ziehen wollten.

»Habt ihr eine Stellungnahme vom Minister?«

»Nein, er hat keine Zeit/ er ist nicht zuständig/ er verweist auf die Pressemitteilung.«

Natürlich wussten die Angefragten, dass sie in ein, zwei Magazin-Minuten zu einem kontroversen Sachverhalt selten eine gute Figur machten. Dass sie in einer Talkshow Zeit hatten, Kompliziertes zu erklären und sich ins positive Licht zu setzen. So wurde der Satz »XY war nicht bereit zu einer Stellungnahme« ein Mantra im Arbeitsalltag. Oder wir wehrten uns mit einem Überfallinterview, was ich inzwischen unfair finde. Da tauchte dann am Rande eines Events ein »Monitor«-Reporter ohne Anmeldung auf und stellte bissige Fragen, und wenn der Betroffene wegrannte oder nichts Gescheites sagen konnte oder vor der Kamera ausflippte, war das zumindest unterhaltsam. Selber schuld, dachte ich damals. Politmagazine waren nun mal in den Schmuddelecken der Demokratie unterwegs. Im besten Fall lieferten wir den Kickstart für Korrekturen, und irgendetwas war anschließend transparenter und gelegentlich besser, auch wenn man zuvor wichtige Player vergrätzt hatte.

So schon 2002 in meiner allerersten Sendung, als wir über bittere Sparmaßnahmen der Kommunen berichteten und, leider ziemlich überspitzt, das Ende des weltberühmten Tanztheaters von Pina Bausch vorhersagten. Der Teufel war am nächsten Tag los, der SPD-Oberbürgermeister fühlte sich vorgeführt, denn es stimmte zwar, dass Wuppertal rückläufige Einnahmen aus der Gewerbesteuer hatte und über Kürzungen bei den Bühnen nachdachte, aber Pina Bausch konnte weitermachen, was auch sonst. Autsch. Zum ersten, aber nicht zum letzten Mal machte ich persönliches *trouble shooting*, Ärger wegschaffen durch Gurren und Schnurren und direkte Kommunikation. Ich rief in Wuppertal an, gab unsere Recherche-Defizite zu, witzelte ein bisschen und entschuldigte mich unaufgefordert. Fehler zu machen war noch nicht großes Medienversagen und mit Höchststrafe belegt. »Ich entschuldige mich« – war keine inflationäre Floskel wie heutzutage.

Trouble shooting war auch das Manöver, als wir wegen eines Films über die Arbeitsbedingungen bei Air Berlin mächtig juristischen Ärger bekamen: »Monitor« will schlechte Arbeitsbedingungen bei Billigfluggesellschaften enthüllen. Flugbegleiterinnen und Piloten stellen sich als Zeugen systematischer Ausbeutung zur Verfügung: Dass oft genug die Arbeitsbelastung in den roten Bereich falle, dass nicht gut ausgebildet werde, dass Gewerkschaften nichts zu sagen hätten, dass man trotz Krankheit fliegen müsse etc. Sparen sei wichtiger als Sicherheit. Typischer Stoff für »Monitor«, ein echter Aufreger. Die Protagonisten werden anonymisiert, ihre Aussagen genau protokolliert. Der Chef der Fluglinie, Joachim Hunold, sieht es freilich anders und fordert eine Gegendarstellung und allerlei Reue. Wir wollen den juristischen Streit, ha, haben doch nicht Angst vor großen Gegnern? Doch die Zeugen bekommen kalte Füße, haben Sorgen um ihren Job, ziehen ihre Statements zurück, relativieren. Wir müssen eine Gegendarstellung senden. Für ein Politmagazin eine Schmach: vor Millionen zuzugeben, dass man eine Recherche nicht wasserdicht belegen konnte. Wir versuchen, vom Makel abzulenken. Egon Hoegen, die Sprecher-Legende, bundesweit bekannt aus der Kultserie »Der siebte Sinn«, wird eine redaktionelle Erklärung sprechen. »Eindruck X soll nicht erweckt werden, Y hat sich nicht bestätigt.« Alle werden denken, das sei wieder so eine mittelmäßige, unverständliche Satire, die sich die humorfreien »Monitor«-Leute ausgedacht haben. Leider findet es jemand im Team darüber hinaus sehr angebracht, den juristisch präzise vorgegebenen Text auch noch zu redigieren. Heraus kommt Murks. Unser Justiziariat verzweifelt, prompt und mit Recht verlangt Herr Hunold abermals Korrektur in der nächsten Sendung. Armageddon. Also besorge ich mir die private Handynummer von Herrn Hunold, wieder gurren und schnurren. Von Mensch zu Mensch.

»Sie wollen doch nicht, dass über die Airline weitergeredet wird. Irgendwas bleibt immer hängen.«

Und: »Sie wollen doch nicht eine tapfere, kleine Redaktion fertigmachen.«

Und: »Sie stehen doch auch für Meinungsvielfalt.«

Das macht Herrn Hunold neugierig, und er empfiehlt eine Betriebsvisite, »damit Sie sich ein Bild machen«. In Berlin werde ich in der Firma laut vorgestellt als »die Dame vom Magazin ›Monitor‹, der ihr gern etwas über die Arbeitsbedingungen bei uns sagen könnt …« Natürlich sind alle hochzufrieden und dankbar. Natürlich muss ich mir allerlei anhören. Am Ende aber verzichtet Herr Hunold auf weitere Forderungen, und wir können die Aktenordner zuklappen.

Ungnädiger war Gerhard Schröder, den wir regelmäßig vor einem Millionenpublikum wegen Hartz IV hart kritisierten und der Regierung sehr viel Nähe zur Versicherungsindustrie vorwarfen. Er konnte die Sendung und die Moderatorin nicht leiden, und das fand ich Jahre später so heraus: Gerhard Schröder, Kanzler a.D., sollte die Festrede zu einem wichtigen Journalistenpreis halten, eine Ehre für die gewerkschaftsnahe Otto-Brenner-Stiftung, die wirkungsvolle Medienarbeit machte. Ich war viele Jahre Mitglied der Jury, mit großartigen Kollegen. Zur tiefen Enttäuschung der Gewerkschafter sagte Schröder aber überraschend wieder ab. Warum nur?

»Mit Dr. Heribert Prantl (…) und Sonja (sic) Mikich, eine herausragende Repräsentantin des kritischen, unbestechlichen deutschen Journalismus, habt ihr zwei Highlights eingeladen …«, deren »geballte Kompetenz (…) mir eine Teilnahme verbietet«. Alles im leicht gekränkten Ton.

Muss zugeben, dass ich zufrieden gelächelt habe. Grundsätzlich ist es für eine Journalistin ein Ritterschlag, von Politikern und Politikerinnen nicht umarmt zu werden. Von Mächtigen nicht gemocht zu werden. Da erinnere ich viel lieber ein wahrscheinlich ironisches Gedicht von zwei, drei Seiten Länge, das mir ein Zuschauer schickte. Ein Auszug:

»(…) im zentrum jeder blick auf dich,
du bist exotik, das schöne an sich.
wie pures gold du glänzend, prangend,
ganz europa dich verlangend.
dich auserles'ne anzuschauen
bezaubert alle männer und frauen.«

Gefühl und Härte, Ehrungen und Schmähungen. Nach einem Jahrzehnt verließ ich »Monitor«, stieg auf in die WDR-Hierarchie, glaubte nun abgeklärt und abgehärtet für allerlei Prüfungen zu sein.
Ach was.

Achterbahn III – oben ist es kalt

Manchmal brüskieren Banalitäten. Ich erinnere einen Wutanfall, als ich eine Einladung der Intendanz bekam, die meinen Namen mal wieder versemmelte. Oben im Adressfeld stand *Sonja Mikich,* unten im hervorgehobenen Einladungsfeld *Sonia Mickich.* Auf demselben Vorgang. Wie konnte das sein? Nach Jahrzehnten in den Personalregistern und Adressenlisten und wirklich sehr, sehr vielen Namensinserts unter Tagesschau-Beiträgen? Was war so schwierig? Seit meiner Ausreise aus England im Kindesalter gab es diese Buchstabensuppe: Mikitsch, Mickech, Miki, Micklig, irgendwo habe ich die Anschreiben mit den Variationen zu einem – außerhalb Deutschlands – ziemlich simplen Nachnamen aufbewahrt. In der Druckerei der AVZ, wo ich als Volontärin täglich die Fahnen abholte, riefen die Männer ebenfalls täglich: »Der Kater Mikesch kommt, miau, miau.« In einer Reinigung fragte man mich, nachdem ich buchstabiert hatte, ob ich denn sicher sei, das wäre so komisch. Engste Freunde schrieben Sonja mit J, bis ich zu maulen begann. Ich rächte mich also für Jahrzehnte, indem ich nicht nur in der Intendanz fortan auf meinem vollen Namen bestand: *Sonia Seymour Mikich.* Sollten sie doch allesamt jedes Mal nachschlagen müssen ... Kränkung abgehakt.

Die Idee, mich als Chefredakteurin zu bewerben, im prallen Alter von 62 mit dem Ruhestand am Horizont, hat mich selber überrascht. Keine eigenen Filme mehr? Rein ins Organigramm? In die Welt der Vorschriftensammlung, Führungskräfteseminare und Stellenpläne? Ich?

Neubesetzung der Chefredaktion: Wohl reflexhaft wollte ich niemanden über mir haben, dessen Stil, Ambitionen, Arbeitsweise, Ticks, Talent ich ganz von vorn hätte ausloten müssen. Dann doch lieber selbst. Ich schrieb ein formloses Brieflein an meinen künftigen Vorgänger Jörg Schönenborn. Zunächst auf einem handgeschriebenen Zettel der Hinweis, »dass ich mobil bin«, falls neue Posten an der Spitze frei werden. Was ihn wohl mehr an die Initiativbewerbung einer jungen Freischaffenden erinnern mochte. Später, ordentlich auf einem DIN-A4-Blatt getippt, die Feststellung, dass ich den investigativen Journalismus im Sender gern weiterhin fördern möchte, und dazu ein trockenes Zitat von meinem Mann: »Große Regisseure gehen oft nur für eine Spielzeit an die Theater, und man redet noch Jahre davon.«

Und es geschah.

Dem Sender passte es auch sehr, in einer Phase der gewaltigen Umstrukturierung des WDR eine Journalistin der alten Schule für Inhalte zuständig zu machen. Mein, nun, freisinniges Verhältnis zum Verwalten schien nicht weiter zu stören. Sie wollten die Publizistin, nicht die Managerin.

Als Erstes führte ich Blitz-Dating ein, mit allen Angestellten des Bereichs Politik, Wirtschaft und Sport im WDR traf ich mich für je 15 Minuten, hörte zu, merkte mir Gesichter, tastete Zufriedenheit und Sorgen der Einzelnen ab. Nein, das war nicht die neue »Achtsamkeit«, ich wollte nur allen, die mich noch nicht aus der Arbeit kannten, die Gewissheit geben, dass ich ansprechbar bin, und versprach mir selbst, niemals Angst zu verbreiten. Jede und jeder in meinem Bereich, ob sie nun in Redaktionen oder Sekretariaten beheimatet waren, sollte wissen, dass da eine an der Spitze war, die Wert auf Selbstbewusstsein legte, auch um den Preis von Kontroversen. Man durfte und sollte widersprechen. Inhalte sollten mehr Gewicht haben als Status, so ungefähr stellte ich es mir vor. Ich versprach mir außerdem, dafür zu sorgen, dass andere glänzen, insbesondere die Leisen aus der zweiten Reihe. Doch die guten Vorsätze hatten Grenzen, viele Wünsche waren nicht zu erfüllen. Alte, bewährte Kollegen und Kolleginnen wollten ihre Arbeit fortsetzen und mussten doch Platz machen. Jüngere wollten Aufstiegsperspektiven, sofort, und mussten warten. Auslandsposten passten nicht immer zum Bewerber, und eine Bewerberin nicht zur Stadt ihrer Sehnsucht. Frauen warfen mir vor, sie nicht besonders zu berücksichtigen, und Männer grummelten, dass ich immerzu Frauen fördere. Auch nur einigermaßen gerecht und professionell zu besetzen, war Kraftakt im Labyrinth der Stellenpläne und der drastischen Etatvorgaben. Höhenflüge? Mich begrüßte gleich zu Beginn das vermutlich größte Sparprogramm in der Geschichte des Senders, und das stutzte die Flügel. Gelegentlich grätschten dann auch noch Hierarchen mit Vorstellungen oder Vorschriften rein. Wie sehr würde mich der Posten verändern? Und wohin?

Widersprüche und Kompromisse aushalten zu können, schärft den Blick. Ambivalenzen zu ertragen, macht stärker. Aber das musste ich als Chefredakteurin üben, mein launiger Aktionismus half nicht weiter im kleinteiligen, bürokratisch justierten Hierarchen-Sein. Der Alltag hatte eine Cha-Cha-Cha-Anmutung, zwei Schritte vorwärts, ein Schritt zurück und dreimal auf der Stelle treten.

Jahrzehntelang war das Fernsehen alter Schule meine Welt, in der es feste Redaktionen gab, die mit Cuttern und Kameraleuten für Sendungen sorgten. Eine geordnete Arbeitsteilung, die aber auch zu einer eindimensionalen Kommunikation führte, denn wir *sendeten,* das Publikum *empfing.* Nun galt es, zunehmend interaktiv und multimedial zu denken und zu handeln. Eigentlich eine Superchance, gute Inhalte mehrfach zu verwenden, im Ersten und Dritten Programm des Fernsehens, in Online-Angeboten, in den sozialen Medien und Mediatheken. Als Journalistin leuchtete mir die digitale Strategie sehr ein, als Chefin sah ich gewaltigen Druck auf die Teams zukommen. Viele grübelten, was aus ihrer Berufsbezeichnung wohl werden möge. Mutierten sie nun zu digitalen Oktopussen, die alles möglichst gleichzeitig können sollten? Recherchieren, interviewen, drehen, schneiden, texten, sprechen und dazu noch posten auf Twitter, Facebook und Instagram?

Druck kam auch von außen, und wie. »Lügenmedien«, »Journalistenpack«, »Merkels Marionetten«, »Willkommensklatscher«, so schrill klang es bereits während der Krise der Flüchtlingspolitik. Hässliche Begriffe kamen auf, »Asyltourist«. Das wurde wiederholt, verbreitete sich, schuf Illusionen von Wahrheit. Wenn Medien solchen Unsinn zurückwiesen, halfen sie noch, die Begriffe zu verankern. Was wiederum zu beweisen schien, dass Journalistinnen eben Gutmenschen wären, die die Sache der Regierenden betrieben.

Die Annexion der Krim durch Russland verschärfte die Vorwürfe noch. Wir seien Putin-Hasser und würden schamlos manipulieren, um Russland schlecht aussehen zu lassen. Jeder Fehler von Redaktionen oder Korrespondenten wurde 100-fach vergrößert, mochte man noch so oft darauf hinweisen, wie schwer es war, unter Kriegsbedingungen gleichzeitig sehr schnell, sehr viel und sehr präzise zu arbeiten. Das Vertrauen in die Öffentlich-Rechtlichen schien entzogen, paradoxerweise schalteten die Menschen bei großen Ereignissen, Anschlägen, Katastrophen doch weiterhin als Erstes die alten »Leitmedien« ein. Doch kurz darauf kamen mit zuverlässigem Grimm die Beschwerden auf den Schreibtisch.

Kein Arbeitstag ohne Shitstorm in den sozialen Medien. Es bedrückten mich nicht die Schäumenden, die uns eine politische Agenda oder Käuflichkeit unterstellten, die Fanatischen waren nicht zugänglich. Ich sorgte mich viel mehr um die Enttäuschten, die loyalen Nutzer der Öffentlich-Rechtlichen, welche die lärmenden Schlagworte in der Berichterstattung oder die Gästezusammensetzung in den Talkshows monierten. Die mit Recht moralische Überheblichkeit oder Realitätsferne bei manchen öffentlich-rechtlichen Persönlichkeiten spürten. Zum ersten Mal erlebte ich, dass Journalisten verachtet wurden, der Blick auf meinen Traumberuf war sehr unfreundlich. Viele unterstellten, wir seien vor allem getrieben von guten Quoten, Auflagen, Klickzahlen. Dass wir Fehler schönredeten, gern hart austeilten, aber sehr empfindlich waren, wenn es um Kritik an uns selber ging. Dass wir viel zu dicht an der Politik waren, insbesondere der Hauptstadtblase. Wie solche Kritik aufgreifen, ohne gleichzeitig Nestbeschmutzerin zu werden? Mir gefiel es nicht, für eine einseitige Gesprächsrunde, ein liebedienerisches Interview oder eine dämliche Überschrift mit verhaftet zu werden, gleichzeitig aber war ich vom Wert dieses Systems ARD nach wie vor zutiefst überzeugt.

Ich erinnere mich an den Dauervorwurf, wir würden über Russland »unfreundlich« berichten, immer nur aus einer negativen, westlichen Haltung heraus. Als ich entschied, eine andere Perspektive, ein Pulsfühlen bei den Russen selber, 60 Minuten lang, ins Erste Programm zu hieven, war dies umstritten. Putin war doch Demokratie-Verächter, die Annexion der Krim völkerrechtswidrig? Am Perspektivwechsel rieben sich sehr viele, denn in diesem Film sagten Russen und Russinnen nun, warum sie Putin gut fanden, sogar verehrten. Ein Versuch war auch die neue Gesprächssendung »Ihre Meinung«. Mit ihren eigenen Fragen und Meinungen (und schmerzender Kritik) waren Zuhörer, Zuschauerinnen, User der Mittelpunkt eines Austausches und nicht mehr wie Petersilie um eine Talkshow herum garniert.

Es fühlte sich richtig an, die Anstaltsmauern zu verlassen und sich dem Publikum zu stellen, sich von Angesicht zu Angesicht fragen und prüfen zu lassen, und so brach ich selber auch hin und wieder auf, als eine Art Markenbotschafterin, um für die Idee eines unabhängigen Journalismus zu werben. Sie kamen in die Volkshochschulen, Kulturzentren, Unis: die Kritischen, die Enttäuschten, die Neugierigen. Wollten wissen, wie Themenauswahl funktioniert, warum Programme wann gesendet wurden, an welchen politischen Strippen die Redaktionen hingen. Wie so oft lernte ich, dass wir Journalisten den Kenntnisstand der Zuschauer und Zuschauerinnen überschätzen und ihre Urteilsfähigkeit wiederum unterschätzen.

Die Konfrontationen waren gut: Auch als Journalistin eine klare Meinung zu haben, der viel Recherche und Faktensammeln vorausgingen – was war daran auszusetzen? Wir stritten, ob ein Berufsstand, der nicht durch Wahlen oder anderes legitimiert ist, sich als Vierte Gewalt bezeichnet. War das nicht reine Hybris? Wie weit durfte Engagement für ein Thema gehen, wo lag die Grenze zum Aktivismus? Ich verwahrte mich vor dem Vorwurf, Teil einer Elite zu sein, zu »denen da oben« zu gehören. Das empfand ich als persönlich beleidigend. Alle sind gleichermaßen »Mainstream«? Alle ticken gleich, berichten gleich, belehren oder manipulieren gleich? Von der BILD bis zur SZ, vom FOCUS bis zur WAZ, vom WDR bis RTL? Das Kanzleramt gibt morgens einen Marschbefehl an die Redaktionen aus, und ich setze es untertänig um? Gern hätte ich jedem Beitragszahler persönlich dafür gebürgt, dass es nicht so ist.

In Halle erlebte ich, wie drei, vier alte Herren rund 400 interessierte Menschen in Geiselhaft nahmen, ihre Abneigung gegen die öffentlich-rechtliche Besucherin auf der Bühne war überdeutlich, niemand kam zu Wort, so fließend lösten sie nach jeder Replik einander mit den nächsten Vorwürfen ab: »... aber was ist mit ...?« *Whataboutism* heißt der englische Begriff und ist eine gut funktionierende Strategie, jede respektvolle Auseinandersetzung zu killen. Die »Anfragen« zwangen zu Rechtfertigungen, sie kamen nie zu einem Ende. Aber ich kam zum Ende meiner Geduld und schnauzte los: »Was soll das jetzt? Sie können mir glauben, dass ich lieber diesen Abend zu Hause in Köln gemütlich mit meinem Mann verbracht hätte. Ich komme in meiner Freizeit hierher in die Leopoldina, weil Sie, die Zuschauer, das verdienen. Aber nicht, um mich verarschen zu lassen.«

Das Grobe half ungemein. Hinterher kamen viele Hallenser zu mir und entschuldigten sich für die Provokateure von Pegida und für eine Mehrheit, die ängstlich geschwiegen hatte.

»Haltung« ist ein umstrittenes Wort, das viele Deutungen zulässt. Ich meine damit nicht, mich moralisch über andere zu erheben. Für mich dient, ganz schlicht, der Journalismus der Demokratie, nicht aktivistisch, aber aktiv. Bloßes Weiterreichen von Information von oben nach unten, frei vom

Ideal, dass Aufklärung doch bitte auch etwas bewirken und bessern soll, ist doch wie *fast food*, macht satt ohne Nährwert. Immer informierter, aber nicht weiser.

Ich beharrte in Vorträgen und auf Publikumsveranstaltungen darauf, dass kritische Journalisten sich immer fragen sollten: *cui bono* – wem nützt das? Und ich zitierte aus der Uni-Zeit: WER will, dass ich WAS glaube und WARUM. Deswegen motivierte mich unsere investigative Arbeit, sie wurde in meiner Chefredaktionszeit immer prägender, wie gut! Nicht nur bei »Monitor« oder bei der Doku-Reihe »die Story« wühlten schon seit Jahren Einzelkämpfer sich durch Aktenordner und zugespielten Geheimpapieren durch, um bislang Unbekanntes zu veröffentlichen. Ich erlebte Kollegen, die für umgerechnet fünf Euro die Stunde enthüllten, Akte für Akte, wie der Kölner Klüngel funktionierte, wer davon profitierte, wie Steuergelder verschwendet wurden. Sie nahmen sich Zeit für Recherche, sammelten, ordneten ein. Sie durchwühlten Aktenberge, studierten die Rechtslage, trafen sich mit Whistleblowern und Informanten, konfrontierten Verantwortliche mit den Missständen. Sie waren Überzeugungstäter, keine honorarverwöhnten Stars und Ichlinge, die wichtig in die Kamera schauten. In Zeiten des Misstrauens gegenüber »den Medien« machte die Arbeit der investigativen Kolleginnen und Kollegen den kritischen Journalismus legitim, ließ Redaktionen und Sender glänzen.

Ich glaubte, diese Art des Journalismus müsste viel mehr Platz bekommen, und ich setzte mich ein dafür. Denn kein Ministerium, keine Behörde, kein Konzern, keine Bank, kein Kardinal, keine Polizeiwache, keine Lobby gibt Vertuschen, Lügen, Korruption, Machtmissbrauch freiwillig zu, meist sind sie von Journalistinnen oder Whistleblowern dazu gezwungen. Und ich respektierte die Kolleginnen und Kollegen und verstand, was sie antrieb. Sie verkörperten eine ziemlich masochistische Treue zur Demokratie. Sie deckten Interessenspolitik, Fehlleistungen oder Verbrechen auf. Sie buddelten mühselig, dokumentierten, veröffentlichten, um allzu oft vom nächsten Event oder Skandal beiseitegedrängt zu werden. Da musste man einen inneren Kompass, eine Haltung haben.

Nicht alle sehen es so, doch Haltung heißt für investigative Wühler auch »aushalten«, »durchhalten«: dass die Enthüllung in wenigen Tagen überholt ist, dass keine Staatsanwälte tätig werden, dass niemand zurücktritt, niemand bereut. Dass die juristische Absicherung immer mehr Arbeitszeit frisst. Dass die Dinge sich nicht bessern. Dass die Familie unter dem Druck leidet, dass man den Glauben an das Gute verliert. Jahrein, jahraus. Aber was ist die Alternative? »Irgendwas mit Medien zu machen«, nach Bildschirmpräsenz zu gieren und sich von der eigenen heißen Luft nach oben tragen zu lassen?

Weil Investigation also Geld und Zeit kostete, weil immer mehr Themen international angesiedelt waren, weil Datenauswertungen von einzelnen Redaktionen nicht mehr zu leisten waren, wurde es Zeit für Vernetzung: Das investigative Ressort des WDR teilte sich Recherchen mit Kolleginnen von der Süddeutschen Zeitung und vom NDR. Andere Sender und Zeitungen zogen bald nach, solche Kooperationen zwischen Öffentlich-Rechtlichen und Kommerziellen sind inzwischen Alltag. Und ein Erfolgsmodell: am bekanntesten die »Panama Papers« im Jahr 2016. Unvorstellbare elf Millionen Dokumente über weltweite Geldwäsche und Steuervermeidung wurden der Süddeutschen Zeitung zugespielt, später von WDR und NDR aufgegriffen. 400 Journalisten und Journalistinnen aus der ganzen Welt untersuchten die Tricks der großen Player beim Offshore-Geschäft. Staatschefs, Drogen- und Waffenhändler, gut vernetzte Prominente, Geheimdienstler, Banken, Kunsthändler standen auf den Namenslisten der Briefkastenfirmen in jenen Paradiesen der Geldgier und Unmoral, vulgo Steueroasen. Fazit der Recherchen: Durch Steuertricks gehen jährlich 360 Milliarden Euro an Einnahmen verloren. Die schiere Menge an Daten und Namen, an Bankauszügen und E-Mails hatten diese internationale Arbeitsteilung nötig gemacht, und international waren die Folgen. In Island und Malta mussten Regierungen zurücktreten, Betrüger wurden verhaftet, Gerichte verhängten Strafgelder, Finanzämter holten Geld zurück, allein in Deutschland bislang 160 Millionen Euro. Genau das motivierte so stark: ein Journalismus, der etwas bewirkt und nicht die Lebensdauer einer Fruchtfliege hat.

Die erfolgreichen Medienkooperationen nahmen Fahrt auf. In Malta gab ein Regierungschef sein Amt auf wegen der Berichterstattung über den Mord an der investigativen Journalistin Daphne Galizia. Ihre mutige Arbeit hatte die Einwohner Maltas zu Zigtausenden auf die Straße gebracht. Im Cum-ex-Skandal hierzulande, wieder ein Steuervermeidungssystem, sind inzwischen Topmanager in Fachanwaltskanzleien und Banken angeklagt. Und Gerichte halten fest, dass solche Geschäfte kriminell und strafbar sind. Aufwühlend auch die Enthüllungen von Menschenrechtsverbrechen in China gegen die Minderheit der Uiguren. Oder die kritischen Doping-Berichte, die zum Ausschluss Russlands von den Olympischen Spielen 2021 und 2022 in Tokio und Peking führten.

Wenn ich zurückschaue auf meine Zeit als Chefredakteurin, waren wohl die Stärkung des investigativen Journalismus und die Rettung der schrumpfenden Auslandsberichterstattung auch meine persönliche Geschichte. Während der Studentenzeit hatte eine Skepsis gegenüber Mächtigen begonnen, und Investigation hieß, sich große Themen und somit große Gegner auszusuchen. Sich mit Weltkonzernen anzulegen. Schmutzige Geschäfte von Prominenten durchzuleuchten. Islamistische und rechtsextreme Netzwerke, die unsere Sicherheit bedrohen, akribisch zu untersuchen. Die Namen von Umweltverseuchern auszusprechen. Nazi-Umtriebe oder rechte Netzwerke in Bundeswehr und Polizei zu enthüllen. Menschenrechtsverletzungen vor der Haustür und in aller Welt zu zeigen.

Mir gefällt weiterhin der Gedanke, dass die öffentliche Meinung innerhalb der Demokratien eine Großmacht sein sollte. *Name and shame,* benennen und bloßstellen. Schon vor über hundert Jahren erkannte der amerikanische Journalist und Zeitungsverleger Joseph Pulitzer:

»Wir sind eine Demokratie. Und es existiert nur eine Möglichkeit, die Demokratie zu stärken und das individuelle, gesellschaftliche, kommunale, staatliche, nationale Verhalten voranzubringen, und das ist: die Öffentlichkeit über das, was geschieht, zu informieren. Es gibt kein Verbrechen, keinen Kniff, keinen Schwindel, kein Laster, das nicht von Geheimhaltung lebt. Bring sie ans Tageslicht, beschreibe sie, greife sie an, mache sie in der Presse lächerlich, und früher oder später wird die öffentliche Meinung sie wegfegen.« Besser kann man es nicht sagen.

Freilich, die Grenzen eigenen Handelns spürte ich am Ende meiner Zeit als Chefredakteurin. Da kam *#metoo* in mein Leben. Im April 2018 stand der WDR im Mittelpunkt einer Skandalisierung, wie sie der Sender in meinem Berufsleben noch nicht erlebt hatte. Ein Betrieb mit 4700 Mitarbeiterinnen und Mitarbeitern hatte bekanntlich mehrere Fälle von sexuellen Übergriffen über einen Zeitraum von fast drei Jahrzehnten aufzuarbeiten. Ich bekam die Funktion, gleichzeitig Ermittlerin, Staatsanwältin und Richterin zu sein, das war verdammt bedrückend. Vieles arbeitete ich später in einem langen Selbstgespräch auf, das in der Frankfurter Allgemeinen Zeitung veröffentlicht wurde. Tagebuchnotizen und eigene Gesprächsprotokolle dienten als Grundlage:

Auslöser waren einzelne Beschwerden von jungen Frauen, meist Berufsanfängerinnen, die unwillkommene Avancen von älteren Vorgesetzten erlebt hatten. Sie beschrieben eindringlich die ungewollte Einladung zu einem Drink, die vorgebliche Produktionsbesprechung auf dem Hotelzimmer, das Tauschgeschäft Zuwendung gegen Aufstiegshilfe. Aber auch Bemerkungen, Blicke, Mails, Berührungen mehrdeutiger Natur. Vorfälle, die Jahre zurückreichten unter sich ablösenden Chefs und Chefinnen, wurden mit frischer Empörung erinnert.

Aufarbeitung der Fälle hieß: den Frauen richtig zuhören, Vorwürfe verstehen, protokollieren, sich ein Bild machen, die Informationen festhalten und an zuständige Fachabteilungen weitergeben. Gab es ein Verhaltensmuster? Passten Fakten zusammen, waren Aussagen stimmig? War dies irgendwo schon einmal besprochen worden und mit welchem Ergebnis? Warum war die Beleglage aus früheren Jahren so dürftig? Welche Akten gab es – oder eben nicht? War es unangemessen, ungeschickt, unsensibel, unmöglich, als Chef eine Berufsanfängerin zum Essen einzuladen?

Die öffentliche Empörung erlaubte keinerlei Nuancen und Zwischentöne. Wer von Graubereichen sprach, war verdächtig. (Nun, wer prinzipiell Kritik für gesund hält, darf nicht zartbesaitet sein.)

Das Fazit der Enthüllungen von stern, Correctiv, SPIEGEL und Co.: die männlichen und weiblichen Vorgesetzten hätten über Jahre abgehakt, verdrängt, vertuscht, vergessen, vergeben. Haut den Sender! Ich fühlte mich mitverhauen, und dies völlig zu Unrecht.

Gern hätte ich einen Adlerblick auf das Geschehen entwickelt, in Ruhe mich der Wahrheit genähert, das Thema war mir wahrlich bekannt. Aber ich mutierte zur Ausputzerin, nur raus aus der Gefahrenzone, nach innen und außen. Sonia, mach mal, du bist doch Feministin. In einer Zeit, da der Kampf gegen Sexismus und Machtmissbrauch neu gelernt werden musste und viele sich elegant wegduckten, brauchte ich sehr breite Schultern.

Ja, es waren sowohl Aufklärungswillen als auch Häme im Spiel. Suggestivfragen der Kritiker standen in meiner Sicht sehr oft an erster Stelle, Fakten und Stellungnahmen störten den *spin*. Und nächtliche SMS-Anfragen von schreibenden Kolleginnen strengten mich gewaltig an und machten meinen Mann wütend: »Was machen die mit dir?« Solche Krisen bringen wohl das Beste und das Schlechteste im Menschen hervor, und manche Alpha-Männer und -Frauen, die zuvor Feminismus nicht hätten buchstabieren können, setzten sich plötzlich an die Spitze der Aufklärung.

Einige Wochen nach den vielen Veröffentlichungen beklagte sich die erste freie Autorin, dass ihr abgelehnter Themenvorschlag nur auf Machtmissbrauch und Mobbing zurückzuführen gewesen sei. Leichte Panik in der zuständigen Redaktion, der Vorschlag war einfach nicht gut. Manche Sensibilität wurde zum Politikum geadelt und »Betroffenheit« unhinterfragbar. Es konnte jedoch nicht Sieg des Feminismus sein, wenn sich erwachsene Männer im Jahr 2018 fragten, ob sie nun allein mit einer jungen Frau im Aufzug sein dürfen.

Ich schrieb ein Fazit, als Kind meiner Zeit: Hashtags zu liken ist schwacher Ersatz. Schaut hin, was rechts und links von euch passiert! Redet miteinander! Habt Selbstvertrauen! Hakt euch unter! Nicht tuscheln, sondern laut tönen! Damit diejenigen in schwachen Positionen so stark werden, dass sie sich trauen, Nein zu sagen, wenn jemand sie bedrängt, der mächtiger oder wichtiger ist. Sie sollen Raum einnehmen, sichtbar werden. Respekt – was sonst?

Opfer – ist vorgestern, wie auch Riechsalz. Frauen sind nicht Schneeflöckchen, die sich bei Widrigkeiten auflösen. Sie sind eigenverantwortlich. Sie können Mikroaggressionen von Männern bewältigen. Durch Beschwerden, durch eine Ohrfeige, durch Lächerlichmachen. Sie können beim Date eindeutige Signale senden – und einfordern. Vorgesetzte dürfen in meiner Sicht nicht zu Helikoptereltern mutieren und alle Lebensrisiken absichern wollen.

Misslungene Flirtversuche, frustrierende Abenteuer, enttäuschende Beziehungen am Arbeitsplatz werden nicht aussterben. Krasse sexuelle Übergriffe sind künftig unwahrscheinlich, doch Partnerbeschaffung findet auch in Unternehmen statt, die Kollegen-Ehen und Seitensprünge zeugen davon. Ein Sender, eine Firma, eine Institution kann sich nicht wirklich gegen das sexualisierte Grundrauschen in der Gesellschaft immunisieren. Es ist komplex. Es ist widersprüchlich. Es ist politisch. Und daraus folgt: Den Ehrgeiz nie aufgeben, Machtmissbrauch zu verhindern, und gleichzeitig Illusionen abwehren, dass Anstand von oben befohlen werden kann.

Die Grenzen des Einflusses einer Chefredakteurin bekam ich auch bei einem Lieblingsprojekt aufgezeigt. Die Idee: »Die ARD verfilmt das Grundgesetz.« Nicht nur zum 70. Geburtstag im Jubiläumsjahr 2019 ein interessanter Versuch. Der freie Autor und Regisseur Andreas Maus hatte mich damit angefixt. Wir spannen herum und entwarfen ein Exposé. Alle Sender der ARD sollten sich je einen Artikel des Grundgesetzes vornehmen und in 15 Minuten Länge filmisch umsetzen, zu senden im Jubiläumsjahr des Grundgesetzes, möglichst nach den Tagesthemen im Ersten. Als Reportage, als Archivstück, als Zeichentrickfilm, als Inszenierung auf der Bühne – *anything goes,* alles war möglich. Mit den kreativsten Regisseurinnen und Regisseuren. Selber hatte ich riesige Lust verspürt, Artikel 4 GG filmisch umzusetzen, der das Recht auf freie religiöse oder weltanschauliche Ausübung verankerte.

Ich schlug den Kolleginnen und Kollegen vor, dass wir alle dasselbe Budget festlegen, damit die großen Sender die Kleinen nicht plattmachen mit üppigem Aufwand, und dass der WDR dann für einheitliches Marketing, Design usw. aus der Chefredaktionskasse bezahlt. Alle, wirklich alle waren dafür, sogar begeistert, was auf dieser Leitungsebene keineswegs selbstverständlich ist. Das wäre öffentlich-rechtlich im besten Sinne, das könnte später ins Bildungsprogramm, das passte. Leider, Chefredakteurinnen sind hierarchisch oben, aber eben nicht ganz, ganz oben angesiedelt. Und ich war nicht Königin der ARD. Das Projekt scheiterte krachend an zwei knappen Urteilen der Allmächtigen: »Das sehe ich nicht.« Und: »15-Minuten-Filme? Haben wir noch nie gemacht.« Eine Niederlage für die Chefredakteure und Chefredakteurinnen und eine persönliche Enttäuschung obendrein. So felsenfest war ich überzeugt, dass man ethische

Fragen, das große Ganze, immer wieder thematisieren sollte, auch für ein größeres Publikum und nicht nur in den zweifellos wertvollen Nischen des Nachtprogramms.

Nach meinem Abschied vom Sender habe ich das Projekt »Grundgesetz zum Mitreden« nochmals auferstehen lassen: Am Schauspielhaus Bochum konnte ich eine Gesprächsrunde gestalten unter dem Titel »Ausreden – zuhören«. 90 konzentrierte Minuten mit Schriftstellern, Dichterinnen, Aktivisten, Politologen, Juristinnen, Künstlern, Neurowissenschaftlern – alles möglich, nur niemand aus der Alpha-Politik oder dem Alpha-Journalismus. Kein Talk. Und dort im schönsten Theater Deutschlands fand dann die Reihe Grundgesetz statt, jedes Mal ein anderer Artikel aus unterschiedlichen Perspektiven. »Ausreden – zuhören« war sehr gut auszuhalten.

Achterbahn – schien das Prinzip der letzten Berufsjahre zu sein, mal Höhenrausch und mal Sturz in die Niederung. Wenn mir kleine Fluchten ins Programm zwischendurch gelangen, war ich wieder auf journalistischem Heimatboden. Vor der US-Wahl 2016, Donald Trump gegen Hillary Clinton, konnte ich noch einmal das Land bereisen und aufspüren, ob es sich unter Barack Obama verändert hatte, welche Probleme weiter schwelten. Gespräche mit der großartigen Schriftstellerin Siri Hustvedt, mit meinem schwarzen Freund Orrin Coward aus New York, mit arbeitslosen Fabrikarbeitern in Maine. Alles für diese »Lange Wahlnacht« in der ARD, in der viele Stunden lang ein Panoptikum an Eindrücken und Analysen geboten wird, gutes Fernsehen fürs Hirn, fürs Herz – wenn man sich denn dafür interessiert. Und, ganz wunderbar, kam ich ein paar Wochen später als Chefredakteurin dazu, das bis dahin einzige Fernsehinterview eines deutschen Senders mit dem amerikanischen Präsidenten Barack Obama am Ende seiner Amtszeit machen zu dürfen. Das passierte folgendermaßen:

Wie viele deutsche Medien hatte auch der SPIEGEL immer wieder ein Interview mit Barack Obama angefragt, vergeblich. Europäische Journalistinnen und Journalisten waren für den Stab im Weißen Haus, unabhängig davon welcher Hausherr gerade an der Macht ist, nicht besonders relevant. Ungefähr Radio Gaga aus einer fernen Erdfalte. Das mag betrüblich fürs Selbstbild sein, aber jeder einheimische Sender ist einfach wichtiger für die Pressearbeit als Blätter oder Sender jenseits des Ozeans. Die Korrespondenten des SPIEGEL machten nun einen ziemlich muskulösen Vorschlag: warum nicht mit dem Schwergewicht ARD zusammengehen? Magazin und Fernsehen, dazu zweifache Internetangebote. Das war ungewöhnlich und dazu geballtes Medienoutput für einen Präsidenten, der ein letztes Mal Deutschland besuchen würde, insbesondere seine enge Partnerin im Weltgeschehen – Angela Merkel. Die Amerikaner murmelten vage Zustimmung, und Hamburg und Köln wurden listige Verbündete bei schwierigen Verhandlungen.

Zunächst musste klargemacht werden, dass sowohl Klaus Brinkbäumer vom SPIEGEL als auch ich Fragen stellen würden. *What? Really?* Das kenne der Präsident nicht, das komme nicht infrage. Einer von uns zweien möge für beide Medien die Fragen stellen und Schluss. Lange Telefonate und Mails, um den Unterschied zwischen einem privatwirtschaftlichen und einem öffentlich-rechtlichen System zu erklären. Wir spielten *good cop – bad cop* und blieben stur. Beide oder keiner. Die nächste Hürde: »… bitte die Fragen vorher einreichen.« Synchron wurden wir das empörende Ansinnen los, »… so etwas ist in Deutschland völlig unüblich …«. Zum Schluss der Hinweis, dass der Präsident nur 15 Minuten zur Verfügung stehe, keine Minute länger. Das klang nach bestenfalls zwei Fragen. Könnte staubtrocken werden, dieses exklusive Interview mit Präsident Obama in Deutschland.

November 2016, ein großes Fernsehteam, die Gruppe vom SPIEGEL und das Personal der US-Botschaft in Berlin treffen sich zur Vorbereitung. Meiner Kollegin Friederike Hofmann fällt auf, dass die amerikanischen und deutschen Fahnen im holzgetäfelten Konferenzraum zerknautscht aussehen, völlig unwürdig. Leichte Panik, dann werden sie zum Hotel Adlon in Botschaftsnähe gebracht – bestimmt hatten sie dort die größeren Bügeltische.

Natürlich hatten wir viel zu viele Fragen, und wir verbrachten einige Zeit damit, eine gewisse Dramaturgie vorzubereiten, damit Wesentliches nicht unter dem Zeitdruck verloren ginge. Wir sprachen ja über Obamas abschließende Botschaft an die Europäer, über sein politisches Erbe. War er nun, gemessen an den Ansprüchen am Anfang, acht Jahre später doch nur mäßig erfolgreich gewesen? Hatte er nicht den tödlichen Drohnenkrieg stärker forciert als sein Vorgänger, George W. Bush? War Guantanamo geschlossen worden?

Ein paar Wochen zuvor hatte ich mit meinem alten Interview-Partner und Freund aus jener emotionalen Nacht in Harlem gesprochen. Orrin Coward hatte acht Jahre zuvor fest geglaubt, dass dieser neue Präsident die Türen für die Schwarzen in den USA aufgestoßen hatte, zumindest das. Jetzt war er enttäuscht, er musste aus New York fortziehen, weil er kein Wirtschaftsgewinner war, weil es für ihn kein

»Yes, we can«, keinen Aufstieg gegeben hatte. Der Rassismus lebte weiter, die Spaltung in Gruppen und Identitäten war noch viel tiefer und entlud sich in Gewalt, und der Populist Donald Trump konnte davon profitieren. Orrins Entfremdung zum einstigen Hoffnungsträger war spürbar. Noch einmal wählen gehen? Eher nicht.

Und nun saßen Klaus Brinkbäumer und ich, SPIEGEL und ARD, im kleinen Konferenzraum in der US-Botschaft mit frisch gebügelten Fahnen und warteten auf den Mann, der doch nicht über das Wasser laufen konnte. Wir waren in den Stunden vorher wieder und wieder gecheckt worden, die Security hatte die Fenster des Raums schwarz zugeklebt, der amerikanische Tross war so nervös wie wir. Mir entfielen alle trockenen Sprüche, dass dies doch nur Fernsehen sei.

Obama spazierte wohl vom Hotel herüber, ich hörte, wie die Sicherheitsbeamten so etwas wie »minus zehn«, dann »minus fünf« riefen. Minuten vor Ankunft waren gemeint. Ja doch, Herzklopfen und infantiles Kichern.

Amerikanische Politiker können so schön federn beim Auftritt, Obama kam herein mit dieser sportlichen Körperspannung und – ich schwöre – der Raum war schlagartig wärmer, heller, jede Verkrampfung löste sich. Charisma ist das Wort, Charme ist auch nicht schlecht, Ausstrahlung passt ebenfalls. Er nutzte unsere Fragen, um endlos zu dozieren und differenzieren. Mal vom Hölzchen aufs Stöckchen, dann wieder Gedanken voller Tiefe, ja Poesie. Und nein, er könne Edward Snowden nicht begnadigen, und ja, er sei stolz, wie die Welt Börsencrash und Wirtschaftskrise von 2008 unter seiner Führung bewältigt hätte, und zu den dunkelsten Stunden seiner Amtszeit gehöre der Amoklauf von Sandy Hook, als er den Eltern von 20 toten Schulkindern gegenüberstand.

Dass er eine Hymne auf Merkel sang, gehörte sich wohl bei einem Deutschland-Besuch, und doch klang es wie ganz neu formuliert. Hinter seinem Rücken schaute uns sein Presseteam böse an, die 15 Minuten waren längst vorbei, und einer zog die Hand über die Kehle, was beim Drehen *kill-kill-kill* bedeutet, »hört endlich auf«, doch wir fragten einfach immer weiter, und er schweifte immer weiter und höher, und zum Schluss gab es ein schönes Gruppenfoto mit Barack Obama. Nun, die Aktualität diktierte mal wieder, die Aura dieser gut 30 Minuten ließ sich ja nicht konservieren, es galt ein kompliziertes Timing beider Medien hinzubekommen. Wann würde das Interview online gehen? Wann würden die anderen veröffentlichen, wann wir senden? Dummerweise fand nämlich am Abend die große Bambi-Verleihung im Ersten statt mit vielen Prominenten und internationalen Stars, ein Heiligtum der öffentlich-rechtlichen Unterhaltung.

Ich habe die Mail gefunden, in der ich für eine anständige Sendezeit geradezu werben und bitten musste. Zum Glück war der scheidende Präsident und Charismatiker Barack Obama prominent genug, doch direkt nach der Tagesschau stattfinden zu dürfen.

Ein guter Tod – Anne und Stanko

D a war ein winziges Lächeln in den Mundwinkeln, dieser Hauch Leben. Es zuckte ganz fein, erlosch, zuckte noch mal, hielt an, war sichtbar, ergriff mich, machte mich ebenfalls lächeln, verschwand. Ich hatte am Freitag, am dritten Tag ihres Sterbens ihr leise gesagt, dass mein Mann nun auch gekommen war: »Detlef ist da, Mummy.« Und irgendetwas in großer Tiefe (oder war es große Höhe?) nahm wahr und freute sich. So wie sie in den Stunden zuvor bejahend murmelte, wenn ich etwas erzählte in diesem stillen Zimmer auf der Palliativstation. Drei Tage lang wohnte ich bei ihr, schlief auf der bereitgestellten Gästeliege. Ich erinnere freundliche Möbel, viel Gelb, Grün und Rot. Die Schwestern und der Arzt mussten irgendein Geheimnis haben, denn ich sah sie nie angestrengt. Alles durfte ich fragen oder erbitten, sie schenkten Zeit, als gäbe es diese gerade am Ende im Überfluss. Man konnte das Fenster auflassen, Sonne und Vogelkonzert trösteten: Schön ist das Leben, nimm jede Minute mit deiner Mutter an. Drei gute Tage und ein Vormittag, und ich war ihr nahe wie in der Kindheit.

Es ist ein Mittwoch, ich habe gerade im Büro meine To-do-Liste für den Tag vor mir, bin unkonzentriert und angespannt, denn ich suche nach passenden Worten, um meine todkranke Mutter davon zu überzeugen, sich doch noch mal der modernen Medizin anzuvertrauen. Weitere Chemos, künstliche Ernährung. Ein technologisches Wunder, ein neues Schmerzmittel? Als kleines Mädchen in London fantasierte ich gern Dramen und hatte mir vorgenommen, mit 80 zu sterben in einem großen Bett, in dem meine Mutter zeitgleich mit 100 stirbt. Wir würden die Hände halten und einschlafen, und da wäre keinerlei Schrecken. Aber jetzt ist eine Traurigkeit da, ohne sie zurückzubleiben, denn ein Speiseröhrenkrebs ist ein ganz übler Geselle, der Händchenhalten nicht kennt. Es kann nicht sein, dass Mummy stirbt. Doch, es kann.

Sie ruft also an jenem Mittwoch an: »Komm, ich habe dir etwas zu erzählen«, und ihr betreuender Arzt bittet um Eile. Ein paar Stunden später sitze ich an ihrem Bett und höre, dass sie etwas zum Einschlafen genommen hat, dass ich sie auf keinen Fall »zurückholen darf«. Sie hat keine Schmerzen, sie hat alles geregelt, sie will gehen. Die Miene des Arztes sagt dasselbe, ich habe kein Recht zur Einmischung. Ich verbiete mir Tränen und Erstarrung und frage nach einem zweiten Bett, denn ich werde bis zum Schluss bleiben. Am Abend lege ich mich zu ihr, wir schwatzen ein bisschen. Sie ist sehr stolz auf ihre Töchter. Meine Schwester Alexandra aus ihrer zweiten Ehe und ich aus der ersten sind ihre großen Erfolge, diese hat sie der Welt gegeben, und die Welt kann zufrieden sein mit Anneliese M., geborene C. Natürlich erinnern wir uns an Kindheitserlebnisse in London, als sie viel zu jung dieses Kind Sonia irgendwie großzog. Sie hatte keine Ahnung von Erziehung, die unzähligen Ratgeberbücher gab es noch nicht, Helikoptereltern, neue Väter und Latte-macchiato-Mütter auch nicht, sie schleppte mich einfach überallhin und ließ mich an den Wirren der Welt teilhaben: »… und du warst ein geduldiges, so liebes Kind und hast alles mitgemacht.«

Noch sind ihre Sätze verständlich, wenn auch leise vorgetragen.

»Weißt du noch, als dein Vater das große Motorboot mietete und wir einen Tag auf der Themse verbrachten?«

Und ob. Meine Eltern, ihre besten Freunde, deren kleine Tochter Marina und weitere Jugos schnellten den englischsten aller englischen Flüsse auf und ab, machten Picknick an lauschigen Ufern. Die Schwarz-Weiß-Fotos jenes Tages, solche mit gezacktem Rand, zeigen junge Immigranten vom Balkan, die es allmählich schaffen in der neuen Heimat. Nur lachende, herausfordernde Gesichter. Stanko Mikić, mein Vater, arbeitete damals in Südengland, auf der Isle of Wight, und er verdiente gut und gab es noch besser aus, wenn er am Wochenende zu Frau und Kind kam.

Nach der Scheidung und in meinem unfreiwilligen Exil in Deutschland sah ich ihn einmal im Jahr, wenn er auf der langen Autofahrt nach Jugoslawien einen Zwischenstopp in Herne machte. Der Mann, der »an allem schuld war«, so meine Mutter und die Familie. Der Mann, der mir eine Eintrittskarte für den Monumentalfilm »Ben Hur« schenkte, so die kinoversessene Scheidungswaise. Vater-Tochter-Gespräche führten wir damals nie. Wahrscheinlich waren kleine Wesen ihm fremd, wenn auch Fleisch von seinem Fleisch. Das war eine andere Vater-Generation, die die heutige Nahbarkeit nicht kannte, niemals wickelte, nicht fütterte, nicht zum Spielen einlud. War dieser dunkelhaarige, große Mann einer zum Schmusen oder Fürchten? Keine Ahnung, ich erlebte ihn zu selten. Ein Zoo-Besuch zu zweit mit Elefantenritt ist haften geblieben – wegen weiterer Fotos mit gezacktem Rand.

Als ich älter wurde, fand er mich wohl interessanter. Inzwischen war er Hotelmanager einer teuren Bleibe auf der Isle of Wight mit polynesisch dekorierter Bar und lebenden kleinen Alligatoren im Zierbecken, die ich mit rohem Hackfleisch füttern durfte.

Er hatte wieder geheiratet und zwei weitere Töchter, Tracy und Suzanne. Sie durften erst viel später davon erfahren, dass ich ihre Halbschwester war, ich war in ihren Augen eine seiner vielen Bekannten und Verwandten aus dem Ausland. Warum er mich so verklemmt verleugnete – sein Geheimnis. Verübelt habe ich es nicht, diese Generation sprach nicht unaufgefordert über ihre Vergangenheit. Wenn ich auf der Insel Ferien verlebte, erst mit Schulfreundinnen, später mit den wechselnden *boyfriends,* entledigte er sich etwaiger Schuldgefühle durch seine spezifische Art, mich ernst zu nehmen. Er ließ mich verschiedene Whisky-Sorten probieren, damit ich mich später im Leben nicht blamierte, er versuchte, mir Schach beizubringen, mit geringem Erfolg, er schleppte mich Minderjährige in ein Casino und ließ mich ohne Murren in Windeseile sehr viel Geld verlieren. Er machte es besser (dieses eine Mal), sahnte richtig ab, gab mir einen Blankoscheck für einen Kleider-Großeinkauf in einem modischen Laden. Er ließ mich seinen Jaguar fahren. Die Insel-Schickeria nannte ihn »Champagne-Charly«, er liebte »Moët et Chandon« und reihte die leeren Flaschen angeberisch am Gartenpfad entlang auf. Als Israel 1967 den Sechs-Tage-Krieg gewann, freute er sich offen und provozierte die stockkonservativen Nachbarn damit. Die Insel war eine Hochburg der Tory-Partei, er spürte die Fremdenfeindlichkeit ringsum und rieb jedem unter die Nase, dass Serben und Juden während des Zweiten Weltkrieges sich gemeinsam in Konzentrationslagern der Faschisten wiederfanden und darum vom Überleben viel verstünden. Wie er grinste, wenn seine Tochter zur Gitarre griff und vor den Hotelgästen »Hava Nagila« sang, das israelische Volkslied: »Lass uns glücklich sein.«

Wir stritten über Politik, er fand meine linken Brandreden albern, konnte immerhin der Sozialdemokratie etwas abgewinnen und las alle Pamphlete, die ich mitbrachte. Als er mir zum 25. Geburtstag eine Cartier-Armbanduhr, eine »Tank«, schenkte, war ich hingerissen von diesem Mann von Welt. Ein Fehler. Die streng eckige Uhr – benannt nach Frankreichs leichten Panzern an der Front des Ersten Weltkrieges –, sie war ein Fake, wie er mir ungeniert sagte: »Wozu braucht eine linke Studentin Statussymbole?«

Ich habe sie nie angezogen und besitze sie immer noch als Beweis dafür, wie in ihm Übermut und Zockerei lebten.

Mein Vater war am Ende wieder verarmt, er starb mit 59 an einem Herzinfarkt. In seinem alten Ford fanden sie ihn, und was mich sehr rührte: Im Auto hatte er eine Ansichtskarte von mir aufbewahrt, aus Neuseeland, wo ich gerade eine lange Serie fürs Schulfernsehen drehte. Das Telefonat mit der Todesnachricht erreichte mich Tage später in der Einöde. Er starb so unvorhergesehen, wurde so schnell eingeäschert, dass ich alles Zeremonielle verpasste. Insgeheim war ich sogar froh, am anderen Ende der Welt zu sein, denn ich durfte für mich allein traurig sein, so wie ich es kannte nach diesen Wochenend- oder Ferienbegegnungen mit ihm. Eine freundliche, wenn auch vage Präsenz im Hintergrund war nun ganz und gar aus meinem Leben verschwunden.

Auf der Palliativstation ist es Abend geworden, Donnerstag. Ich schaue meine Mutter an, wie sie sich ganz langsam entfernt. Stunde um Stunde werden die Reflexe schwächer. Am Lavendelöl schnuppert sie nicht mehr, die Nasenflügel zittern nur ein bisschen. Manchmal röchelt sie kurz und furchtbar, und die Schwester muss mich beruhigen, dass dies normale Körpervorgänge seien, keine Quälerei bedeute. Die Augen sind längst geschlossen, scheinen aber Bewegungen im Zimmer zu folgen. Der Mund entspannt sich, wenn ich ihn mit dem großen Wattestab feucht auswische, das mag sie wohl.

Ich sage ihr wortlos:

»Ich fand dich immer mutig. Weißt du noch, als wir beide mit meiner Freundin Dagmar im Wald mal Picknick machten, ich war gerade mal 15, und dieser eklige Exhibitionist uns auf die Pelle rückte? Du hast ihn beschimpft und einen Ast geschnappt und bist schreiend auf ihn los, und er flüchtete vor diesem Wutweib.«

Unerschrocken und ohne Sprachkenntnisse erkundete sie Moskau, wo sie mich als Rentnerin besuchte. Abends strolchte sie durchs Viertel und kaufte in kleinen Läden ein, die ich selber nie zuvor entdeckt hatte. Oder sie hielt ein Auto an und machte dem Fahrer klar, dass sie zu müde sei, um weiterzulaufen, und er sie doch bitte die nächsten zehn Kilometer befördern müsse, auch wenn er eigentlich einen anderen Weg hatte.

Sie war 13 oder 14, als sie im Zweiten Weltkrieg mit Hunderten anderen Kindern vom Ruhrgebiet nach Heringsdorf an der Ostsee evakuiert wurde. Das Ruhrgebiet wurde bombardiert, und sie wusste nicht, ob sie Eltern, Brüder und Schwester je wiedersehen würde, welche Einsamkeit! Beliebt waren diese kleinen Flüchtlinge-auf-Zeit ganz und gar nicht bei den Einheimischen, der Sohn des Hauses kam ihr immer wieder zu nah und machte schlüpfrige Andeutungen.

Immerzu war sie hungrig, immerzu den Tod, die Vergewaltigung, das Elend vor Augen. Zurück kehrte sie in eine Ruinenlandschaft und hatte, wie mein Vater in einem anderen Land, das Überleben gelernt. Zäh griff sie zu, wo sich Gelegenheiten anboten, und vertraute sich selber am meisten. Bis ins hohe Alter schätzte sie das Materielle zu sehr wegen der geheimen Furcht, dass sich Sicherheit wieder in Luft auflösen kann.

Sie liebte das Autofahren, ihr erstes Auto war ein ehemaliger Metzgerei-Lieferwagen ohne Heizung und fast ohne Bremskraft, grün mit Rostflecken, und sie fuhr mit meinen Kusinen und mir ins tief verschneite Sauerland und rutschte unbekümmert über glatte Fahrbahnen, damit wir Stadtkinder Skifahren lernten. Wozu waren Autos denn da? Noch als Rentnerin versuchte sie auf der Autobahn andere Verkehrsteilnehmer – »ja, pennt der da vorne?« – durch penetrante Huperei und dichtes Auffahren zum Gasgeben zu bewegen, immer hatte sie es eilig. Ihr Lieblingsauto von vielen war ein aufgemotzter Mazda, der sich zu Recht auf »Platz da!« reimte, und wie schmählich kam es ihr später vor, sich mit einem vernünftig-sparsamen Fiat Uno zu begnügen, mit dessen Lichthupe sie dennoch unbeirrt die LKW vor ihr terrorisierte. Ich saß neben ihr, bangte um mein Leben und durfte nie, nie ablösen. Zu ihren vielen Qualitäten gehörte eine gewisse Sturheit, bei den eigenen Aktionen nur ein gutes Ergebnis zu erwarten, und ich glaubte ihr aufs Wort, als sie – über 70-jährig – sinnierte, wie schön doch eine Schafsfarm in Australien wäre. Müsste doch gehen, sie wäre ja in Form.

Wir sind uns nichts schuldig geblieben. Sie hat mir verziehen, dass ich mich jahrelang wenig um sie kümmerte, auch nicht zu Weihnachten eine gute Tochter sein mochte.

Ich habe ihr verziehen, dass sie eine zweite Ehe einging mit einem unsympathischen Mann, der sie unglücklich machte und mich mit autoritären Erziehungsideen partout brechen wollte. Mal enttäuschte sie mich, mal ich sie, und wir verrieten beide phasenweise die innigste Zuneigung, die uns in meiner Kindheit verband.

Es ist Samstagvormittag. Ihr Leben weicht zurück. Sie war eben meine erste, große Liebe, zwischendurch eine Schwester, eine Fremde, ein Familienmitglied. Und am Ende wieder die sehr geliebte Mutter, die nun stirbt. Der Arzt mahnt ganz freundlich:

»Wenn Sie immer im Zimmer bleiben, kann sie nicht loslassen, machen Sie es ihr leichter.«

Ich flüstere ihr ins Ohr, dass ihre Schwester Dagmar gekommen sei und wir ganz schnell einen Kaffee holen gehen. Eine halbe Stunde später betrete ich diesen Abreise-Raum – sie ist weit weg. Die Schwester hat ihr Blütenblätter über das Bett gestreut und die Hände fromm gefaltet, die Sonne scheint drauf. Ich fotografiere sie, ich will ihren guten Tod festhalten. Ganz sicher hilft Mummy, mir die Angst vor dem Sterben zu nehmen.

Oh Hellas – *ochi* heißt nein

Farinelli ist bei der zehnten Strophe. Und ich weiß, dass er noch viele, viele weitere singen kann, der Angeber. Er ist mein Verbündeter in der Nacht, wenn ich nicht schlafen kann, ich höre ihm zu und lobe ihn wortlos und bin geborgen in seinem grünen Opernhaus. Farinelli nenne ich die Nachtigall hinter dem Haus, ein Männchen. Er ist nach meinem Gefühl der Champion unter seinesgleichen, kein Vogel tiriliert, zwitschert, klagt, flötet so brillant. Mal schmelzend, mal keck, mal fröhlich. Er kann *crescendo, allegro, fortepiano* und hastenichtgehört. Mein Farinelli ist noch ungebundener Single, und darum ist sein Repertoire besonders umfangreich. Man will einer potenziellen Braut schließlich etwas bieten.

Wir leben viele Wochen im Jahr in Griechenland, wo es einsam und grün ist und wir von Schneegipfeln auf die Ägäis schauen können oder vom Meer auf Bergdörfer und Olivenhaine. Hügelig ist es bis zum Ufersaum, hier und da teilt eine steile Schlucht die Baumterrassen, das kann das Wandern mühselig machen. In der Tiefe der Schlucht verwirrt eine Masse von Grün, abgestorbene, lebendige, künftige Sträucher und Bäume, den Bach ganz unten sieht man kaum. Steineichen, Kastanien, Pinien wachsen zu Herrschern heran, umarmt von Schlingpflanzen. Anderswo füllen trockene Hügel, von undurchdringlicher, immergrüner *macchia* bedeckt, den Blick der Wandernden, hier halte ich mich an die *monopati* der Hirten, die mit Schafen und Ziegen herumziehen, von sehr großen, gelblichen, halbwilden Hunden begleitet. Manche Hunde wachsen mit ihrer Herde auf, sie umkreisen die Tiere unentwegt, sie sind lautlos. Es ist ratsam, ihnen nicht zu nahe zu kommen, wenn kein Hirte in der Nähe ist.

Seit einigen Jahren versuchen Einwohner und ausländische Dauergäste die jahrhundertealten *kalderimi* wieder freizulegen, ein Netzwerk von Eselspfaden, mit glatten Steinen gepflastert. Sie verbanden einst die Dörfer und sind wenig erkennbar unter Büschen und Gräsern verborgen. Durch die Olivenhaine zu gehen, erinnert an Sagen der Antike, oft schon sah ich in den erstarrten Windungen eines alten Baums eine elegante Nymphe oder einen knorrigen Halbgott. Viele haben schon das Licht Griechenlands besungen, recht haben sie: Die silbergrüne Farbe der Blattunterseite eines Olivenbaums gibt dem Licht ein magisches Flirren.

Gepflegt sind die Grasböden unter den Olivenbäumen. Das müssen sie sein, wegen der Ernten im Winter, wegen der großen Feuergefahr im Sommer, Gestrüpp wäre gefährlich. Schlangen halten sich gern darunter auf, auch wenn die meisten nicht giftig sind. Manche sind auch gar keine Schlangen – obwohl sie zuverlässig erschrecken –, sondern einfach sehr lange Blindschleichen, irgendwann bekommt man einen Blick dafür. Die Vierstreifennatter hat leider die Angewohnheit, auf Bäumen, tja, abzuhängen und sich plötzlich fallen zu lassen, sie ist aber harmlos. Ein Freund erzählte neulich vom Zweieinhalb-Meter-Exemplar, das sich gern in Maschendrahtzäunen nah am Haus sonnte und noch nicht einmal von einem kalten Wasserguss beeindruckt war. Sie leben einträchtig nebeneinander, und er hat die gemütliche Schlange Janni getauft. Alle Männer hier heißen Janni, Kosta, Nikos oder Mitsou, nach Vater und Großvater.

Wir haben griechische und auch deutsche Menschen hier sehr gern, es gibt immer etwas zu tun oder zu lernen, wir finden uns in den Eigenarten auf dem Land zurecht und mögen jedes Wetter, jede Jahreszeit, bis auf den heißen August. Das nächste Dorf ist etwa fünf Kilometer entfernt, zur nächsten Stadt müsste ich eine Stunde fahren. Wie gut, dass ich so selten irgendetwas muss. Ich werde immer bedürfnisloser, ich brauche nicht viel, um sehr, sehr zufrieden zu sein: Nachtigallen & Co. in großer Abgelegenheit und am Himmel ein großes Spektakel. Jeden Tag führen Sonne, Mond und Sterne ein anderes Stück auf.

Es war um 1975 herum, in Aachen war es kalt, Semesterferien standen bevor, und ich wollte unbedingt weg, weg, weg. In Staneks »Türmchen«, einer Kneipenlegende, hing ich einen Zettel auf:
»Suche Mitfahrgelegenheit nach Marokko oder Griechenland, habe Führerschein.«
Flüge und Züge waren jenseits studentischer Gepflogenheiten und Kontostände, wozu hatte der Volkswagen-Konzern den Bulli erfunden? Mein Plan war ... keiner. Einfach irgendwie irgendwo ankommen, dann per Anhalter oder Bus durchs Land und aufregende Leute kennenlernen. Es meldeten sich Achim, Sänger der angesagten Punk-Band Neon Kits, der einen gerade noch fahrtüchtigen Opel Rekord hatte, und Bübi, der Kunststudent, den ich vom alternativen Kino Diana kannte. Griechenland sollte es werden. Die faschistische Junta hatte gerade abgedankt, fast über Nacht hatte das Militär die Macht abgegeben. Mikis Theodorakis, der

weltberühmte Komponist und Widerständler, den die Obristen gefoltert und eingekerkert hatten, war aus dem Exil zurück. Die Schauspielerin und Sängerin Melina Mercouri kehrte ebenfalls aus Frankreich zurück ins Heimatland und wurde Politikerin. In dieses neue, demokratische Griechenland konnte man guten Gewissens reisen, wir lösten uns mit dem Fahren ab und waren in 30 Stunden da, südlich vom Olymp, es war Anfang März.

Wie arm das Land war. Im Dorf gab es am zentralen Platz, der *platia,* einen einzigen, dunklen, fast leeren Laden, der gerade mal Tomatenpüree, Öl, Knoblauch zu verkaufen schien, und wir ernährten uns oft von geröstetem Brot mit solchem Belag oder aßen Spiegeleier in Olivenöl gebraten. Ich starrte die Kinder an in ihren löchrigen Pullovern und ärmlichen Sandalen für Winter und Sommer gleichermaßen, und sie starrten zurück. Die Frauen trugen überwiegend schwarze Trauerkleidung und hielten sich von uns fern. Unser fremdes Auto wurde angestaunt, erst recht die Tatsache, dass wir Benzingutscheine hatten, denn der Verkauf von Treibstoff war streng limitiert zu jener Zeit, es gab nicht genug davon für alle. Die Teerstraße von der größeren Stadt hierher endete abrupt hinter dem Dorf. Weiter kam man nur mit Moped oder *trikiklo,* unendlich langsam über Schotter und Schlamm schleichend. Ein Trikiklo war ein dreirädriges, meist grünlackiertes Ereignis, schmal genug für enge Dorfgassen, in der Kabine vorn gerade mal Platz für zwei dicke oder drei sehr magere Menschen. Wichtiger war es, dass die Lasten hinten Platz hatten. Das Dreirad ersetzte den Esel mit jeweils einem Sack auf jeder Seite und eineinhalb Reitern obendrauf. Ähnlich schwer zu lenken und nicht viel schneller.

Das Land hatte gerade sieben Jahre Militärdiktatur hinter sich, Jahre politischer und wirtschaftlicher Verwüstung durch den Bürgerkrieg zwischen links und rechts und davor die deutsche Besatzung im Zweiten Weltkrieg, deren Strafexpeditionen in der Zivilbevölkerung mich immerzu beschämen. Beim Herumfahren auf den Nebenstraßen sieht man die Gedenktafeln, die an ein Massaker erinnern, als deutsche Soldaten Männer, Frauen und Kinder hinrichteten, um sich für einen Partisanenanschlag zu rächen. Politik, Widerstand, Nationalstolz, Identität sickerten in Griechenland in jede Alltagsnische. Wer gehörte zu wem? Wer hatte »damals« was gemacht – oder unterlassen? In welche Familie durfte hineingeheiratet werden? Sogar die Tavernen waren parteipolitisch abgestempelt. In meinem Dorf ging man entweder zu Nicoletta aus kommunistischer Familie oder zu Janni, dem Konservativen von der Nea Demokratia. Einfach wechseln, mal hier, mal da, es ging doch nur um Essen und Trinken? Nein, das konnten nur wir Fremden uns erlauben.

Doch wir wurden unterschiedslos von beiden Seiten willkommen geheißen, auch wenn die langen Haare der Männer und die Hippie-Allüren der Frauen befremdlich waren. Die Landbevölkerung kannte ja nur die Männer- und Frauenbilder der griechischen Orthodoxie. So saßen sie stundenlang auf dem Dorfplatz, diskutierten, tranken den traditionellen *tsipouro* und spielten *tavli*, während die Frauen daheim kochten, putzten, fütterten, ernteten.

Janni-der-Wirt wurde unser Lehrer der griechischen Lebensart.

Lektion eins: *tsipouro*. Jede Familie hatte ein eigenes Rezept für diesen Tresterbrand, der gläschenweise mit einem Eiswürfel getrunken wird (früher in der kühlschranklosen Zeit mit einem Schluck Wasser). Am besten ist der mit Anis aromatisierte, aber Janni hatte das harte Zeug, und wir mussten mithalten.

Lektion zwei: Olivenernte. Sie war zum Glück fast vorbei. Die Reste lagen unter den Bäumen auf Netzen, wir mussten uns bloß bücken. Na ja, bloß? Es war unfolkloristisch und scheußlich anstrengend, und ich merkte mir vor, nie wieder um diese Jahreszeit zu kommen.

Lektion drei: Kaffeetrinken und Rauchen. Gewöhnte ich mir erst dort an. Kleine Tassen mit süßem, dickem Gebräu, dazu jede Menge Zigaretten. Ersetzte jedes Frühstück.

Lektion vier: Dynamit-Fischen. (Ja doch, schrecklich unterentwickeltes Umweltbewusstsein.) Wir saßen mit Janni-dem-Wirt, seinem Bruder und anderen Gestalten im Boot, sie warfen die Stangen ins Wasser, ein kleiner Puff, und hoch kamen die Fische, die eingesammelt wurden. Die Männer waren geschickt, keiner vermisste einen Finger oder eine Hand, was sonst häufig vorkam. Der Staat musste jahrzehntelang massiv kontrollieren und Strafen verhängen, um diese Tradition endgültig zu beenden. Bis heute haben sich die Buchten noch nicht richtig erholt.

Lektion fünf: Sprache. Ich lernte blitzfix, alles *orea* und *kala*, schön und gut, zu finden. Und staunte sehr, wie liebevoll sie sich mit den übelsten Schimpfwörtern begrüßten: *malaka*, *pousti*. Beim interkulturellen Austausch waren sie doch recht verdutzt, wie farblos unsereiner fluchte …

Ich gab die Unberührbare: Da die sexuelle Revolution der deutschen Unis inklusive befreiter Weiblichkeit hier noch nicht angekommen war, hütete ich mich davor, oben ohne (wie es damals verklemmt hieß) in der Sonne zu liegen oder gar mit einem schönen, jungen Griechen zu flirten. Das konnte zu ernsthaften Missverständnissen führen. Irgendwann brach ich den Aufenthalt im Dorf sogar abrupt ab, weil einer dieser jungen Griechen etwas zu heftiges amouröses Interesse entwickelte und ich mich um die Unversehrtheit meiner männlichen Mitreisenden sorgte und um meinen Single-Status. Er war Kampftaucher der griechischen Marine, stolz und schön wie eine antike Statue – und an Nein nicht gewöhnt.

Auf dem Land haben bis heute die Frauen eine gewisse wirtschaftliche Macht, traditionell gehören ihnen die Grundstücke, sie sind Herrinnen im Haus. Die Männer sind für das Externe zuständig, wozu das ernsthafte Sitzen und Sinnieren auf der *platia* gehören. An einem Nachmittag hatte Janni-der-Wirt riesigen Streit mit seiner Frau Malamo, warum wusste ich nicht. Sie faltete ihn zusammen, die Stimme eine Terz höher als gewöhnlich, warf den Kopf stolz in den Nacken und rauschte davon. Janni blieb in seiner Taverne zurück mit vielen Männerfreunden und noch mehr Gläsern und Geschirr.

Ich sah, wie er herumeilte, schwitzte und fluchte, *malaka* usw. Ich bekam Mitleid mit ihm, denn er, der angesehene Patriarch, stand vor der wohl schlimmsten Herausforderung seines Lebens: einer Spülbürste und einem Berg dreckiger Gläser.

Ich warf feministische Grundsätze beiseite, erhob mich und spülte. Eine Stunde. Zwei Stunden. Sie hörten ja nicht auf mit dem *tsipouro* und den *mezes,* pro Glas mindestens zwei kleine Teller mit Fischhäppchen, Kartoffelstückchen, Gemüse, Oliven.

Janni vergaß es mir nicht, und ich galt danach als tugendhafte Deutsche, mein Rauchen und Trinken hin und her.

Noch drei-, viermal kam ich als Studentin in diese archaische Welt, lernte (Lektion sechs) Moped fahren, sah beim Schnorcheln übrig gebliebene Fische auf dem Meeresboden, beendete daheim den VHS-Kurs »Griechisch für Anfänger« vorzeitig und schloss mit Griechenland ab, andere Länder lockten. Doch Bübi, der Kunststudent, hatte sich endgültig in diese Gegend vernarrt, gab das Studium auf, fuhr zwei Jahre lang nachts Taxi in Aachen, um genug Geld für ein Grundstück zu haben, und zog mit seiner großen Liebe Uli hierher. Sie wohnten zunächst in einem Zelt, dann in einer Hütte, bekamen zwei wunderschöne Töchter und gründeten einen kleinen Bau-Betrieb. Sie sind bekannt, integriert und beliebt. Eine glückliche Umsteigergeschichte, und was ich nicht wissen konnte: gut 30 Jahre später würde sie für mich weitergehen.

2005: Es war noch vor der Krise, vor dem europaweiten Interesse am Bruttoinlandprodukt eines kleinen Landes mit zehn Millionen Menschen. Griechenland hieß vor allem Urlaub, also Strände, Akropolis und Delphi, abends Taverne und entspannte Verbrüderung auf ein paar Wochen. Eine langjährige Liebe war zu Ende, ich war ungebunden, und meine einzige Verantwortung war, kompromisslos frei zu sein. Ich war auf der Suche nach dem Süden meiner Jugend, als die Sonne so unfassbar gleißte und die Zikaden lärmten. Jetzt musste ich nicht mehr zelten, jetzt würde ich zu den Freunden von damals fahren, zu Bübi und Uli. Ein Anruf – nach dreißig Jahren Funkstille – genügte:
»Kennst du mich noch? Ich will mal vorbeikommen.«
»Na klar, dir entkommt man ja nicht im Fernsehen, gut, in Ordnung, kannst in der Holzhütte wohnen.«
Ganz leicht, wieder anzudocken. Wir gehen als Erstes zu

Janni-dem-Wirt, der mich wiedererkennt und nun eine Spülmaschine besitzt für größere Mengen Gläser. Wir behaupten, dass wir uns kein bisschen verändert hätten, und sind rührselig und trinken Tsipouro, nicht mehr den harten Selbstgemachten, sondern aus der Markenflasche und mit Anis versetzt.

Ich werde Janni-dem-zweiten-Wirt vorgestellt, er lebt dreißig Kilometer hinter dem ersten Janni, in den 1970ern nur mit Moped oder Esel erreichbar. Die Strecke war nicht nur unbefestigt, sie gab es eigentlich gar nicht. Legendär war das Große Wettrennen zwischen meinen Freunden und Aleko, dem Segler. Der hatte ein Pferd, Blanche, eine kluge Schimmelstute. Bübi hatte ein altes BMW-Motorrad mit Beiwagen, robust, nicht sehr PS-stark. Bei Janni-dem-zweiten-Wirt hatten sie zu lange das Leben gefeiert und waren, nun ja, sehr fröhlich. Sie wetteten darauf, wer als Erstes wieder zu Hause im Dorf ankäme. Bübi fuhr wildes Motocross mit kichernder Frau im Beiwagen, Aleko setzte sich siegesgewiss auf Blanche – rückwärts. Ganz Schnösel. Und Blanche kannte den Weg, die Löcher, die Abhänge so gut und wollte so dringend zurück in den Stall, dass die BMW keine Chance hatte. Aleko gewann, darauf eine Runde. Längst ist die Straße aus Asphalt, Fortschritt eben.

Die Klatschgeschichten sind unerschöpflich, und sie werden gern von vorn erzählt, immer wieder, erst recht, als mein Mann als neuer Zuhörer hinzugekommen ist. Zum Beispiel die Geschichte von der Wanne am Straßenrand. Kosta, der Vater von Janni-dem-zweiten-Wirt, legte sich stoisch im Sommer täglich hinein, sie wurde gefüllt mit Meerwasser. Er konnte nicht schwimmen, wollte aber irgendwie in die Ägäis, die ja nur zehn Meter weiter begann. Fotos existieren noch von ihm, ernsthaft und wenig bekleidet in einer Wanne, Vorbeikommende nicht beachtend, und er hält einen großen Regenschirm gegen die Sonne, Wellness heißt es anderswo.

Kosta konnte also nicht schwimmen, das aber konnten die Wildschweine der Gegend recht gut. Ein weiterer Janni, der Schmied, lebt auf einer sehr kleinen, vorgelagerten Insel, mit etwa 25 Einwohnern im Winter. Und dann sind neue Bewohner hinzugekommen, erzählt er. Wildschweine sind übers Meer geschwommen auf der Suche nach besserer Nahrung, auch in seinem Gemüse- und Obstgarten:

»Stell dir vor, die schwimmen einen Kilometer und fühlen sich zu Hause und vermehren sich, jetzt sind es schon über vierzig Tiere.«

Er hat Bewegungsmelder installiert, ein paar Nächte hat er auch mit dem Gewehr in der Hand sein Grundstück bewacht, vergeblich, die Wildschweine sind schlau und verwüsten effizient ein Beet in wenigen Minuten. Das ist nicht komisch, auf der Insel gibt es keinen Lebensmittelladen mehr und Gemüsegärten sind kein Hobby. Demnächst wird Janni-der-Schmied einen Stacheldrahtzaun um sein Land bauen, »sieht nicht schön aus«, und vielleicht kann er doch nachts ein paar erlegen, damit sie entmutigt wieder zurückschwimmen.

Überall streunen Hunde, sie liegen an den Straßenkurven, sie sind verwahrlost, oft krank. Manchmal knurren sie bösartig, doch sie rennen fort, wenn man sich nur ein wenig bückt, weil sie den harten Steinwurf fürchten – zimperlich ist die Landbevölkerung nicht, und Geld fürs Einschläfern oder Kastrieren hat niemand hier. Das Gegenteil machen die Retterinnen aus dem Ausland, die mit Liebe und viel Aufwand Hunde einsammeln und nach Deutschland oder Österreich oder England exportieren: »Sonia, kannst du nicht auf dei-

nem Rückflug einen Hund mitnehmen? Zum Adoptieren?«
Nein, kann ich nicht.

Da gab es den Esel Perikles, ein schönes Tier. Als sein
Besitzer starb, stritten sich Sohn und Tochter erbittert um
das Erbe, die Tochter pochte auf ein mündliches Versprechen, der Sohn auf ein unklar formuliertes Testament. Sie
nahmen die Sache so ernst, dass es nur eine Lösung geben
konnte: Keiner sollte Perikles haben. Er wurde ausgesetzt,
auf einer unbewohnten Insel. Dort lebte er mehrere Jahre,
Segler brachten Gemüse vorbei oder höhlten eine Wasser-
melone aus, um darin Wasser einzufangen. Fischer versorg-
ten Perikles im Winter. Zu weiden gab es genug, aber diese
Einsamkeit …
Esel strahlen Schlichtheit, Unschuld aus. Jesus ritt auf einem
Esel nach Jerusalem ein. Alle mögen Esel. Irgendwann hatte
ein Besucherpärchen Mitleid, organisierte eine sehr wack-
lige Rückreise übers Wasser, und Perikles verbrachte seinen
Lebensabend in einem Eselsaltersheim in den Bergen.

Oh Hellas! Immer wieder ein Ausrufezeichen in meinem
Leben. Nicht nur wegen der drolligen Anekdoten, der schönen Strände und des türkisfarbenen Wassers oder wegen
Maria Callas, die als Medea in Pasolinis schwarz-weißem
Drama so überwältigte, und auch nicht wegen Mikis Theodorakis, den ich kennenlernen durfte. Nein, nichts davon. Es
war die EU-Politik.
Ab 2010 verdichtete sich die Erkenntnis: Die Statistiken, die
dem Land den Zutritt in den segensreichen Euro-Raum erlaubt hatten, waren sehr geschönt. Griechenland hatte zweifellos über seine Verhältnisse gelebt, die massiven Ausgaben
für die Verteidigung kleiner gerechnet, das teuerste Renten-

system Europas aufrechterhalten. Jahrelang war das Staatsdefizit höher als die erlaubten 3 % vom Bruttoinlandprodukt. Andererseits – folgte zunächst nichts daraus. Doch am Ende stand das Land vor dem Bankrott und brauchte irrsinnige Kredite, die mit Sparauflagen kamen, die nicht einzuhalten waren.

Ich erinnere Massendemonstrationen in Athen oder Thessaloniki, auf denen Merkel und Schäuble als hässliche Nazis dargestellt wurden. Vor allem der deutschen Regierung, der wichtigsten Stimme in der EU, wurden Chaos und Härten angelastet. Es mischte sich die Wut über verlorene Arbeitsplätze und Spareinlagen, privatisierte Staatsunternehmen, gekürzte Sozialleistungen, gekappte Gehälter mit der Erinnerung an die deutsche Besatzung und ihre Gräueltaten. Ich sah, wie die Einheimischen an Bankautomaten die Zähne geradezu zusammenbissen, weil sie von ihrem eigenen Konto am Tag maximal 70 Euro abheben durften, das kränkte sehr. Manchmal standen sie auch vergeblich Schlange – kein Bargeld mehr.

Stolz, Identität, Freiheit – Griechen schreiben, singen oder erzählen davon mit Leidenschaft. Ich erlaube mir eine Verallgemeinerung: Sie sahen und sehen sich als Widerständler gegen Dominanz, gegen Herrschaft von außen, seien es die Osmanen im Mittelalter, der importierte Bayernkönig Otto im 19. Jahrhundert, die deutschen Soldaten im Zweiten Weltkrieg – oder eben EU-Kommission, Europäische Zentralbank und Internationaler Währungsfonds. Sie haben sogar einen Feiertag, der dieser Selbstbehauptung gewidmet ist, den »Ochi«-Tag am 28. Oktober, ein donnerndes Nein der Identität, damals gegen Mussolinis Versuch, Griechenland zu unterwerfen. Dieses antiautoritäre Nein hatte das Land immer so attraktiv für mich gemacht.

Zur Austeritätspolitik, die Hunderttausende einfache Menschen in größte Not und manche in den Selbstmord trieb, sagten die Menschen ebenfalls »Nein« und wählten eine linksgerichtete Regierung, deren Finanzminister ein undogmatischer Marxist und bekannter Wirtschaftswissenschaftler namens Yanis Varoufakis war. Den ich (und das war ein kleiner Scoop) eine Dreiviertelstunde vor europäischem Publikum zu interviewen hatte. Darauf hatte ich Lust, denn die zunehmend einseitigen Berichte über die griechische Krise störten mich. In zu vielen Medien blühte das Kohortendenken: Niemand weiche vom Klischee einer Loser-Nation ab!

Varoufakis also. Perspektivwechsel gilt eigentlich als journalistische Tugend, doch zunächst bekomme ich eine Dosis Sexismus ab, damit ich nicht zu übermütig werde:
»Gib doch zu, dass du den Typen gut findest! Alle Frauen finden den geil!«
Mit wissendem Lächeln versucht der bekannte Kollege und Europa-Experte wegzuwischen, dass ich den Argumenten des griechischen Finanzministers Varoufakis Sendezeit gönne und neugierig ins Gespräch gehe. Für ihn ist klar, die Chefredakteurin kann keine vom Mainstream abweichende Meinung zur EU-Finanzkrise haben, sondern ist gewiss auf einen griechischen Glatzkopf mit Lederjacke amourös fixiert, was sonst? Was kann ich entgegnen? Dass die Berichterstattung über Griechenland in meiner Sicht Schlagseite hat, sich zu oft wie ein Echo der Pressekonferenzen von Kanzlerin Merkel oder Finanzminister Schäuble anhört. Griechenland »hat seine Hausaufgaben nicht gemacht« – was wird da insinuiert? Manche Medien sind richtig scharfgestellt: »Keine weiteren Milliarden für die gierigen Griechen.«

Varoufakis, als »Halbstarker von Athen« in deutschen Blättern betitelt, in der BILD als »Rüpel-Rocker« beleidigt, war damals die Schreckgestalt aller Unterhändler, denn er dozierte gern, hielt sich nicht an diplomatische Konventionen, war unbeeindruckt von der gesammelten Weisheit seiner europäischen Kollegen und ziemlich eitel und rechthaberisch. Und dann gab es noch diese Illustriertenfotos von einem männlich aussehenden Motorradfahrer mit Glatze, die blonde Ehefrau hintendrauf – so einer wagte zu sagen, dass die Milliardenhilfe der EU vor allem deutschen Banken zugutekäme, nicht der griechischen Bevölkerung? Und was war mit 49 % Jugendarbeitslosigkeit? Er kritisierte scharf die bittere Medizin der EU: Löhne und Renten senken, Steuern erhöhen, den Staatsapparat verkleinern, von der Troika aus EU, IWF und EZB beaufsichtigt. Die Souveränität des Landes galt nicht mehr viel. Ich war genauso wenig Finanzexpertin wie die meisten Kolleginnen und Kollegen, aber der Widerspruch war klar: Wie sollte Griechenland den Haushalt ausgleichen und gleichzeitig investieren und modernisieren, um eine konkurrenzfähige Wirtschaft in Gang zu setzen? Die Troika stand in der Sicht der Menschen für ein Spardiktat ohnegleichen, und das sagte Varoufakis. Daneben, es muss ausgesprochen werden, flirtete und charmierte er, was das Zeug hielt. Schon beim Gang zur Bühne folgte ihm ein Schwarm junger Menschen – »Janni, Janni!« – und wollte Selfies mit ihm haben, und er nahm sich alle Zeit dafür. Mich gewann er durch witzige Randbemerkungen im geschliffenen Englisch, und auch das Publikum mochte seine Selbstironie. Jeder hätte gewiss gern eine entspannte Stunde mit ihm auf einem griechischen Dorfplatz beim Wein verbracht. Ich fand es schade, dass er nach einem halben Jahr zurücktrat.

Abends gehen die Dörfler, die ausländischen Gäste an den Promenaden oder auf der *platia* auf und ab, wie eh und je. Doch nun führen die Jungen akrobatische Kunststücke mit ihren modernen Fahrrädern vor, die Mädchen haken sich ein und werfen ihre langen Haare kokett nach rechts und links, um bewundert zu werden, manchmal sitzen sie zusammen und schicken sich gegenseitig TikTok-Clips und quietschen dabei. Weil die Sonnenuntergänge am Wasser immerzu einzigartig sind, was sonst, posieren junge Frauen in knapper Kleidung und füttern ihr Instagram-Account damit, schön und ernst. Wer richtig cool ist, hat ein teures Rennrad oder macht Yoga und Pilates, so urban kann das Dorf im Urlaubshoch sein. Die löchrigen Armutspullover von meinem ersten Besuch in den 70ern sind abgelöst von Jeans und Shorts mit künstlichen Löchern und Schlitzen, stylisch sein heißt globalisiert sein.

Eine Gruppe Männer steht abseits, es sind albanische Arbeiter, die in Griechenland ihr Glück versuchen – oder gefunden haben. Einen lernen wir über die Jahre kennen und bewundern ihn sehr. Altin brach mit 13 oder 14 zu Fuß über die Berge auf, 30 Jahre ist das her. Er kam ohne irgendetwas in Griechenland an, das im Vergleich so viel bessere Chancen bot als seine Heimat, ein Illegaler unter vielen. Sie verdingten sich als Tagelöhner, schliefen unter den Olivenbäumen, die sie beschnitten und drum herum säuberten und im Winter abernteten. Viele andere schufteten auf Baustellen für kleine Löhne oder waren Köhler. Die Fremden wurden nicht gerade willkommen geheißen, doch Jahr für Jahr wurden sie wichtiger auf dem Land, denn sie machten alles, wozu die Griechen keine Lust mehr hatten. Diese zogen in die Städte und fanden dort bessere Arbeit oder sie wanderten aus.

Migration: von hungrig zu auskömmlich, von prekär zu stabil, von illegal zu geduldet, Europas Dynamik des Wohlstands, auch wenn viele dies nicht einsehen.

Mein Jugendfreund Bübi baut oder restauriert Häuser mit Albanern, Bulgaren und Polen, er zahlt weit über den aktuellen Mindestlohn von 3,76 Euro, denn sie sind motiviert und zuverlässig. (Und er ist mal für gerechte Löhne auf die Straße gegangen ...) Er mag den höflichen Altin besonders, der kam, wie gesagt, mit nichts hierher. Altin nahm jede Arbeit an, zunächst hütete er Schafe und konnte gerade so überleben. Dann ging er wie viele seiner Landsleute auf die Baustellen, zur besseren Schufterei. Er leistete sich das erste Moped und konnte eine Bleibe mieten. Auch heute noch pflegt er am Wochenende die Anwesen reicher Ausländer, seine Frau putzt und wässert mit ihm. Bloß nicht herumhängen, mag es noch so glühend heiß sein im Sommer. Sie haben zwei Kinder, die Griechisch, Albanisch und Englisch sprechen und aufs Gymnasium gehen. Auf einem kleinen Grundstück in den Hügeln bauen sie Wein an, und sie verkaufen *kopria*, Ziegenmist zum Düngen, drei Euro pro Sack. Und Öko-Eier und ein hervorragendes Olivenöl. Altin macht die besten Trockenmauern weit und breit, im Steinbruch hat er ein Auge für geeignete Brocken, kunstvoll klopft er auf einen Stein, sodass dieser genauso auseinanderbricht, wie Altin ihn braucht. Er fährt jetzt einen großen schwarzen Pick-up, auf den er stolz ist, kein Schutt darf hinten liegen, der sauberste Wagen der Gegend. Alle hier achten und mögen ihn, auf seine Arbeit ist Verlass. Eine europäische Erfolgsgeschichte.
Altins Kunst, die richtigen Steine für die Mauern zu finden, wird wesentlich für das Lieblingsprojekt von meinem Mann

und Bübi werden: die magische Verwandlung eines alten Geräteschuppens, *apotiki*. Was kann man aus 80 Quadratmetern machen? Der Architekt und der Baumeister verstehen sich blind, zwei Künstler und Handwerker, zwei Kumpel aus den 70er-Jahren. Die Steine sind im Erdreich vor der Tür, sie gehören hierher. Warum nicht einen Palast machen, nein, ein Kleinod, perfekt mit der Landschaft im Einklang, den Geist des Ortes nachempfindend, *genius loci?* So kam es. Ein Kreis, der in Aachen in der Studentenzeit begann, schließt sich hier.

Süßwasser ist ein großes Thema auf dem Land, und der jüngste Klatsch handelt von Tiefbohrungen, die nun verboten werden. Von alters her zapften die Menschen die vielen Bäche an, mauerten die *avlaki,* die Läufe und Verteiler, oder sie sammelten Wasser in Zisternen. Recht auf Wasser wurde sehr genau verbrieft, soundso viele Stunden am Tag, man legte einen frisch abgebrochenen Zweig als Nachweis für andere hin, am Ende der erlaubten Zeit wurde das Rinnsal mit einem Stein oder Schwamm blockiert, und das Wasser lief zum nächsten. Wer zu viel abzwackte, bekam größten Ärger mit den Nachbarn, bis hin zu Schlägereien. Doch der Grundwasserspiegel sinkt von Jahr zu Jahr, das ist nicht nur wegen der Landwirtschaft gefährlich. Im regenlosen Sommer, wenn die Temperaturen über 40 Grad steigen, drohen die völlig ausgetrockneten Landstriche zu brennen. Die Kommunen versuchen seit einigen Jahren, das Wasser zu schützen, neue Brunnen anzulegen ist verboten, Bachwasser abzuleiten ebenfalls. Ein neuer Swimmingpool wird nicht mehr genehmigt. Klimabewusstsein ist kein Fremdwort mehr, die verheerenden Waldbrände schockieren zu sehr.

Die Menschen müssen zu ihrem Ärger das kommunale Leitungswasser kaufen und gehen sparsam damit um. Dennoch schaffte es neulich jemand, eine neue Tiefbohrung anzulegen. Als sein empörter Nachbar ankündigte, zur Verwaltung zu gehen und ihn anzuzeigen, wedelte der Mann mit einer frisch umbenannten, amtlichen Erlaubnis für Bodenproben. »Geologische Erkenntnisse« hieß die Zauberformel, und daran war nichts zu rütteln. Vielleicht würde er irgendwann auf Öl stoßen, und da hätten doch alle etwas von.

Wir hören außerdem noch die Geschichte vom verliebten Polizisten. Wie es üblich ist, stammen die Beamten aus anderen Bezirken, damit nicht zu viel Verständnis bei Gesetzesübertretungen einsetzt. Ein Polizist, mit dessen Vater man zur Schule ging oder dessen Tochter in derselben Klasse wie die eigene sitzt – da kommt nicht viel Staatsmacht auf. Der verliebte Polizist war also ein Fremder. Er verguckte sich in eine deutsche Aussteigerin, schön und frei. Sie war aber nicht empfänglich für Männer in Uniform und verschmähte ihn. Täglich ging sie mit ihrem Hündchen an der *paralia*, der Strandpromenade, spazieren, täglich machte er ihr den Hof. Sein Schmachten nahm ein brutales Ende: Als er wieder einmal stolz werbend mit dem Polizeiauto die Paralia entlangfuhr, erwischte er das so geliebte Hündchen und fuhr es platt. Sie reiste traumatisiert ab, er wurde das Gespött nie los und ließ sich versetzen.

Gespött habe ich selbst auch geerntet, beim Schwimmen in einer Bucht am offenen Meer. Ich bin dreißig, vierzig Meter vom Strand entfernt, da taucht ein weißer, alter Schopf vor mir auf und winkt:

»Hi!«

Ich verstehe »Hai«.

Panik, zu viele Filme gesehen, nichts wie weg. Ohne Antwort wende ich, kraule so schnell wie nie zurück, soll der Hai ihn doch fressen. Den weißen Schopf sehe ich später in der Strandkneipe, er hat das rosa Gesicht, die weißen Augenbrauen und den amüsierten Blick seines Sohnes, des heutigen Premierministers von Großbritannien. Stanley Johnson ist also ein Nachbar, und ich entschuldige mich für unhöfliches Abhauen und erkläre den Hai. *Shark! German! Get it?* Das petzen die Freunde über mich mit Wonne.

Zu unserem einfachen Leben mit den vielen einfachen Geschichten gehört auch, dass ich eine schlechte Handyverbindung habe und fürs Internet zur Nachbarin Uli gehe, ihr Signal ist stabil, wenn nicht wieder ein Stromausfall das Netz lahmlegt, auch schon mal für Tage. Ich könnte daran etwas ändern, die großen Technologieanbieter sind nur eine Autostunde entfernt, aber irgendwie gefällt mir die Abstinenz vom Digitalen. Es ist gut, Nachrichten kondensiert und mit Verspätung zu erfahren. Der Sack Reis fällt in China ohne mich um, und die Currywurst platzt ohne mich in Wanne-Eickel. Die a-sozialen Medien gibt es nur in Microdosen, und so blubbern Hass und Häme und Likes wirkungslos woanders, ich bin nicht verführt, mitzublubbern. Analog denken ist hier möglich.

Während Europa, Russland, USA und China eine neue Weltordnung proben, während sich Menschenfeinde und Rassisten immer stärker in Parlamenten und Regierungen des Westens einnisten, sitze ich also, Nachtigallen lauschend, in meiner griechischen Erdfalte und stelle mir Fragen: Kann ich Veränderungen, Umbrüche aushalten, bin ich stark genug? Zukunftsfähig genug? Ich böte ja gern kluge, radikale Antworten auf Globalisierung und Rechtspopulismus, aber ist es nicht auch in Ordnung, mich mit der Gegenwart auszukennen? Gibt es nicht genug Besserwissende? Oder ist das doch einfach zu anspruchslos für eine politische Journalistin?

Um Russland trauere ich wirklich, denn die Dynamik der Jahre des Umbruchs einer Weltmacht war berauschend, ich schrieb in einem Buch »Planet Moskau«, dass ich sechs Jahre lang jeden Tag Champagner-Stimmung hatte vor lauter historischer Veränderung, deren Augenzeugin ich sein durfte. Und jetzt? Erstarrt mein Russland.

Europa? Versprochen – gebrochen. Die Flüchtlingslager sagen es täglich, die Leichen tief unten im Mittelmeer klagen an.

China? Furchterregende Totalerfassung des Menschen. Ziel: Weltmacht Nummer eins werden. Ihre neue Seidenstraße transportiert nicht nur Waren, sondern Ideologie.

USA? Siecher Riese, dessen Genesung ich noch nicht sehe trotz eines freundlichen, alten weißen Mannes an der Spitze. Die Spaltung in der Gesellschaft vertieft sich.

Afghanistan? Vom Westen aufgegeben. Die Frauen, die junge Generation, werden den hohen Worten von der »westlichen Wertegemeinschaft« nicht mehr glauben. Sieg der Taliban.

Mein Twitter-Profil sagt aus, wie ich gesehen werden will: *Journalistin, deutsch-englisch-jugoslawisch.* Ich müsste jetzt *Nomadin* hinzufügen, denn ich erinnere immerzu Bewegung, äußere und innere. Als Kind in London so oft umgezogen, jedes Mal, wenn mehr Geld im Haus war. Dann die Migration nach Deutschland, Herne, Mönchengladbach – dem mütterlichen Weiterkommen geschuldet und einer kaputten Ehe. In Aachen und Köln die Unruhe meiner Generation aufsaugend:

das Reisen, um Neues zu finden, die Welt besser zu verstehen. Im Kopf zogen Ideen und Ideale wild herum und taten gut. Später liebte ich das professionelle Nomadentum als Reporterin und Korrespondentin. Geografische Grenzen interessierten mich wenig, ein Horizont war Freund, nicht Fremder, und ich ging gern darauf zu, ging gerne aufs Ganze.

Bewegung ist also der Kammerton meines Lebens. Meiner scheckigen Herkunft verdanke ich dieses Talent zur Unruhe und den Leistungswillen, Psychologen könnten das bestens analysieren. Wahrscheinlich war da ein Deal mit Gott: Ich ging die Extrameile, dafür gab er mir Fleißkärtchen, und ich glänzte vor lauter Selbstverwirklichung. *Work hard, play hard.* Kinder passten nicht dazu, Beziehungen, die mich »festgehalten« hätten, auch nicht, meine großen Lieben konnten sehr wohl loslassen.

Ungebunden sein war Freiheit, Verwurzelung hieß Stillstand. Und doch.

Und doch gaben mir Weggefährten und Freundinnen und zwei Ehen einen guten Boden, und der Beruf verhinderte Ziellosigkeit. So habe ich zwar keine Heimat im klassischen Sinn, aber ich finde große Vertrautheit in einigen Orten und bei einigen Menschen. England, Deutschland, vielleicht auch das verschwundene Jugoslawien und das wiederentdeckte Griechenland sind meine geografischen und kulturellen Schichten, wo Identität wächst. Wie definiere ich Heimat? Es ist ganz einfach: der Ort, wo ich begraben sein möchte oder meine Asche wegwehen soll.

Der große, trockene Wind der Sommermonate in Griechenland heißt *meltemi,* er kommt aus dem Norden, streift den Olymp und den Ossa und zieht über die Ägäis nach Kreta. Nebenan im engen Bachtal entstehen kleine Ableger, sie wirbeln Luft empor, sodass hoch über der Bucht weiße Landschaften wachsen. Ich liebe Wolken, ich fotografiere sie und begrüße jedes Gewitter. Das hat übrigens vor 15 Jahren dazu geführt, dass Ex-Ehemann John mir zum Geburtstag die Mitgliedschaft in der sehr englischen Cloud Appreciation Society schenkte, Nummer 19794, ein Haufen Wolkengucker, Amateurmeteorologen und Exzentrikerinnen in aller Welt. Wir teilen im Netz die schönsten Fotos mit Gleichgesinnten und finden rein blaue Himmelszelte völlig überbewertet. Einfach banal.

Ich entdecke in jungen Kumuluswolken immerzu Tiergestalten, neulich den Weißen Hai sowie einen Drachen wie in »Game of Thrones« mit Feuerwölkchen ringsum. Sie sind fluffig, als hätte jemand in der Kita Watte verteilt und zum Basteln aufgerufen. Ein hiesiger Cumulonimbus ist nicht nur eine Gewitterwolke, sondern eine Naturgewalt. Meine Lieblingswolke kann Tausende Tonnen wiegen und die Energie von mehreren Atombomben in sich bergen. Aber der abendliche Himmelsbogen voller rosa getönter Zirren ist auch nicht übel.

Wenn ich bei geselligen Plaudereien keine Anekdote parat habe, hilft immer ein Satz zur Wolke weiter:
»Wusstet ihr, dass ein Cumulonimbus bis zu 15 Kilometer hochsteigen kann?« oder »Wusstet ihr, dass eine durchschnittliche Kumuluswolke im Sommer eine Lebensdauer von zehn Minuten hat?«.
Auch jetzt in diesem Augenblick sehe ich durch eine kräftige Stratocumulus-Schicht goldene Lichtstrahlen, wie Finger Gottes. Okay, ihr Wolken, zieht weiter, ich halte an.

Es war eine gute Eingebung, die beste, Griechenland wiederzufinden. Vielleicht fahre ich wieder nach Dion, zu Füßen des Olymps. Hier opferte Alexander der Große dem Göttervater Zeus, kurz vor dem Aufbruch nach Asien, vor seiner Reise zum Ende der Welt. Dion entdeckte ich zufällig vor 15, 16 Jahren, ein kleiner, zielloser Schlenker von der Autobahn, »mal gucken«, wie so oft. Nichts wusste ich von der Kultstätte der antiken Mazedonier, die auch die Musen verehrten. Das Gelände war damals noch nicht umzäunt, es gab keine Bude mit Eintrittskarten, keine Schulklassen, keine anderen Touristen. Niemand war dort in diesen sehr frühen Morgenstunden. Schmale Wasserläufe trennten die heiligen Orte voneinander, Isis-Tempel und Amphitheater. Hier und da ruhte der Rest einer Säule oder Statue. Ein imposanter Marmorfuß gehörte wohl zu einer ganz hohen Gottheit, die Mosaikböden waren erstaunlich gut erhalten. Noch war die archäologische Anlage nicht sehr aufgeräumt, nicht ordentlich gepflegt, das Mystische überwog, und ich war empfänglich dafür.

Die Büsche und Bäume von Dion rascheln immer noch, und sicherlich haben sich Nymphen und Musen dahinter versteckt. Mal gucken. Wieder dieses Licht Griechenlands, das ich so gern treffend besingen würde.

Lustig, streng, geduldig und ermutigend –
Helge Malchow und Lisa Ruge

Kritische Hinweise – Susann Cojaniz, Soli
Dreckmann, Horst Lauscher, Gisela Marx,
Suse Nunnendorf, Bübi Tropartz

Immer auf meiner Seite – Detlef Bock

Kann Euch nicht genug danken!

»Please, no matter how we advance
technologically, please don't abandon the
book. There is nothing in our material
world more beautiful than the book.«

PATTI SMITH